DIETMAR FRIEDMANN

INTEGRIERTE KURZTHERAPIE

DIETMAR FRIEDMANN

INTEGRIERTE KURZTHERAPIE

Neue Wege zu einer Psychologie des Gelingens

PRIMUS
VERLAG

Einbandgestaltung: Jutta Schneider, Frankfurt.

Die Deutsche Bibliothek – CIP-Einheitsaufnahme

Friedmann, Dietmar:
Integrierte Kurztherapie: neue Wege zu einer Psychologie
des Gelingens / Dietmar Friedmann. – Darmstadt:
Primus-Verl., 1997
    ISBN 3-89678-061-1

© 1997 by Wissenschaftliche Buchgesellschaft, Darmstadt
Gedruckt auf säurefreiem und alterungsbeständigem Werkdruckpapier
Printed in Germany

ISBN 3 89678 061 1

Inhalt

sche Grundhaltung – Dahinter bleiben oder überholen – Tit
For Tat: das strategische Vorgehen – Zuerst annehmen, dann
verändern

VI

Einleitung

In den letzten beiden Jahrzehnten wurden verschiedene Psychotherapiemethoden entwickelt, die sich durch kurze Behandlungszeiten und neue, eigenständige therapeutische Konzepte auszeichnen. Sie sind weder Kurzfassungen noch Weiterentwicklungen älterer Psychotherapien, etwa nach der Art der psychoanalytischen Kurztherapien (Leuzinger-Bohleber, 1985). Um sie davon abzugrenzen, nenne ich sie im Text gelegentlich „moderne Kurztherapien". Sie präsentieren sich als hochwirksame Psychotherapien. Das allein würde schon ausreichen, um sich intensiv mit ihnen zu befassen. Doch sie sind mehr als das. Zum einen lassen sie sich immer dann, wenn es darum geht, mit einer anspruchsvollen oder schwierigen Situation zurechtzukommen, direkt anwenden – auch dort, wo man bisher dringend davor gewarnt hat zu „psychotherapieren": in der eigenen Partnerschaft und Familie, im Umgang mit Freunden oder am Arbeitsplatz. Zum anderen eröffnen die Kurztherapien ganz neue Chancen bei Kriseninterventionen und in der Psychosomatik, da hier der Zeitfaktor entscheidend sein kann.

Wie ist das möglich? Die neuen Kurztherapien sind so etwas wie praktische Lebensphilosophie, Antworten auf die Frage: Wie funktioniert das Leben? Und sie beantworten diese Frage mit einer Praxis, die klüger ist als die Theorie. Wohl gerade deshalb, weil sie nicht von theoretischen Vorgaben eingeschränkt sind, können sie den unterschiedlichen Lebensaspekten entsprechen. Das ist zugleich verblüffend und faszinierend, denn bisher ging man davon aus, daß das Erkennen dem Tun vorauslaufe, daß die Praxis theoretisch begründet und kontrolliert sein müsse. Eine funktionierende Praxis, die sich vor und unabhängig von unserem Verstehen etabliert, entspricht nicht einer an der Aufklärung und den Naturwissenschaften geschulten Erwartungshaltung.

Natürlich kann man versuchen zu erklären, was in der Kurztherapie neu und anders ist, und das eine oder andere verständlich machen. Und doch bleibt die Theorie hinter der Praxis zurück, diese scheint jene entbehren zu können. Wie entsteht diese Schwierigkeit, etwas theoretisch faßbar zu machen, womit man in der Praxis sicher umgehen kann? Wenn man in den Kurztherapien ein Konzentrat dessen sieht, wie Leben funktioniert, müßte man zuallererst in der Lage sein, das Leben als Ganzes und in seiner Vielschichtigkeit in einer Theorie zu erfassen. Doch das scheint bisher noch niemandem gelungen zu sein. Trotzdem soll der Versuch unternommen werden, soviel Klarheit und Verständnis wie möglich in die Praxis der Kurztherapie zu bringen. Dabei dürfte eine Theorie über die Eigengesetzlichkeit der drei Lebensbereiche Beziehung, Erkennen und Handeln (s. Kap. 2) eine zwar grobe, doch brauchbare Orientierungshilfe darstellen. Mit dieser Folie lassen sich auch die charakteristischen Aufgabenstellungen der drei wichtigsten Kurztherapien verdeutlichen (s. Kap. 3 bis 5). Schließlich soll gezeigt werden, daß es sich hier um mehr als um Psychotherapie handelt. Die Kurztherapien sind so etwas wie konzentrierte Lebenskompetenz, die sich fast universal einsetzen läßt.

Die Kurztherapien versprechen: Heilung ist möglich! Es ist nicht mehr notwendig, sich mit Zwängen und Abhängigkeiten, mit Ängsten, Depressionen, psychosomatischen Beschwerden, Minderwertigkeitsgefühlen und anderen neurotischen Störungen herumzuplagen. Heilung ist realisierbar, und zwar rasch, zuverlässig und dauerhaft. Wie können die Kurztherapien dieses Versprechen einlösen? Sie lenken die Aufmerksamkeit der Klienten auf Lösungen und Ressourcen. Sie arbeiten nicht mehr auf der inhaltlichen Ebene, wie die vorausgegangenen Psychotherapien, also mit dem Erleben, Denken und Verhalten, sondern dort, wo diese Inhalte erzeugt werden. Denn nur hier, auf der Organisationsebene des Erlebens, lassen sich Veränderungen direkt und präzise initiieren und stabilisieren. Und sie verwandeln leidvolle Energien in Lösungsenergien, direkt und spürbar. Entgegen manchem Anschein arbeiten Kurztherapien meines Erachtens genauer, tiefgehender als herkömmliche Psychotherapien und sind den individuellen Lösungsprozessen angemessener.

Die Kurztherapien wurden in den letzten zwei Jahrzehnten in den USA entwickelt und haben sich dort bereits recht gut bewährt. Doch bei uns haben sie – wenn überhaupt etwas über sie bekannt ist – vielfach noch ein negatives Image. Pressenotizen, wie „Für Kurztherapien – Sechs statt 60 Sitzungen" zu einem Psychotherapie-Symposium mit Steve De Shazer, oder Aufsätze in Frauen-Zeitschriften zu Themen wie „Denken Sie sich schlank" lassen eher vermuten, hier handle es sich um so etwas wie psychologische Erste-Hilfe-Maßnahmen oder Ableger des Positiven Denkens. Kaum jemand weiß, daß es sich dabei um radikal neue Psychotherapien handelt, die geeignet sind, unser Gesundheitswesen grundlegend zu verändern. Denn wenn es möglich sein wird, Störungen auf der psychischen Ebene früh und zuverlässig zu heilen, müssen sie sich nicht als Depressionen, als Beziehungskrisen oder körperliche Krankheiten manifestieren.

Wenn De Shazer berichtet, daß die Mehrzahl seiner Patienten weniger als sechs Sitzungen für eine Therapie braucht, um zufriedenstellende Lösungen zu finden, wenn Bandler demonstriert, wie er in Sitzungen von 20 Minuten Klienten von psychischen Störungen heilt, die seit Jahren oder Jahrzehnten ihre Lebensmöglichkeiten eingeschränkt haben, löst das zunächst nur ungläubiges Kopfschütteln aus. Zu sehr haben wir uns an den Gedanken gewöhnt, wirksame Therapien müßten viele Monate, wenn nicht Jahre dauern. Vermutungen, hier würde oberflächlich, unsolide und unseriös gearbeitet, liegen nahe. Wenn dann noch „Fachleute" zustimmen und ihre warnenden Stimmen erheben, hier würden nur Symptome beseitigt, und kulturbesorgte Zeitgenossen darin die Don't-worry-be-happy-Mentalität einer Fastfood-Generation sehen, ist das Thema Kurztherapie schon „abgehakt". Und nicht zuletzt haben viele Klienten ein „natürliches" Empfinden dafür, daß zu einer anständigen Neurose auch eine ordentliche Therapie gehört. Es könnte ja der Eindruck entstehen, sie hätten sich ganz umsonst lange herumgequält, wenn das doch schnell und einfach geht.

Was führt demgegenüber die Kurztherapie ins Feld? Einmal ihre nachweisbar verblüffenden Erfolge, die sich nicht einfach wegdiskutieren lassen. Denn wozu sonst sollte Psychotherapie gut sein, wenn nicht dazu, den Klienten so rasch und so effektiv wie möglich zu helfen? Die Praxis der Kurztherapie zeigt weiter, daß hier vieles anders gemacht wird als in herkömmlichen Therapien. Und es ist naheliegend zu fragen, ob dieses andere nur anders oder nicht vielleicht das Richtige ist, wenn man Menschen wirksam helfen möchte. Doch was ist anders? In der Lösungsorientierten Kurztherapie wird von den ersten Minuten an *konkret* auf Lösungen hin gearbeitet und dabei *konsequent* auf die Kompetenz der Klienten gesetzt. Die *kooperative* Zusammenarbeit mit ihnen findet in einer annehmenden, bestärkenden und fördernden Atmosphäre statt. *Konkret, konsequent* und *kooperativ* meint, das alles ist nicht nur eine Frage des Selbstverständnisses und des guten Willens der Therapeuten, sondern erprobtes und bewährtes therapeutisches Know-how.

Um den Kontrast deutlich zu machen: Was erleben Klienten in den ersten zehn Minuten des ersten Gesprächs? (S. Kap. 3, Ablauf einer lösungsorientierten Stunde) Statt ihnen mit dem stereotyp

3

freundlichen und verständnisvollen Therapeutenverhalten zu begegnen, das eher Überlegenheit demonstriert, denn die Klienten fühlen sich selbst oft unsicher, besorgt oder angespannt, wird ihnen ihre Art auf eine ähnliche, doch positive Weise widergespiegelt durch das variable Pacen, ein paßgenaues körpersprachliches Entsprechen. Allein darin liegt schon eine Menge kaum bekannter und genützter therapeutischer Potenz, wie Annehmen, Anerkennen, Einfühlen und Veränderungsbereitschaft wecken. Die Fragen nach dem Ziel und danach, was der andere selbst herausgefunden hat, gehören zu den Standard-Interventionen zu Beginn des Gesprächs, die begleitet werden durch eine Haltung, die sich umschreiben läßt mit: „Ich bin neugierig, wie Sie ihre Lösung realisieren werden." Von Anfang an wird den Klienten vermittelt, daß sie alles mitbringen, was sie zu einer Lösung brauchen. In der herkömmlichen Psychotherapie dagegen wird analysiert, diagnostiziert, die Situation der Klienten problematisiert, und sie selbst werden pathologisiert. Viele glauben, daß die sehr viel Zeit in Anspruch nehmenden Psychotherapien gründlicher arbeiten, doch vermutlich machen sie es den Klienten nur viel schwerer, Lösungen zu realisieren.

Die *Lösungsorientierte Kurztherapie* (s. Kap. 3) arbeitet seit Beginn der 80er Jahre bewußt nach dem Grundsatz, nicht mehr „Probleme zu lösen", sondern „Lösungen zu initiieren". Diese Konzentration auf Lösungen und darauf, wie sie realisiert werden, hat dazu geführt, daß das therapeutische Engagement nicht mehr als „Hilfe zur Selbsthilfe", sondern als „Hilfe bei Selbsthilfe" verstanden wird, d. h., die Lösungskompetenz verlagerte sich immer mehr vom Therapeuten zum Klienten. So erklären sich die stabilen Heilungserfolge (etwa bei Klienten des BFTC ergaben Nachuntersuchungen 18 Monate nach der Beendigung der Therapie 1988 und 1990 eine Erfolgsrate von 86 % bei einer durchschnittlichen Therapiedauer von 4,6 Sitzungen) damit, daß die Klienten nicht einzelne Lösungen realisieren, sondern, daß sie dabei lernen, wie man generell konstruktiver mit seinem Leben umgeht.

Im *Fortgeschrittenen NLP* (s. Kap. 4) wird kaum mehr auf der inhaltlichen Ebene gearbeitet, also nicht mehr mit dem, was Klienten erleben, wie sie denken und wie sie reagieren, sondern auf einer tieferen Ebene, die den Erlebnisinhalten vorausgeht, also da, wo das Erleben verursacht wird und sich organisiert. Es ist die Ebene der Programme. Denn nur hier sind Veränderungen direkt realisier- und dauerhaft programmierbar. Das klingt erschreckend technisch, doch auch die schönste Musik wird von Instrumenten erzeugt, deren Beherrschung handwerkliches Können erfordert. Natürlich erleben die Klienten die Veränderungen weiter auf der inhaltlichen Ebene. Sie erfahren Erleichterung, sind stolz auf sich, stellen fest, wie sie spontan konstruktiver reagieren oder welche Zusammenhänge zwischen vergangenen und heutigen Erlebnissen bestehen.

Auch die *Systemische Kurztherapie* (s. Kap. 5) hat, ebenso wie die schon genannten Therapiekonzepte, ihren eigenen Anwendungsbereich. Obwohl sie die anderen nicht ersetzen kann, liegt sie mir besonders am Herzen. Ich habe einiges zu ihrer methodischen Konzeption beigetragen und ihren externen durch den internen Anwendungsbereich erweitert (Friedmann/Fritz, 1997). Sie ergänzt und unterstützt die Lösungsorientierte Therapie und das Fortgeschrittene NLP und komplettiert die Kurztherapie als Ganzes. Sie ist immer dann gefragt, wenn es um die Verbesserung zwischenmenschlicher Beziehungen geht. Sie ist paradox und knüpft darin an alte Weisheitslehren an – und erschließt sie rückwirkend. Sie arbeitet auf der „Energieebene", unauffällig und oft erstaunlich wirksam. Schließlich ist sie die Methode, die am elegantesten (im Sinne eines mathematischen Lösungsweges) vorgeht, indem sie das leidvolle Erleben in „Lösungsenergie" verwandelt. Damit wird bei ihr besonders deutlich, daß in der Kurztherapie Probleme nicht verdrängt, sondern direkt für Veränderungen genützt werden.

Wenn Moshe Talmon schreibt (Talmon, 1996, S. 48): „Die verläßlichste Erkenntnis in der psychotherapeutischen Forschung scheint die Einsicht zu sein, daß die unterschiedlichen Methoden und Verfahren im allgemeinen alle gleich wirksam sind." Und: „Serienweise belegen unabhängig voneinander durchgeführte Studien, daß die Persönlichkeit des behandelnden Therapeuten [...] mindestens achtmal einflußreicher ist als der Einsatz spezifischer Therapietechniken [...]." – Dann könnte man daraus den Schluß ziehen, daß die Methoden der Psychotherapie entweder unwesentlich oder unwirksam sind. Dazu paßt, was J. H. Weakland vor gut einem Jahrzehnt im Vorwort zu De Shazers „Wege der erfolgreichen Kurztherapie" angemerkt hat: „[...] wer es hinnehmen kann, daß wir in der Entwicklung der Psychotherapie noch immer am Anfang stehen, der findet in diesem Buch eine Reihe sehr interessanter – und potentiell brauchbarer – Wegweiser und Anregungen für seine Arbeit." (De Shazer, 1989, S. 8) Das „daß wir immer noch am Anfang stehen" klingt bescheiden und sympathisch. Und doch meine ich, daß wir dem Ziel einer effektiven Psychotherapie inzwischen um vieles nä-

hergekommen sind. Wie das Lehrbuch von Walter und Peller „Lösungs-orientierte Kurztherapie" zeigt, ist die von De Shazer initiierte
Kurztherapie inzwischen ausgereift. Das gleiche gilt für das Fortgeschrittene NLP, die Arbeit mit den Submodalitäten nach Bandler,
Andreas, Dilts u. a., oder die methodische Erschließung der Systemischen Kurztherapie, nicht nur auf der Kommunikations- und Interaktionsebene (Milton Erickson und De Shazer), sondern auch für
innere Haltungsänderungen, der direkten Verwandlung destruktiver
Energie in konstruktive (Friedmann/Fritz, 1997).

Wie wirksam diese modernen Therapiemethoden sind, zeigt sich
paradoxerweise dort, wo etwas nicht gelingt. Geht man der Ursache
des Mißlingens nach, stellt sich fast immer heraus, daß etwas falsch
gemacht wurde, meist, daß Klienten Anweisungen anders verstanden
und ausgeführt haben, als sie gemeint waren. Daß dies trotz genauer
und sorgfältiger Formulierungen immer wieder einmal vorkommt,
hängt damit zusammen, daß für die meisten Klienten dieses psychologische Arbeiten anfangs ganz neu und ungewohnt ist. Wird etwas
falsch gemacht, passiert in der Regel nichts weiter, als daß nichts
passiert. Doch genau das ist für mich der stärkste Hinweis darauf,
daß es sich bei der Arbeit mit kurztherapeutischen Methoden nicht
um eine Placebo-Wirkung handelt.

Die Wirksamkeit der genannten Kurztherapien läßt sich wesentlich steigern, wenn man sie integrativ anwendet (s. Kap. 7). Die
Integrierte Kurztherapie beinhaltet nicht eine subjektiv beliebige
Mischung methodischer Vorgehensweisen, wie dies ohnehin schon
praktiziert wird, sondern eine Untersuchung darüber, was die einzelnen doch recht unterschiedlichen Therapien leisten und wo ihre be-
vorzugten Anwendungsgebiete liegen. Die Integration der kurztherapeutischen Methoden geht dabei von folgenden Fragestellungen
aus: Welche Methode eignet sich am besten für welche Person, für
welches Thema und für welche Lösungsprozesse? Oder vom Klienten und seinem Problem aus gedacht: Welches therapeutische Vorgehen paßt zu seiner Persönlichkeit, zu seinem Problem und unterstützt am wirksamsten den Heilungsprozeß?

1. Das neue Denken in der Psychologie

Was ist Kurztherapie?

Versuchen wir es mit einem „klassischen Zugang". Erickson erzählte gerne die Geschichte von Joe. Als er ihm das erste Mal begegnete, war Erickson fünf Jahre alt und lebte mit seinen Eltern auf einer Farm. Joe war wieder einmal aus dem Staatsgefängnis entlassen worden. Er war damals 29 Jahre alt und galt als unverbesserlich. Schon als Kind hatte er Katzen und Hunde mit Petroleum übergossen und angezündet und mit der Mistgabel auf Schweine, Kälber, Kühe und Pferde eingestochen. Zweimal hatte er versucht, das Haus und die Scheune seines Vaters niederzubrennen. Als seine Eltern nicht mehr weiter wußten, gaben sie ihn in ein Heim für schwersterziehbare Kinder. Wenn er seine Eltern besuchen durfte, benützte er den Weg nach Hause, um Diebstähle und Einbrüche zu begehen, so daß er von der Polizei aufgegriffen und ins Heim zurückgebracht wurde.

Mit 21 wurde er aus dem Heim entlassen und verübte in der Folge Einbrüche und bewaffnete Raubüberfälle. Er kam in eine Besserungsanstalt für junge Männer. Dort randalierte er, zerstörte Einrichtungsgegenstände und war gewalttätig. Deshalb wurde er in eine Einzelzelle gesteckt und bekam auch dort sein Essen. Nach seiner Entlassung beging er weitere Verbrechen, so daß er wieder verurteilt wurde und die folgenden Jahre in verschiedenen Staatsgefängnissen verbrachte. Wieder demolierte er Dinge, suchte Streit mit anderen Häftlingen und schlug sie zusammen. Es gab in diesen Gefängnissen einen Raum für besonders hartgesottene Häftlinge. Er war im Keller, schalldicht und ohne Licht, der Fußboden aus Beton und abschüssig zu einer Rinne hin, die außen vorbeilief. Einmal am Tag wurde das Essen durch eine Klappe in der Tür reingeschoben. Gewöhnlich reichte ein Aufenthalt von 30 Tagen aus, um jeden Häftling zu bändigen; zwei Aufenthalte führten meist dazu, daß die Insassen psychotisch wurden und „durchdrehten". Joe hat dort seine ganze erste und zweite Gefängnisstrafe abgesessen, denn wenn man versuchte, ihn mit den anderen Häftlingen zusammenzubringen, schlug er um sich wie ein Wilder.

Jetzt war er in seine Heimatgegend zurückgekommen. Schon nach wenigen Tagen war in verschiedenen Läden eingebrochen und ein Motorboot gestohlen worden. Am vierten Tag nach Joes Entlassung hatte der kleine Erickson von seinen Spielkameraden dessen Geschichte gehört. Nun saß Joe auf einer Bank und starrte vor sich hin. Die Jungen bildeten einen Halbkreis um ihn und beglotzten den leibhaftigen Verbrecher. Dann kam eine Farmerstochter namens Edye die Straße runter, eine große, attraktive junge Frau. Joe sah sie kommen, stand auf und versperrte ihr den Weg und betrachtete sie von Kopf bis Fuß. Edye wich nicht aus und betrachte Joe von Kopf bis Fuß. Schließlich sagte er: „Kann ich mit dir zum Freitagabendtanz gehen?" Sie antwortete: „Kannst du, wenn du ein Gentleman bist." Joe trat zur Seite und ließ sie weitergehen. Sie gingen am Freitagabend zusammen tanzen; später arbeitete er auf dem Hof ihres Vaters unermüdlich vom frühen Morgen bis zum Einbruch der Dunkelheit. Nach etwas über einem Jahr heiratete er sie und wurde einer der angesehensten Farmer und Mitbürger in der Gegend, übernahm Ehrenämter und setzte sich für entlassene Häftlinge ein. Er starb mit über 70 Jahren, seine Frau starb wenige Monate später.

Erickson sagte zu dieser Begebenheit: „Joes ganze Psychotherapie hatte in den Worten bestanden: ‚Kannst du, wenn du ein Gentleman bist' […] Das genügte als Anstoß zur Veränderung. Alles weitere machte Joe selbst. Der Therapeut kann nichts ändern, der Patient kann es." (Nach Zeig, 1992, S. 246 f.) Doch war es tatsächlich nur dieser Satz? Sieht man sich die Geschichte genau an, wie Erickson sie erzählt, so fällt auf, daß die Begegnung Joes mit der jungen Frau fast völlig spiegelbildlich abläuft. Ich zitiere sie noch einmal wörtlich: „Joe stand auf und vertrat ihr den Weg. Er betrachtete sie sehr gründlich von Kopf bis Fuß, und Edye wich nicht aus und betrachtete Joe von Kopf bis Fuß. Schließlich sagte Joe: ‚Kann ich mit dir zum Freitagabendtanz gehn?' In dieser Gemeinde, dem Dorf Lowell, fand der Freitagabendtanz in der Gemeindehalle statt, und alles ging hin. Edye sagte: ‚Kannst du, wenn du ein Gentleman bist.' Joe trat beiseite, und Edye machte ihre Besorgungen."

Was hier sichtbar wird, ist das Arbeitsprinzip der Systemischen Kurztherapie, das man in der Formel ausdrücken kann: *Ähnlichem mit Ähnlichem begegnen – jedoch positiv!* Das entfaltet seine Wirkung über die verbale Interaktionsebene, noch mehr auf der körpersprachlichen und ganz besonders auf einer noch tiefer gehenden, der energetischen. Erickson kannte dieses Prinzip, er hat damit gearbeitet, das zeigen viele seiner Fallbeispiele. Und es sind die interessantesten, erfolgreichsten und die am schwersten verständlichen. Er spricht nicht über dieses *Simile-Prinzip* der Interaktion, doch er demonstriert es in der Art, wie er die Geschichte erzählt. Diese Begegnung, die sicher nicht länger als eine Minute gedauert hat, war die „ganze Psychotherapie", die Joe brauchte. Doch damit war noch lange nicht aus einem unverbesserlichen Verbrecher ein anständiger Mitbürger geworden. Joe mag in diesem Moment eine Entscheidung getroffen haben, vielleicht war es noch nicht einmal eine bewußte Entscheidung, sondern irgend etwas tief in seinem Innern. Und dann mußte er die Entscheidung tausend-, zehntausendmal wiederholen in hunderten unterschiedlichen Situationen.

Was ist an dieser Geschichte beispielhaft für Kurztherapie? Wirksame Psychotherapie ist nicht abhängig vom Umfang und der Zeitdauer, und der Therapeut sollte nicht zuviel tun – weniger ist meist mehr. Warum? Weil ein Zuviel die Klienten schwächt und abhängig macht. Und Psychotherapie ist nicht nur eine Sache der Methoden, sondern ebenso der Persönlichkeit – die junge Frau war Joe gewachsen! Sie ist ihm nicht ausgewichen. Dann: die Kurztherapie arbeitet direkter, existentieller, tiefgehender, sie redet nicht *darüber*, sie greift ins Leben ein. Schließlich zeigt diese Geschichte, wie Erickson selbst gearbeitet hat. Man könnte seine Art mit der eines Jägers vergleichen, der sein Wild genau beobachten und kennen muß. „Richten Sie sich mit Ihrer Therapie nach den individuellen Bedürfnissen Ihrer Patienten!" – „Gehn Sie auf den Patienten ein, und unterschieben Sie ihm nicht Ihre Ideen!" – „Und das Wichtigste ist: alles zu erfahren suchen, was es über den Patienten zu wissen gibt." – „Ich meine, jede theoretisch begründete Psychotherapie ist falsch, weil jeder Mensch anders ist." (Nach Zeig, 1992, S. 143, 161)

Die Integrierte Kurztherapie verfolgt das gleiche Ziel. Doch ihre Art ist es, Netze von wirksamen Interventionen auszulegen. Dabei ist es wichtig, daß diese Netze sorgfältig geknüpft sind, die richtige Maschengröße haben und an den richtigen Orten ausgelegt werden. Andere Therapeuten arbeiten wie Fallensteller, sie sind nur für bestimmte Probleme und Klienten gut. Wenn sie ihre Grenzen kennen, ist das durchaus in Ordnung. Die Integrierte Kurztherapie dagegen zielt darauf ab, die Methoden so weit zu differenzieren und paßgenau zu machen, daß sie dem Klienten, dem Problem und dem Lösungsprozeß angemessen sind.

Doch darüber darf nicht Ericksons Anliegen vergessen werden, sich individuell auf jeden Klienten einzustellen. Wie macht man das, wenn das keine Methode ist? Bereits vor dem Gespräch beschließt man, so simpel das klingt, sich individuell auf den Klienten einzustellen, um ihn bestmöglichst dabei zu unterstützen, seine Lösung zu finden. Das führt zu einer Art Programmierung des Unbewußten. Und während des Gesprächs beschränkt man sich auf wenige Interventionen und überläßt den Klienten die Arbeit.

Zauberer, Trainer und Handwerker

Erickson wirkt in seiner Arbeit wie ein Zauberer. Er war sich seiner Sache sehr sicher, doch wußte er auch, was er da machte? Vermutlich war es kein bewußtes Wissen, das ihn bei seinen Interventionen leitete, sondern ein Vertrauen in intuitive Impulse, denen er folgte. Verglichen mit ihm wirken lösungsorientiert arbeitende Therapeuten wie wohlwollende Trainer, die mit motivierenden Träumen und Zielsetzungen sowie den Ressourcen ihrer Klienten arbeiten. Und NLP-Therapeuten machen den Eindruck gutgelaunter Handwerker, die Reparaturen durchführen, indem sie schadhafte oder veraltete Teile durch neue und besser funktionierende ersetzen. Die Erfahrungen mit der Integrierten Kurztherapie machen deutlich, daß jede dieser Therapiemethoden ihren speziellen Anwendungsbereich hat und daß sie deshalb absolut gleichwertig und unersetzlich sind.

Gemeinsam ist ihnen, daß sie sich kaum mehr für die Geschichten interessieren, die ihnen ihre Klienten erzählen. Sie arbeiten auf anderen Ebenen, die dem inhaltlichen Erleben vorausgehen, zugrunde liegen oder es nach sich ziehen. Die systemisch arbeitenden Therapeuten verwandeln leidvolle in heilende Energien, die lösungsorientiert vorgehenden, indem sie die Weichen stellen vom Mißlingen zum Gelingen und die neurolinguistisch ausgebildeten, indem sie destruktive durch konstruktive Programme ersetzen.

Wer sich professionell mit Kurztherapie befaßt, findet meist Zugang zu ihr über die *Lösungsorientierte Therapie*. Daß man hier nicht mehr von der Analyse der Probleme, sondern dem Entwerfen von Lösungen ausgeht, durchkreuzt zwar die Erwartungen, die man an Psychotherapie hat, doch die Konzentration auf Lösungen statt auf Probleme wird ja schon immer im Alltag praktiziert. Warum sollte etwas, was sich da bewährt, nicht auch in der Psychotherapie gut sein? De Shazer, der mit seinem Team dieses neue Verstehen und Vorgehen erkundet und erprobt hat, beschreibt in seinen Büchern anschaulich und nachvollziehbar diesen Weg der Entdeckungen und der Selbstverständigung. (De Shazer, 1989, 1993, 1994)

10

Andere lernen die moderne Kurztherapie über das *NLP* kennen. Das kann ebenso einladend und erhellend sein für sie wie abschreckend. Es kann sie bestärken in Vorurteilen wie dem, die Kurztherapie sei oberflächlich und manipulativ. Tatsächlich wird das NLP häufig im Kontext eines harmlosen Optimismus vermittelt, der bei ernsthafteren Zeitgenossen eher Kopfschütteln auslöst. Zweifel an seiner Seriosität läßt auch das Versprechen aufkommen, alle Probleme im „Ruck, zuck"-Verfahren lösen zu können. Daß es Bandler gelungen ist, besonders mit dem sogenannten Fortgeschrittenen NLP, die Psychotherapie ganz entscheidend wirksamer zu machen, wird dabei leider übersehen.

Die moderne Kurztherapie vermittelt den Eindruck des Einfachen, und doch ist sie nicht leicht zugänglich, weder von der Praxis noch vom Verstehen her. „Zuallererst möchte ich sagen, daß der Ansatz einfach ist, ein sehr einfacher Ansatz sogar. Aber ich denke nicht, daß er leicht ist […] es erfordert eine Menge Arbeit, dies auf disziplinierte Art und Weise zu tun. Es erfordert eine Menge Respekt gegenüber dem Schweigen, der Ruhe. Gerade das erfordert eine Menge Disziplin […]." (De Shazer in: Eberling, 1996, S. 9) De Shazer spricht hier zweimal von Disziplin, und das gilt nicht nur für das Arbeiten in der Lösungsorientierten Therapie. Diese disziplinierte Haltung ist ebenso charakteristisch für das methodische Vorgehen des Therapeuten im NLP oder in der Systemischen Kurztherapie. Therapeuten, die sich darin bestätigen müssen, andere zu „retten", werden sich kaum anfreunden können mit der zurückhaltend unterstützenden und handwerklich sorgfältigen Arbeitsweise in der Kurztherapie.

In der *Systemischen Kurztherapie* ist die Rolle des Therapeuten aktiver und direktiver. Damit wächst die Gefahr des Willkürlichen, und daß er durch sein Verstehenwollen ins Stolpern gerät. Bei seinen Versuchen der Annäherung an eine Theorie der Kurztherapie zitiert De Shazer Wittgenstein: „Unser Fehler ist, dort nach einer Erklärung zu suchen, wo wir die Tatsachen […] sehen sollten." (De Shazer, 1994, S. 16) Doch geht es hier wirklich um „Tatsachen"? Sollte es vielleicht besser heißen „Unser Fehler ist, dort nach Erklärungen zu suchen, wo wir handeln sollten"? Mir scheint, das kommt dem systemischen Vorgehen näher, doch es ist kein Handeln im üblichen Sinne und beantwortet auch nicht die Frage nach dem Wie. Tatsächlich geht es hier um Umwandlung und Umlenkung von Energie, die dabei nicht nur ihre Richtung, sondern auch ihre Qualität ändert. Doch wir haben dafür bisher keinen Begriff und damit auch keine zur Verfügung stehenden Denkmuster wie das chinesische Ch'i, das sowohl Energie bedeutet als auch Muster und Richtung. Ich nenne das, um was es in der Systemischen Therapie geht, *energetische Haltungsänderung.*

Es deutet sich hier schon an, daß das Verständnis der modernen Kurztherapie, wenn es nicht ganz und gar pragmatisch bleiben soll, zuerst ein erneutes Nachdenken darüber erfordert, wie die menschliche Wirklichkeit funktioniert. Dabei ist es hilfreich anzunehmen, daß sie nicht nach einem einzigen „Strickmuster" konzipiert ist. Zutreffender ist es, davon auszugehen, daß wir uns in unterschiedlichen und eigengesetzlichen Lebensthematiken zurechtfinden müssen, die mit den entsprechenden Zeitdimensionen und Kausalitäten korrespondieren. Wenn wir beispielsweise annehmen, daß dann, wenn es ums Handeln geht, die Ursache-Wirkungs-Kausalität und die Zukunftsorientierung beachtet werden müssen, ist dabei das geradlinig vorgehende lösungsorientierte Konzept angemessen, etwa so, wie es Walter und Peller vertreten. (Walter/Peller, 1994)

Doch da De Shazer zugleich eine alte Liaison mit der Systemischen Kurztherapie hat – „Ich war vor allem von Milton Ericksons Werk beeinflußt, während die anderen [Teammitglieder] eher von der Familientherapie geprägt waren" (De Shazer, 1989, S. 38) – und die Lösungsorientierte Therapie ein gut Teil ihrer Wirksamkeit aus systemischen Techniken (z. B. Pacen und Dahinter-Bleiben) bezieht, werden seine Erklärungsversuche etwas kompliziert. Denn die Systemische Kurztherapie orientiert sich eher an den Eigengesetzlichkeiten des Beziehungsgeschehens mit seiner paradoxen oder systemischen Kausalität, die im abendländischen Denken wenig erschlossen wurde. Es erscheint mir nicht möglich, beide Therapiekonzepte wissenschaftstheoretisch auf einen Nenner zu bringen. So löste das Studium der Fallbeispiele Milton Ericksons dann auch höchst unterschiedliche Reaktionen aus, Wertschätzung bei den einen, verständnisloses Kopfschütteln und Ärger über sein manchmal drastisches Vorgehen bei anderen.

Die neue Generation der Kurztherapeuten bewundert Ericksons Charisma und Genialität; was Freud für die psychotherapeutische Theorie war, so sagen sie, war Erickson für ihre Praxis (Jeffrey K. Zeig). Man kann in dem, was er gemacht hat, zwar wiederkehrende Muster, also Methoden oder Techniken entdecken und sie, da sie heute in der Kurztherapie bekannt sind, auch benennen, z. B. Musterunterbrechungen oder Symptomverschreibungen, Veränderungen einer Sichtweise oder das *Tit For Tat* (Ähnlichem mit Ähnlichem begegnen). Doch damit, daß man etwas methodisch nachzeichnen kann, hat man noch nicht verstanden und erklärt, was er da eigentlich macht.

Als man verstand, daß es hier nichts zu verstehen, sondern etwas zu „machen" gibt, war man ein großes Stück weiter. Zwar gibt es auch in der Kurztherapie Lösungskonzepte und -wege, die verständlich sind – das gilt für das NLP und mehr noch für die Lösungsorientierte Therapie –, doch wurde hier das Verstehen verlagert vom Bewußtmachen der Problemursachen hin zum Klarwerden über Lösungen. Das hat beides mit Erkennen zu tun. Eine andere Art von Problemen läßt sich nur *energetisch* lösen. Hier bringt das Verstehenwollen nicht weiter, es ist von seinen Möglichkeiten her dem Thema weder angemessen noch angebracht. Statt dessen muß dem Problem mit einer anderen, einer veränderten Energie begegnet werden, psychisch und interaktiv. Hier hilft ein praktisches, methodisches Vorgehen weiter, das in ständigem Kontakt bleibt mit den Erfahrungen der Klienten. Auch wenn oder gerade weil das gegen unser gewohntes Denken und Reagieren geht, es ist besonders bei Beziehungsthemen folgerichtig und wirksam.

Dazu ein kleines Beispiel: Eine Ausbildungsteilnehmerin berichtete, daß ihr achtzigjähriger Vater sehr hinfällig geworden sei. Er sitze nur noch zu Hause herum, ginge keinen Schritt mehr vor die Tür, beklage sich über alle möglichen Beschwerden und würde fast nichts mehr essen. Sie hätte schon alles mögliche versucht, ihm gut zugeredet, mit ihm geschimpft, es mit Bitten probiert oder mit Vorwürfen. Es hätte alles nichts genützt. Er würde immer schwächer. Bald würde es wieder so weit sein, daß ihn der Hausarzt ins Krankenhaus einweisen müsse. Dort würde man ihn dann so weit wiederherstellen, daß keine akute Gefahr mehr besteht. Doch zu Hause würde er sich wieder gehenlassen. Sie mache sich große Sorgen und wisse nicht mehr weiter.

Ich schlug ihr vor, da ihre bisherigen Bemühungen ja nichts gebracht hätten, es einmal mit etwas ganz anderem zu versuchen, einer paradoxen Intervention, und besprach mit ihr einige Möglichkeiten. Eine Woche später berichtete sie, sie hätte ihren ganzen Mut zusammengenommen und, wobei ihr das Herz bis zum Hals schlug, zu ihrem Vater gesagt: „Vaterle, wenn Du jetzt sterben willst, müssen wir das halt akzeptieren. Doch stirb bitte nicht während meinem Urlaub." Er habe sie nur groß angesehen. Und als sie sich verabschiedete, um nach Hause zu gehen, habe er ihr, obwohl es regnete, angeboten, sie ein Stück zu begleiten. Einige Wochen später fragte ich nach, und sie bestätigte, daß es ihm gutgehe und er sogar wieder viele Dinge unternehme.

Wenn man also mit therapeutischen Vorgehensweisen konfrontiert ist, die man nicht versteht – und das ist bei Erickson öfters der Fall –, muß man nicht an der eigenen Intelligenz zweifeln. Vermutlich ist es einfach ein Problem der Art, das als Therapie eine energetische und nicht eine mentale Intervention erfordert. Bei Zen-Meistern findet man es häufig, daß sie im Unterweisen ihrer Schüler keine verstehbaren Worte gebrauchen, sondern etwas Unverständliches sagen oder tun. Ein guter Schüler wird darauf mit einem ähnlichen Verhalten antworten. Nur ein Anfänger oder ein Europäer wird darüber nachdenken, was der Meister wohl gemeint haben könnte, um so seine Unterweisung doch noch auf die vertraute mentale Ebene zu bringen. Doch dort ist sie wirkungslos. Oder er meint, es sei einfach ein willkürliches Verhalten. Doch auch das ist ganz und gar unzutreffend. (Das wird deutlich in den Ausführungen Yüan-wu's zu den Begegnungen der alten Meister im Bi-Yän-Lu, Gundert, 1960.)

Das Vertrautwerden mit diesen unterschiedlichen Wegen in der Therapie wird leichter, wenn man die Regel dafür kennt, wann der eine und wann ein anderer günstiger ist. Diese Regel ist in der Praxis leichter anzuwenden, als theoretisch zu klären. Es gilt Beziehungsproblemen energetisch, Handlungsproblemen mental und Identitätsproblemen emotional zu begegnen. Oder, da uns für jedes Problemfeld ein spezielles therapeutisches Konzept zur Verfügung steht, Beziehungsprobleme systemisch, Handlungsprobleme lösungsorientiert und Erkenntnis- oder Identitätsprobleme mit NLP anzugehen.

Wenn man anfängt, darüber nachzudenken, wird es schwieriger. Denn sollte man nicht annehmen, daß man Beziehungsprobleme emotional, Handlungsprobleme praktisch und Erkenntnis- oder Identitätsprobleme mental lösen müßte? Hier gilt, daß die Veränderungen jeweils in einem anderen Bereich vorbereitet bzw., im Problemfall, verhindert werden. Dies wird besonders deutlich beim Handeln, das mental vorbereitet wird. Man spricht ja auch umgangssprachlich davon, daß jemand *weiß*, was er will, man *durchdacht* handelt, *geplant* vorgeht oder Handlungs-*Strategien* entwickelt. Und sieht man sich die Lösungsorientierte Therapie an, so wird deutlich, daß ihre Interventionen zunächst auf mentale Veränderungen abzielen.

Demgegenüber erfordert das systemische Arbeiten ein ganz anderes Therapieverständnis. Hier wird etwas Paradoxes, dem Anschein nach Unsinniges gemacht, und zwar im Sinne eines regelge-

14

leiteten Verhaltens nach dem Simile-Prinzip *(Tit For Tat)*. Das erinnert an die Geschichte von Mark Twain über das Erlernen des Fahrens eines Hochrades. Die Anweisung, er solle immer in die Richtung lenken, in der er umzukippen drohte, erschien ihm äußerst bedenklich. Also zog er in die andere Richtung, was zu regelmäßigen Abstürzen führte. Versuchen wir es an einem Beispiel von Erickson:

Ein Psychiater und seine Frau machten den weiten Weg von Pennsylvania nach Phoenix, um bei ihm eine Ehetherapie zu machen. Der Psychiater war in seiner Tätigkeit nachlässig und wenig erfolgreich, so daß seine Frau einer Arbeit nachgehen mußte, die sie nicht mochte, nur damit sie leben konnten. Beide waren bisher dreimal in der Woche zur Psychoanalyse gegangen, er seit dreizehn, sie seit sechs Jahren. Was für eine Art Therapie machte Erickson mit ihnen? Er ließ ihn den Berg Squaw Peak besteigen und sie den Botanischen Garten besichtigen und beide anschließend über ihre Erfahrungen berichten. Der Psychiater kam begeistert zurück, sie völlig mißgelaunt. Am nächsten Tag ließ er ihn den Botanischen Garten besichtigen und sie auf den Berg steigen. Wieder kam er erfreut zurück, und sie war noch wütender als am Tag zuvor. Am dritten Tag stellte er ihnen frei, welche Aufgabe sie wählen wollten. Er ging nochmals in den Botanischen Garten und war wieder entzückt, sie stieg nochmals auf den Berg und berichtete danach, sie hätte mehr als je geflucht. Erickson sagte dann zu den beiden: „Na, schön, ich habe mich sehr gefreut, Ihre Berichte zu hören. Ich kann Ihnen sagen, daß Ihre Ehetherapie hiermit abgeschlossen ist. Guten Heimflug nach Pennsylvania!" (Nach Zeig, 1992, S. 176 f.)

Wie soll man das verstehen? War das nun eine Therapie oder war es keine? Da beide wußten, was Therapie ist, schließlich hatten sie ja viele hundert Stunden Therapieerfahrung, war es ganz klar keine Therapie für sie. Doch da sie auf Therapie eingestellt waren und Erickson davon sprach, dies sei die Therapie gewesen, war es irgendwie doch eine Therapie. Was war es nun? Man kommt der Wahrheit am nächsten, wenn man beide Aussagen uneingeschränkt gelten läßt: Es war keine Therapie und es war eine Therapie, bzw. es war eine Therapie und es war keine Therapie. Beide glaubten an eine Therapie, die ihnen seit Jahren nicht viel geholfen hatte. Jetzt macht Erickson mit ihnen eine Therapie, die völlig unsinnig ist. Die Frau hat das besser begriffen als der Mann: „Ich hab den Berg verwünscht, ich hab mich selbst verwünscht, aber am meisten und bei jedem Schritt den ganzen Weg hinauf hab ich Sie verwünscht. Ich hab mich gefragt, warum bist du so blöd und steigst diesen Berg rauf? Und langweilig!

Ich konnte mich selbst nicht mehr leiden. Weil Sie aber gesagt haben, ich soll da rauf, bin ich raufgegangen [...]." Und weshalb läßt er sie getrennte Wege gehen? Diese Frage ist leichter zu beantworten. Vermutlich hat er sofort gesehen, daß sie, salopp formuliert, emotional schon weit auseinander waren.

Welche Folgen hatte diese „Nicht-Therapie-Therapie"? Auf dem Heimflug waren beide „sehr, sehr verwirrt und benommen und durcheinander". Zu Hause kamen beide auf die Idee, im eigenen Auto etwas herumzufahren, um wieder einen klaren Kopf zu bekommen. Die Frau fuhr direkt zu ihrem Psychoanalytiker, machte mit ihm Schluß und suchte dann einen Rechtsanwalt auf, um die Scheidung einzureichen. Der Mann fuhr erst etwas herum, dann zu seinem Psychoanalytiker und machte mit ihm Schluß. Anschließend begab er sich in seine Praxis und begann, sie in Schuß zu bringen. Ich meine, Erickson hat sie genau mit dem konfrontiert, was sie ihm präsentiert haben, und zwar nicht übersetzt ins Verbale und Unwirkliche, denn das hätten sie entwerten und abstreiten können, sondern ganz konkret. Als Folge haben beide unabhängig voneinander angefangen, ihr Leben in Ordnung zu bringen.

Das systemische Vorgehen erscheint zunächst etwas verwirrend und abschreckend. Nicht nur, daß es keinen Sinn zu machen scheint, man könnte annehmen, es mache alles noch schlimmer. Dazu kommt, daß aus jedem praktischen Problem schnell ein emotionales, aus einem emotionalen ein mentales und aus einem mentalen Problem ein praktisches wird. Entscheidend sind die Fragen: Was ist das Thema, wie soll die Lösung aussehen und *wer* kann *was* dazu beitragen?

Wie ist das bei dem Vater, der sich aufgegeben hatte? Wer meint, es sei ein Beziehungsthema, hat recht. Wer meint, es sei ein Handlungsthema, hat auch recht. Es kommt auf die Perspektive an. Aus der Sicht des Vaters ist es möglicherweise ein Handlungsthema. Wenn er von sich aus etwas ändern wollte, könnte man mit ihm lösungsorientiert arbeiten, etwa neue Perspektiven entwickeln, ihm Ziele verdeutlichen, Ausnahmen analysieren, in denen es ihm gut geht. Für seine Angehörigen ist es jedoch ein Beziehungsproblem. Wenn sie eine Veränderung bewirken wollen, müssen sie energetisch vorgehen, auch wenn das Mittel Worte sind. Was die Tochter gemacht hat, nennt man *Überholen im Negativen*. Dabei vermittelt sie ihm dreierlei: Sie spricht mit ihm in liebevollem Ton. Sie zeigt ihm auf, was er tut. Und sie demonstriert nebenbei gesunden Egoismus. Solche paradoxen Interventionen sind typisch für die Systemische Kurztherapie und für Vorhaben von der Art: „Wie ändere ich meinen Mann?" (Friedmann/Fritz, 1997) Ich vermute, die meisten Psychologen werden diesen Titel für naiv oder unseriös halten. Auch wenn ich ihnen nicht zustimme, aus ihrer Sicht haben sie recht. Sie denken eben analytisch oder lösungsorientiert und nicht systemisch.

Nachdem man in der Kurztherapie diese Gesetzmäßigkeiten zunächst intuitiv erfaßt hatte, konnte man, wie De Shazer in „Wege der erfolgreichen Kurztherapie", ganz gezielte Strategien entwikkeln, um Veränderungen zu initiieren. Das sind entweder Interventionen, die, wie in der Lösungsorientierten Therapie, zuerst einmal Bewußtsein verändern, etwa indem man sich neue Ziele setzt, die eigene Lösungskompetenz oder das Gute des Schlechten einer Situation erkennt, oder Interventionen wie in der Systemischen Therapie, die nach bestimmten methodischen Regeln direkt innere und äußere Haltungsänderungen einleiten.

Unterschiedliche Kausalitäten

Die Lösungsorientierte Kurztherapie geht von einfachen Grundsätzen aus, wie: „Menschen haben alles, was sie brauchen, um ihre Probleme zu lösen." Oder: „Wenn etwas funktioniert, mach mehr davon!" Und: „Wenn etwas nicht funktioniert, mach etwas anderes!" Dabei setzt sie konsequent auf die Lösungskompetenz der Klienten. Das klingt sehr einfach, und doch tun sich manche recht schwer damit. Denn es erfordert Vertrauen in die Fähigkeiten der Klienten, ihre Lösungen selbst zu entdecken und zu realisieren, und die Bescheidenheit, sich als Therapeut auf die Rolle eines Trainers zurücknehmen zu können. Diese eher unauffällige Hilfe bei Selbsthilfe muß begleitet sein von handwerklichem Können und wird unterstützt durch ein neues und anderes Verständnis von der menschlichen Wirklichkeit.

Capra hat gezeigt, daß unser wissenschaftliches Denken bis weit ins zwanzigste Jahrhundert hinein bestimmt war und immer noch ist von dem nach Descartes benannten kartesianischen Denken. Dieses geht von der Trennung von Subjekt und Objekt aus, verdinglicht die menschliche Wirklichkeit und denkt kausal und eher mechanisch. Dann hat der Mensch A die Krankheit B, der wiederum die Therapie C zugeordnet wird. So denken nicht nur die meisten Ärzte und Psychotherapeuten, sondern auch die Patienten und Klienten. Bandler berichtet von einem seiner Klienten, der das Gespräch mit: „Ich bin depressiv!" eröffnete, worauf ihm Bandler erwiderte: „Hallo, ich bin Richard."

Das kartesianische Denken hat sich durchaus bewährt. Es hat den Siegeszug des wissenschaftlichen und technischen Fortschrittes ermöglicht. Und es leuchtet uns ein, weil es übereinstimmt mit einem gut Teil unserer praktischen Lebenserfahrungen. Unser Alltag wird stark bestimmt vom Handeln und seinen Gesetzmäßigkeiten. Auch diese lassen sich gut mit dem „vernünftigen" Denken nachzeichnen, einem Denken, das den Regeln der Logik folgt. Diese Übereinstimmungen des rationalen Denkens mit bestimmten Gesetzmäßigkeiten unserer Wirklichkeit und die unbestreitbaren Erfolge, die mit der konsequenten Anwendung dieses Denkens erzielt wurden, haben zu dem geführt, was man die „Herrschaft der Vernunft" nennen könnte.

Doch unsere Wirklichkeit wird nicht von einer einzigen Kausalität bestimmt. So spricht man schon lange, wenn auch eher abwertend, von einer „weiblichen Logik" oder heute von „emotionaler Intelligenz". Und die mystischen Zweige der Hochreligionen haben immer betont, daß ihre Gegenstände sich dem rationalen Zugriff entziehen. Dieses andere Denken konkurriert nicht mit der Vernunft, denn es hat seine ureigenen Erfahrungsbereiche. Wohl aber muß es den Alleingültigkeitsanspruch des logischen Denkens zurückweisen.

Was wir brauchen, ist eine neue ontologische Theorie, eine differenziertere Auffassung von Wirklichkeit. Auch wenn in diesem Zusammenhang Denker wie Heraklit oder Laotse wieder interessant werden, denn sie führen die Wirklichkeit auf ein anderes Prinzip als das von Ursache und Wirkung zurück. Die Wirklichkeit auf ein einziges Prinzip zurückführen zu wollen, egal ob man es Gott, Ch'i, Tao oder Logos nennt, erscheint jedoch fragwürdig. Es geht nicht darum, ein Wirklichkeitsprinzip gegen ein anderes auszuspielen, sondern seinen jeweiligen Gültigkeitsbereich auszuloten, um das lebendige Ganze mit seinen Widersprüchen und Veränderungen verstehbar zu machen.

Geoffrey Chews Bootstrap-Theorie besagt, daß es in den modernen Wissenschaften kein Zurückgehen mehr auf das Eine, keine festen Fundamente gibt, sondern Netze von Zusammenhängen identifiziert werden. „Für unsere in den letzten Jahren entwickelte Theorie ist typisch, daß wir gar nicht wissen, welche Fragen wir stellen sollen. Vielmehr lassen wir uns von der Stimmigkeit leiten." (Nach Capra, 1992, S. 71) Dabei geht es nach Gregory Bateson darum, in allen beobachteten Phänomenen „das verbindende Muster" zu entdecken. Daß dieses neue Denken über Wissenschaft und Wirklichkeit nach Bateson eher zu Bildern, zu Metaphern greift und weniger zu Begriffen, hängt damit zusammen, daß sich in Bildern ganzheitliche Prozesse und Zusammenhänge besser darstellen lassen.

Das entscheidend Neue in dieser ontologischen Theorie ist, daß die Wirklichkeit nicht mehr auf ein Prinzip zurückgeführt wird, sondern auf ein dynamisches Wechselspiel verschiedenartiger Energien und ihrer Realisierungen. Die beiden Fragen: „Was braucht es, damit etwas gelingt?" und „Wie funktioniert die menschliche Wirklichkeit sinnvoll?" lassen sich so allgemein gestellt dann nicht mehr beantworten. Denn die Wirklichkeit läßt sich nicht als monolithische Einheit begreifen, sondern als ein Zusammenspiel unterschiedlicher Energien in eigengesetzlichen Lebensbereichen. Vielleicht ist das der Grund dafür, daß diese Fragen zwar oft formuliert und beantwortet wurden, doch die Antworten sehr unterschiedlich ausgefallen sind – je nachdem, welchen Lebensbereich der Antwortende im Sinn hatte und worauf sich seine Lebenserfahrungen bezogen.

Welches sind diese Lebensbereiche? Es sind das Erkennen, das Beziehungsverhalten und das Handeln. Das klingt zunächst banal, etwa nach der alten Dreiteilung Kopf, Herz und Hand oder Denken, Fühlen und Wollen. Doch wenn man sich daran erinnert, daß auch Gott als Geist, als Liebe und als Schöpfer beschrieben wird, oder als die Dreieinigkeit dieser Aspekte, und wenn man liest, daß im Buddhismus in den drei Bodhisattvas, in Manjusri die Verkörperung der Weisheit, in Avalokiteshvara oder Kannon die Verkörperung der Liebe und in Samatabhadra die aktive Unterstützung gesehen wird, könnte das auf Grundstrukturen und -energien menschlichen Daseins hinweisen.

Die Eigengesetzlichkeiten dieser drei Lebensbereiche bedeuten für die Lebenskompetenz, daß es darauf ankommt, mit diesen drei Lebensbereichen auf ihre je eigene Art zurechtzukommen. Dies wird dadurch unterstützt, daß unsere Psyche sich auf diese Eigengesetzlichkeiten eingestellt und mit den drei Ichs (oder wie die Transaktionsanalyse formuliert den Ich-Zuständen) auf sie spezialisiert hat. Es ergeben sich aus diesen Eigengesetzlichkeiten drei Charakter- oder Persönlichkeitstypen mit ihren unterschiedlichen Eigenschaften und Fähigkeiten, ihren typischen Störungen, Wegen zur psychischen Gesundheit und Persönlichkeitsentwicklung (vgl. Kap. 6). Das heißt, man gewinnt mit diesem Konzept der drei eigengesetzlichen Lebensbereiche so etwas wie eine topographische Karte der menschlichen Psyche und Wirklichkeit.

Schließlich ermöglicht diese Landkarte die Integration moderner

Kurztherapien, wobei deutlich wird, wie jeder eine eigene Aufgabe zufällt. Denn eine Integration, die diese Bezeichnung verdient, ist nicht irgendeine Mischung aus verwandten Konzepten und Methoden, so wie man Kaffee-, Tee- oder Tabaksorten mischt. Ein Integrationsmodell muß als Ganzes und in seinen Teilen stimmig sein. Deshalb ist es auch nicht zufällig, daß das kurztherapeutische Integrationsmodell aus *drei* Therapiekonzepten besteht, die sich innerhalb des Modells gegenseitig unterstützen und sich jeweils auf ihre tatsächliche Kompetenz konzentrieren können.

Wie die Geschichte der Psychotherapie zeigt, erfordern neue therapeutische Vorgehensweisen zuerst neue Möglichkeiten des Denkens über Psychotherapie. Denn die Wirklichkeit ist nicht nur *so*, wie wir sie sehen, sondern sie ist auch so, *wie* wir sie sehen. Das ist ein kleiner, aber entscheidender Unterschied. So macht man dann, wenn man sich, wie in der modernen Psychotherapie, auf neue Sichtweisen einläßt, immer wieder die Erfahrung: *Man sieht nur, was man weiß.* Die moderne Kurztherapie hat ganz einfache, wortwörtlich *selbstverständliche* und dabei grundlegende Erkenntnisse darüber gewonnen, wie unser Leben funktioniert, also Offensichtliches, Handgreifliches, das man bisher einfach übersehen hat. Warum? Nicht aus Dummheit, sondern vermutlich deshalb, weil dazu ein anderes, neues Denken erforderlich war.

Ich möchte im folgenden drei Sicht- oder Denkweisen einander gegenüberstellen und sie kurz erläutern.

Tabelle 1: Sichtweisen

	Sichtweise 1	Sichtweise 2	Sichtweise 3
Denken	kartesianisch	pragmatisch	integrativ
Wirklichkeit	mechanisch	frei verfügbar	eigengesetzlich
Sinnerfahrungen	Weisheit der Vernunft	Weisheit des Unbewußten	Weisheit des Geschehens

Das neue wissenschaftstheoretische Denken grenzt sich besonders ab gegen die kartesianische Sichtweise, soweit sie die Wirklichkeit *ausschließlich* nach logischen Ursache-Wirkungs-Zusammenhängen erklärt. Die pragmatische Sichtweise entgeht dieser dogmatischen Einschränkung, indem sie einfach gelten läßt, was funktioniert, die integrative Sichtweise, indem sie das Ursache-Wirkungs-Prinzip als *einen* Aspekt unserer Wirklichkeit betrachtet. Es gibt also in der modernen Kurztherapie zwei unterschiedliche Sichtweisen, wobei ich mein Modell zur integrativen Sichtweise, De Shazer und Bandler zu den Pragmatikern rechne. Auch Erickson gehört eher zur pragmatischen Sichtweise. Dafür sprechen sein Bekenntnis zum Nichtwissen und sein Vertrauen in die Intuition. Allerdings scheint er ein sicheres Gespür für die Eigengesetzlichkeit von Lebensbereichen gehabt zu haben.

In der amerikanischen Tradition des pragmatischen Denkens ist der Erfolg, das Gelingen eine ausreichende Legitimation für Geltung und Gültigkeit. Das mag mit der kalvinistischen Vorstellung zusammenhängen, daß Wohlstand und Gesundheit Ausdruck göttlichen Wohlwollens sind, und damit, daß in Amerika erfolgreiche Menschen meist mehr geschätzt wurden als Denker und Wissenschaftler. Europäer scheinen aus einer anderen Geschichte und anderen gesellschaftlichen Strukturen und Werten heraus einen höheren „Theoriebedarf" zu haben. Für sie gewinnt etwas erst Gültigkeit und Geltung, wenn es auch theoretisch abgesichert ist. Und das pragmatische Denken, oder besser: Nicht-Denken, macht auf sie, solange sie sich nicht dazu bekehrt haben, eher einen etwas unbedarften und oberflächlichen Eindruck.

Obwohl sich die pragmatische und integrative Sichtweise in der Praxis nicht stören, da die pragmatische Haltung ja grundsätzlich offen ist für alles, was funktioniert, eröffnet die integrative Sichtweise, wie ich meine, günstigere Möglichkeiten für die Weiterentwicklung der Psychotherapie. Meines Erachtens können bei der pragmatischen Vorgehensweise nur individuelle Wegbeschreibungen und Ausblicke zustande kommen, also keine allgemeingültige und für jedermann verläßliche Orientierungshilfe.

Das Nicht-Akzeptieren von Strukturen, Prozessen und Gesetzmäßigkeiten im Sinne einer „frei verfügbaren Wirklichkeit" führt zu einer Haltung des „Alles-ist-machbar", der unbegrenzten Möglichkeiten und Manipulierbarkeit des menschlichen Daseins. Doch das „Alles-ist-möglich" ist eine Pseudofreiheit. Genauso wie die Naturgesetze unser Leben nicht einschränken, sondern erst möglich machen – ähnlich wie die Spielregeln in einer Sportart –, sind auch die ontischen und psychischen Gesetzmäßigkeiten nicht einschränkend, sondern lebensermöglichend. Und wie ein Sportler die Spielregeln beachtet und sich die Naturgesetze zunutze macht, arbeitet eine erfolgreiche Psychotherapie im Einklang mit diesen umfassenderen Wirklichkeitsgesetzen.

Während das kartesianische Denken auf die Weisheit der Vernunft setzt, was dann auch typisch wurde für das naturwissenschaftliche Denken, entdeckte die Psychotherapie die Weisheit des Unbewußten und die damit verbundenen natürlichen Selbstheilungs-, Wachstums- und Selbstverwirklichungsprozesse. Die Kurztherapien haben darüber hinaus die Weisheit des Geschehens entdeckt. So kann die Systemische Kurztherapie deutlich machen, daß auch das leidvolle Geschehen keineswegs blind und zufällig, sondern eine paßgenaue Herausforderung für die Klienten ist und in sich Lösungsenergie trägt.

Für die Arbeit mit der Integrierten Kurztherapie ist es wichtig, alle drei Aspekte im Auge zu behalten, die Weisheit der Vernunft, des Unbewußten und des Geschehens. Sie legt größten Wert auf eine disziplinierte handwerkliche Kompetenz. Dabei geht sie mit ihren Interventionen leicht und eher spielerisch um, damit sich die Intuition des Klienten und die des Therapeuten entfalten kann. Schließlich weiß sie, daß das Geschehen die Klienten unterstützt, daß es flexibel und sinnhaltig auf therapeutische Veränderungen reagiert und selbst in scheinbar ausweglosen Situationen Lösungen ermöglicht.

Das neue Denken, also die pragmatische und die integrative Sichtweise, steht nicht im Gegensatz zum logischen Denken, sondern erweitert es – wenn man so will durch andere Formen der Logik. Für die modernen Kurztherapien ist dadurch die Basis ihrer Arbeit viel breiter geworden. Sie stützt sich nicht nur auf die analytische Vernunft und vertraut auf die Mitarbeit des Unbewußten. Für sie ist auch das Geschehen etwas, das sinnvoll und schöpferisch ist, ein Partner, mit dem man zusammenarbeiten kann und der seinen Teil zur Lösung beiträgt. Hier zeigt sich eine gewisse Verwandtschaft zum Positiven Denken, das ja im wesentlichen darauf abzielt, das Geschehen günstig zu beeinflussen. Und es macht wieder jenes uralte Menschheitswissen über ein „Wechsel-Wirkungs-Prinzip" nach der Art von Yin und Yang zugänglich und verfügbar, das uns in Fragmenten paradoxer Aussprüche überliefert ist.

Auch Störungen funktionieren fehlerfrei

Die Psychotherapie geht nun schon fast hundert Jahre nach der problemorientierten Methode vor. Die Psychoanalyse suchte und sucht nach den Ursachen der Probleme in der frühen Kindheit. Zwar ist diese Annahme, daß gegenwärtiges Problemverhalten und -erleben zumeist seine Wurzeln in der Kindheit hat, auch heute noch gültig. Doch hat sich die Erwartung, daß sich durch das Erkennen dieser Zusammenhänge die Probleme lösen würden, meines Erachtens nicht oder nur sehr unzureichend erfüllt.

Die Humanistische Psychologie erkannte, daß es gar nicht notwendig war, in die Vergangenheit zurückzugehen, da die Probleme immer wieder in der Gegenwart reproduziert werden. Auch das ist richtig. Statt nach den Ursachen der Probleme zu forschen, ging man jetzt der Frage nach: „Wie wird das Problem aufrechterhalten?" Dazu wurden viele Modelle entwickelt, die zeigen, wie Problemverhalten inszeniert wird. Besonders die Transaktionsanalyse und die Systemische Familientherapie haben dazu aufschlußreiche Erklärungsmodelle beigetragen.

Doch wieder zeigt sich, daß die Problemanalyse zwar interessante Erklärungen liefert, doch recht wenig zur Lösung beiträgt. Therapeuten und Klienten können sich darüber verständigen, warum und wie Probleme entstehen und aufrechterhalten werden, doch sie machen auch die Erfahrung, daß das die Klienten nicht daran hindert, sich weiterhin problematisch zu verhalten. Denn in schwierigen Situationen ist das erarbeitete analytische Wissen plötzlich nicht mehr zugänglich und verfügbar, wird vergessen oder bleibt unwirksam.

Weshalb hält man so lange an den therapeutisch eher wenig erfolgreichen Problemanalysen fest? Vermutlich läßt das Korsett des kartesianischen Denkens keine anderen Möglichkeiten zu. Danach muß es zu jedem Problem auch eine Problemursache geben, und ist sie gefunden, muß das Problem eigentlich zu lösen sein. So jedenfalls erscheint es, denn dahinter stehen die selbstverständlichen Lebenserfahrungen, daß sich diese Vorgehensweise bei praktischen Angelegenheiten durchaus bewährt. Handwerker denken so, Techniker haben damit Erfolg, Verwaltungen und Bürokratien arbeiteten nach diesem Prinzip. Warum sollte das nicht auch für die Psychotherapie gut sein?

Aus der Sicht und den Erfahrungen der modernen Kurztherapien kann man einiges dazu sagen, warum das nicht so ist. Etwa, weil man mit dem problemorientierten Vorgehen Zuwendung gibt für destruktives Verhalten und es damit verstärkt. Oder weil das, was heute die Probleme verursacht, nicht direkt aus den vergangenen Erfahrungen resultiert, sondern sich neu herstellt auf Grund von Einstellungen, Haltungen und Programmen, die als Reaktionen auf die traumatischen Erfahrungen gebildet wurden. Die einschränkenden Erfahrungen in der Vergangenheit und das leidauslösende Verhalten und Erleben in der Gegenwart stehen also nicht in einem einfachen

Ursache-Wirkungs-Verhältnis. Dazwischen stehen die Reaktionsmuster oder Programme, die stabil überdauern und heute ein ähnliches, jedoch neues Leiden produzieren. Deshalb macht es weder Sinn mit jenen schmerzlichen Erinnerungen und Erlebnissen zu arbeiten noch die damit verbundenen leidvollen Gefühle „herauszulassen". Man muß auf die „Organisations-" oder „Programmebene" gehen, wenn man etwas verändern möchte.

Manche Probleme sind Symptome dafür, daß etwas versäumt wird, zum Beispiel eine attraktive Planung und Gestaltung der Zukunft. Auch hier bringt es wenig, sich mit den Problemen der Gegenwart und der Vergangenheit zu befassen. Denn gerade dort ist das, was fehlt, am wenigsten zu finden. Statt dessen muß etwas Neues initiiert werden, etwa, daß sich Klienten eine befriedigende Zukunft vorstellen und sich attraktive Ziele setzen.

Schließlich sind manche Probleme eigentlich gar keine Probleme, sondern verkappte Lösungen. Das oft schon in der Kindheit abgespaltene und in der Folge nicht gelebte Leben kehrt immer wieder in einer fremden Gestalt zurück als leidvolle Erfahrung. Die Erfolge mit paradoxen Interventionen machen deutlich, daß gerade hier Deuten und Interpretieren besonders untaugliche Versuche einer Problemlösung sind.

Solche anderen Sichtweisen führen zu einer völlig anderen Psychotherapie, etwa, wenn Erickson einer übergewichtigen Frau erklärt, er sei äußerst neugierig auf das hübsche Mädchen unter dieser Schicht aus Schwabbelspeck; oder einem frisch verheirateten Ehemann einer sehr schönen Frau, der trotz zahlreicher früherer Beziehungen in der Hochzeitsnacht und den Flitterwochen impotent blieb, versichert, sein Versagen beweise, daß er die Richtige gefunden hätte; oder einem jungen Mann, der nur zu Hause in seinem Zimmer herumsaß und nichts tat, den Rat gab: „Können Sie ihre Zeit nicht auch woanders vergeuden?"

Vor ein paar Jahren bat mich eine ehemalige Klientin schriftlich um einen Bericht über eine Therapie, die sie bei mir vor etwa 20 Jahren gemacht hatte. Sie wollte sich einer längeren Psychotherapie in einer Psychosomatischen Klinik unterziehen. Sie legte mir eine Fotokopie des ausgefüllten Aufnahmebogens der Klinik bei. Mit kleiner Schrift hatte sie dort auf sechs Seiten ihre gegenwärtigen und vergangenen Probleme dargestellt. In einem etwa fünfseitigen Brief schilderte sie mir, was sonst noch alles in ihrem Leben schiefgelaufen war. Mir wurde klar, was ich mit meiner damaligen Therapie angerichtet hatte: Ich hatte sie, wie andere Psychotherapeuten auch, auf

Probleme fixiert. Um es ein klein bißchen wiedergutzumachen, schrieb ich ihr ein lösungsorientiertes Gutachten und stellte mir dabei vor, wie mich die Psychologen jener Klinik für reichlich naiv halten würden.

Die meisten Leute glauben, wenn sie bei sich oder bei anderen etwas verändern wollen, z. B. Gewicht reduzieren, weniger rauchen oder mehr Sport treiben, daß sie dann unzufrieden und kritisch sein müßten. Sie machen zwar die Erfahrung, daß sich dadurch nichts ändert, doch sie halten weiter an diesem Glauben fest. Es gibt ihnen auch nicht zu denken, daß die Welt voll ist von unzufriedenen und kritischen Menschen, die ebenfalls nichts ändern. Man könnte daraus schließen, daß sie ihre ganze Energie dafür verbrauchen, unzufrieden zu sein, oder, daß sie nichts ändern, um unzufrieden bleiben zu können.

Manchmal gelingt es, Leute dafür zu gewinnen, ihr Ziel auf einem anderen Weg als bisher anzugehen, wenn man ihnen klarmachen kann, daß ihre alten Strategien nicht sonderlich erfolgreich waren. Ein Beispiel für solch einen anderen Weg ist, bei anderen etwas zu verändern durch Anerkennen oder bei sich durch Annehmen. Um die Erfahrung machen zu können, daß dadurch etwas besser wird, muß man allerdings die Angst aushalten, daß damit alles noch schlimmer werden könnte. Wenn die Leute es dann doch ausprobieren und feststellen, daß sie damit Erfolg haben, sind sie recht erstaunt, denn nach ihren Erwartungen hätte es nicht gelingen dürfen. Wenn Dinge geschehen, die nicht unseren Erwartungen entsprechen, gibt es zwei Möglichkeiten, damit umzugehen. Entweder man ignoriert sie oder erklärt sie für zufällig. Dann bleibt die Welt des eigenen Denkens in Ordnung. Und es ist schon erstaunlich, welchen Preis Menschen bereit sind, dafür zu zahlen oder andere dafür zahlen zu lassen, daß ihr Denken im Zweifelsfall gegenüber der Realität die Oberhand behält.

Erinnern wir uns zunächst nochmals an das psychiatrische Denken in der Psychotherapie: eine Person A hat die Störung B, was die Therapie C notwendig macht. Dieses Denken ist geeignet, eine Maschine zu reparieren. Doch für die Psyche gilt, daß dort Störungen durchaus fehlerfrei funktionieren. Bandler sagt dazu: „Vor langer Zeit kam ich zu dem Schluß, nachdem ich niemand gefunden hatte, der so verrückt war wie ich, daß die Menschen nicht wirklich kaputt sein könnten. Seitdem habe ich erkannt, daß *Menschen fehlerfrei funktionieren.* Mir gefällt vielleicht nicht, was sie tun, oder sie mögen es vielleicht nicht, aber sie sind in der Lage, es systematisch wieder und wieder zu tun. Das bedeutet nicht, daß sie gestört sind; sie tun lediglich etwas anderes, als wir oder sie eigentlich möchten." (Bandler, 1992, S. 27)

Aus der Sicht der Kurztherapie gibt es drei Arten von Prozessen, die zu Problemen führen oder als solche erlebt werden, entweder, daß ein Prozeß abläuft, der zu unerwünschten Ergebnissen führt, oder daß ein Prozeß stattfindet, der an sich o. k. wäre, doch von seinem Verlauf oder Ergebnis her nicht akzeptiert wird, oder daß ein notwendiger Prozeß unterbleibt. Das NLP ist besonders geeignet, negativ ablaufende Prozesse neu zu programmieren, so daß ein erwünschtes Ergebnis zustande kommt. Die Systemische Therapie hilft, Erfahrungen anzunehmen und die in ihnen steckenden Chancen und Fähigkeiten nutzbar zu machen. Die Lösungsorientierte Therapie ist besonders geeignet, neue Prozesse zu initiieren, die bisher versäumt wurden.

Jene Art von Erfahrungen, die zwar leidvoll sind, doch entscheidend weiterhelfen könnten, wenn man sie annehmen würde, sind meist Reaktionen auf unerwünschte Verhaltensweisen anderer oder sogenannte Schicksalsschläge. Oft erweisen sie sich im nachhinein, aus einem größeren zeitlichen Abstand, als segensreich. Wenn das so ist, wie könnte man dann die unnötigen Gefühle des Enttäuscht- und Frustriertseins, des Haderns mit sich, der Welt und dem Schicksal abkürzen oder vermeiden? Hier ist ein Denken hilfreich, das das Geschehen als sinnvoll bejaht, und ein therapeutisches Konzept, das es möglich macht, die im Leiden steckenden Energien als etwas Eigenes, Zugehöriges zu akzeptieren, sie in positive Fähigkeiten zu verwandeln und sich eigen zu machen.

Schließlich entstehen Probleme auch dadurch, daß anstehende und wünschenswerte Entscheidungen und Handlungen unterbleiben. Hier ist die Lösungsorientierte Therapie in ihrem Element, und das Fortgeschrittene NLP muß passen: „Viele Menschen leben ein langweiliges, sinnloses Leben, und sie sind unglücklich. Dies wird sich nicht dadurch ändern, daß sie mit einem Therapeuten sprechen, es sei denn, dies führt dazu, daß sie ihr Leben ändern." (Bandler, 1992, S. 43) Die Stärke der Lösungsorientierten Therapie liegt nun gerade darin, daß sie weiß, wie praktische Veränderungen in Gang gebracht werden.

Obwohl das Denken der Lösungsorientierten Kurztherapie noch am leichtesten zugänglich ist, weil die meisten Menschen über ausreichend Lebenserfahrungen im Bereich des erfolgreichen Handelns verfügen, ist es für die herkömmliche Psychotherapie ungewöhnlich.

Warum? Das lösungsorientierte Denken ist nicht analytisch, sondern prospektiv. Es setzt auf die Zukunft, arbeitet mit Wunschträumen, Hoffnungen, Erwartungen und Zielen. Das bedeutet Entscheidungen zu treffen, Risiken einzugehen und Verantwortung zu übernehmen. Dieses Denken, das zukünftiges Leben vorbereitet und mitgestaltet, ist nicht wissenschaftlich, sondern „unternehmerisch". Und daß Wunschträume und Ziele auch direkt Zukunft gestalten, also nicht nur in uns, sondern auch in unserem Umfeld Lösungsprozesse anregen, überschreitet die Grenzen dessen, was bisher als wissenschaftlich diskutabel galt. Die lösungsorientiert denkenden Autoren helfen sich zumeist damit, daß sie wie M. Erickson oder A. Robbins formulieren, man müsse nicht alles verstehen, was funktioniert. Damit ziehen sie sich auf die Position des Praktikers zurück und handeln sich sicher weniger Ärger ein, als wenn sie versuchten, erweiterte Denkmodelle zu entwerfen.

Veränderungen auf der Organisationsebene des Erlebens

Wer die Erfolge der Kurztherapie ernst nimmt, dem stellt sich natürlich die Frage, wie das möglich und was anders ist in der Kurztherapie. Sieht man sich die Praxis der Kurztherapie an und vergleicht sie mit den herkömmlichen Psychotherapien, wird man viele Punkte anführen können, wie sie anders arbeitet. Einige davon wurden schon genannt, etwa die Ausrichtung auf das Gelingen, die konsequente Nutzung der Kompetenz des Klienten oder ein neues Denken über die menschliche Wirklichkeit. Und doch gibt es in allen kurztherapeutischen Konzepten etwas Gemeinsames, das sie grundlegend von früheren Psychotherapien unterscheidet: Sie arbeiten nicht mehr auf der inhaltlichen Ebene des Erlebens, sondern der Organisationsebene, dort, wo das Erleben verursacht und gesteuert wird.

Das führt rein äußerlich dazu, daß die Therapeuten sehr viel weniger Informationen über die Lebensumstände und die Krankheitsgeschichte brauchen. Für das Schildern des beklagten Sachverhalts gibt man dem Klienten in der Lösungsorientierten Therapie kaum mehr als fünf bis zehn Minuten Zeit. Statt dessen werden dort von Beginn der Therapiestunde an Interventionen benützt, die bei dem Klienten Lösungsprozesse in Gang setzen. Und zwar deshalb, weil der Zweck einer Lösungsorientierten Therapie nicht der ist, einzelne Probleme zu lösen, sondern zu lernen, wie man Lösungen realisiert.

Im NLP, und zwar speziell im Fortgeschrittenen NLP, wird noch deutlicher, daß hier nicht mehr auf der inhaltlichen Ebene des Erlebens, sondern der Organisationsebene, der Ebene der Programme gearbeitet wird. So kann man mit Klienten arbeiten, ohne daß sie mitteilen, was ihr Problem ist. Das ist nützlich in Gruppen, weil der Teilnehmer dort intime Probleme, die er nicht öffentlich äußern will, trotzdem lösen kann. Und weil die anderen Teilnehmer gar nicht erst in Versuchung gebracht werden, für den anderen das Problem lösen zu wollen, sondern sich ganz auf die methodische Vorgehensweise konzentrieren können.

Die Grundlage dieser NLP-Arbeit auf der Organisationsebene des Erlebens ist die Entdeckung, daß jedes Erleben programmiert ist und diese Programme entschlüsselt und verändert werden können. Beispielsweise läßt sich ein Programm, das Depressionen auslöst, so umformen, daß statt dessen Begeisterung, Motivation oder Lebensfreude erlebt wird. Oder man kann Eifersuchtsreaktionen in Zuwendung umprogrammieren, Phobien löschen oder Suchtverhalten auflösen. Diese neuen, konstruktiven Programme sind in der Regel dann ebenso stabil wie die alten, und sie müssen nicht erst lange eingeübt werden.

Auch in der Systemischen Therapie wird deutlich, daß hier nicht mehr auf der Ebene des Erkennens und Erlebens gearbeitet wird. Fast eine ganze Generation lang haben Psychotherapeuten an den Fallbeispielen Ericksons herumgerätselt, wie er zu seinen spektakulären Heilungserfolgen kam. Man wollte verstehen, was er da macht, und hat nicht begriffen, daß das, was er tut zwar nicht zu verstehen, wohl aber zu praktizieren ist. Dieses Begreifen, daß sein Vorgehen zwar paradox, doch durchaus stimmig und paßgenau ist, war ein wichtiger Schritt auf dem Weg, sich sein Können zugänglich zu machen.

Was das Verstehen der Systemischen Kurztherapie auch erschwert hat, ist, daß sie ihre Wirkung auf einer Interaktionsebene entfaltet, die bisher wenig beachtet wurde. Die uns geläufigste Ebene der Interaktion ist die des *verbalen* Ausdrucks. Hier arbeitet die Psychoanalyse. In der Humanistischen Psychologie wurde die zweite Ebene, die der *Körpersprache* und des emotionalen Erlebens entdeckt. So schreibt Perls: „Ein guter Therapeut hört nicht auf den Inhalt von dem Geschwätz, das der Patient hervorbringt, sondern auf den Klang, die Musik, das Zögern. Die sprachliche Kommunikation ist gewöhnlich lauter Lüge […] Aber die Stimme ist da, die Geste, die Haltung, der Gesichtsausdruck, die psychosomatische Sprache. Es ist alles da, wenn du lernst, den Inhalt der Sätze nur die zweite Geige spielen zu lassen […] es ist so viel unschätzbares Material vorhanden, daß wir nichts anderes zu tun brauchen, als zu Offensichtlichkeiten, zu äußersten Oberflächen zu greifen […] Wir haben es also ziemlich leicht, verglichen mit den Psychoanalytikern […]." (Perls, 1976, S. 61)

Was ist nun die dritte Interaktionsebene? Ich nenne sie die *energetische* Ebene. Sie dürfte die wirksamste der drei Interaktionsebenen sein, ist aber zugleich die am wenigsten beachtete, so daß nicht einmal ein gebräuchlicher Name für sie existiert. Vermutlich gibt es Menschen, die wahrnehmen können, was sich auf dieser Ebene tut. Doch selbst wenn man zu diesen nicht gehört, wird man beim Arbeiten mit der Systemischen Kurztherapie damit vertraut. Arbeitet man systemisch auf der Interaktionsebene und verhält sich anderen gegenüber nach dem Rezept *„mit dem positiv ähnlichen Verhalten begegnen"*, *unterstützt durch eine vorausgegangene energetische* Haltungsänderung, so veranlaßt das die anderen ganz oft zu spontanen Veränderungen ihres Verhaltens. Dabei nehmen sie gewöhnlich an, daß die Initiative von ihnen selbst und nicht von dem ausgeht, der diese *energetische* Haltungsänderung bei sich und das *Tit For Tat* in der Interaktion praktiziert hat.

Gerade die Systemische Kurztherapie eröffnet Zugänge zu zentralen Themen alter Weisheitslehren. So bestätigt das strategische Vorgehen auf der zwischenmenschlichen Ebene die paradoxen Aussagen eines Laotse und die Systemische Haltungsänderung christliche Aussagen über den Sinn des Leides. Es bestätigt sich in der konkreten Erfahrung, daß Probleme verdrängte Lösungen sind, daß leidvolle Energie zwar von außen negativ, von innen her jedoch positiv erlebt wird. Und daß uns das Leben in der Verpackung des Leides genau das an positiven Fähigkeiten zur Verfügung stellt, was wir jeweils brauchen – und zwar nicht in dem Sinne, daß wir am Leiden wachsen und reifen, sondern ganz direkt, wie wenn es uns damit ein Arzneimittel in die Hand drücken würde. Leider ist die Verpackung meist so abstoßend, daß wir gar nicht auf den Gedanken kommen, der Inhalt könne wertvoll für uns sein, und es am liebsten zurückgeben würden.

Wenn unser Wissen mit den Erfahrungen Schritt halten soll, müssen wir es erweitern und vertiefen. Daß wir, um den Gesetzen der Wirklichkeit zu entsprechen, uns etwa im Sinne von Yin und Yang verhalten – die systemische Regel dazu lautet: durch Ähnliches verändern, durch Komplementäres stabilisieren – oder daß wir, um der

Weisheit des Geschehens gerecht zu werden, es zunächst in einem allgemeinen Sinne als sinnvoll betrachten, um es dann im konkreten Sinn uns anzueignen, sollte künftig als wissenschaftlich relevante Hypothese gelten können.

Bisher hat die Psychotherapie mit „Geschichten" gearbeitet. Der Klient hat seine Leidensgeschichte erzählt, der Therapeut hat aus diesen Informationen seine Geschichte über den Klienten entworfen. Über diese Geschichten hat man die Beziehung hergestellt und die Therapie vorangebracht. Dabei gingen Lösungsanstöße in erster Linie vom Therapeuten aus.

Doch wie arbeiten die modernen Kurztherapien, wie sieht eine Therapie ohne Geschichten aus? Man kann diese Frage mit drei Schlagwörtern beantworten: *Zutrauen – Pacen – Fragen.* Die therapeutische Begegnung beginnt damit, daß der Therapeut davon überzeugt ist, daß der Klient alles mitbringt, was er braucht, um eine Lösung zu finden. Die Lösungskompetenz liegt beim Klienten, nicht beim Therapeuten. Deshalb braucht der Therapeut die Geschichte des Klienten kaum zu kennen, da er sich besser sowieso keine Gedanken über eine Lösung machen wird.

Die Beziehung zum Klienten wird direkt und nicht über den Umweg von Geschichten hergestellt. Das läßt sich über das Pacen erreichen, ein verbales, körpersprachliches und energetisches Angleichen an das Interaktionsverhalten des Klienten. Dadurch entsteht eine viel dichtere Beziehung, als das über Inhalte möglich wäre. Zugleich kann das Pacen therapeutisch eingesetzt werden. Der Therapeut kann „hinter" dem Klient bleiben und ihn dadurch aktivieren. Oder er kann ihn „überholen" und damit stoppen.

Im übrigen besteht die Therapie hauptsächlich aus Fragen, die die Ressourcen des Klienten aktivieren. Das führt dazu, daß der Klient viel und der Therapeut wenig tut. Dieses Wenige gut zu tun ist allerdings nicht ganz einfach. Das macht dann die Kompetenz des Therapeuten aus, und dafür wird er bezahlt. Ein Therapie ohne Geschichten hat zwar einen geringeren „Unterhaltungswert". Doch dafür wird man als Therapeut reichlich entschädigt, wenn man miterleben kann, wie es den Klienten rasch besser geht.

2. Was im Leben gelingt – die Landkarte Psychographie

Untersuchungen über das Gelingen

Es gibt heute zahlreiche Untersuchungen, Berichte und Bücher darüber, was man tun kann oder tun muß, um in bestimmten Lebensbereichen erfolgreich zu sein. Diese Veröffentlichungen beziehen sich auf berufliche Erfolge, auf Partnerschaft, auf den Umgang mit Kindern und Jugendlichen oder auf gesunde Lebensführung, auf Gedächtnis- und Konzentrationsschulung, sicheres Auftreten sowie andere Themen und – wenn man von spirituellen Ratgebern und Wegbeschreibungen absieht – manchmal auch darauf, wie man zu Erkenntnissen kommt. Oft sind es persönliche Erfahrungen des Autors, die dann verallgemeinert werden. Eher selten sind diese Ratschläge auf einer breiten Basis erprobt, so daß gesagt werden könnte, bei welchen Menschen und Situationen sie funktionieren und wo nicht.

Vorgehensweisen, bei denen theoretische Annahmen in der Praxis sorgfältig überprüft werden, haben in den letzten Jahrzehnten an Boden gewonnen hat. In der Psychotherapie hat das zu raschen Fortschritten geführt. So haben sich vor rund 30 Jahren Bandler und Grinder zusammengetan, um herauszufinden, wie die damals berühmten Psychotherapeuten Frederick Perls, Eric Berne, Virginia Sartier oder Milton Erickson arbeiteten, so daß sie in ihren Therapien erfolgreicher waren als andere. Ähnlich hat De Shazer die Therapien Ericksons wieder und wieder studiert. Und im Gegensatz zu den meisten der Bewunderer dieser Startherapeuten haben sie ihnen wohl respektvoll, doch zugleich kritisch auf die Finger gesehen. So haben sie nicht nur von ihnen gelernt, sondern sind später entscheidend über das hinausgegangen, was ihre Lehrer entwickelt haben. Sie haben von Erickson das sorgfältige Beobachten und genaue Arbeiten übernommen, die *Symptomverschreibungen* und *Musterunterbrechungen,* Bandler und Grinder das *Reframing* und *Pacen,* De Shazer das *Dahinterbleiben* des Therapeuten gegenüber dem Klienten und das *Tit For Tat*, alles paradoxe Vorgehensweisen und hochwirksame Konzepte, die aus heutiger Sicht zur Systemischen Kurztherapie gehören. Doch dann hat jeder etwas Neues und Eigenes entwickelt, De Shazer die Lösungsorientierte Kurztherapie und Bandler das Fortgeschrittene NLP. Zusammen mit der um die energetische Haltungsänderung erweiterten Systemischen Kurztherapie sind das die drei Grundpfeiler einer Integrierten Kurztherapie. Dabei ist das ihnen gemeinsame genaue und konkrete und im Ergebnis erfolgreiche Arbeiten zum Markenzeichen für die Kurztherapie geworden und hat ihr so etwa wie den „Geschmack von Wirklichkeit" gegeben.

Art Williams, den ich sehr schätze für das, was er zum Thema Gelingen im Sport oder Beruf geschrieben hat, meint, daß man bei Anwendung der von ihm beschriebenen Regeln in jedem Lebensbereich erfolgreich sein kann, also auch in Freundschaften, Partnerschaften und in der eigenen Familie (Williams, 1991). Ähnliches versprechen die verschiedenen Therapiemodelle. Ob kurztherapeutische oder klassische Konzepte, alle geben vor, für die Lösung von Problemen jeder Art geeignet zu sein. Doch wenn das *Wie* beschrieben wird, gehen die Meinungen der Experten auseinander. Williams, betont das Tun als wichtigsten Faktor des persönlichen Erfolgs. „Tun Sie es!" sagt er immer wieder. Steven Brown (Brown, 1991), ein Führungskräftetrainer, meint dagegen, daß nicht das Handeln, sondern das Denken der entscheidende Punkt sei. Und Peters und Waterman (Peters/Waterman, 1991), die erfolgreiche Firmen untersucht haben, glauben herausgefunden zu haben, daß es letztlich der menschliche Faktor ist, der ausschlaggebend ist. Alle vier Autoren sind empirisch vorgegangen. Wie können sie dann zu so unterschiedlichen Ergebnissen kommen? Jeder von ihnen hat recht, und zwar für sich, für die eigene Person. Denn *tun, denken* oder *fühlen* sind die jeweilige Fähigkeit, die sie für ihren Persönlichkeitstyp brauchen, um erfolgreich zu sein. Diese Fähigkeit hat sich in ihrem Leben besonders bewährt, und deshalb schätzen sie sie eben auch ganz besonders und – hier wird es problematisch – empfehlen sie jedem weiter. Dieses Von-sich-auf-andere-Schließen ist sicher der häufigste Fehler, der nicht nur in Therapien gemacht wird. Ratgeber und Therapeuten versuchen ihren Klienten das beizubringen, was sich bei ihnen bewährt hat.

Nehmen wir ein anderes Beispiel. In der Lösungsorientierten Therapie und im NLP wird großer Wert darauf gelegt, daß Ziele präzise und konkret formuliert werden. Bei Erickson findet sich davon wenig, im Gegenteil, oft genug hat er seine Klienten verwirrt, so daß sie nicht mehr wußten, was sie eigentlich wollten. Von Grinder heißt es, er sei eher für offene Zielformulierungen. Es ist wie oben, jeder von ihnen hat ein Stück weit recht. Ob Ziele genau, offen oder vage formuliert sein sollten, hängt sowohl vom Thema ab wie von der Person. Wenn es um praktische Dinge geht, sind genaue Zielvorstellungen angemessen, wenn es um Zwischenmenschliches geht, sind offene Ziele besser, und wenn uns das Leben etwas beibringen will, erweisen sich oft gerade Ziele als Scheuklappen. Für manche Menschen sind genaue Zielformulierungen wichtig, da sie eine Scheu davor haben, sich festzulegen. Für andere, die dazu neigen, sich und ihre Zukunft zu verplanen, sind offene Ziele oder ein Verzicht darauf besser.

Will man in der Psychotherapie genau arbeiten, muß man seine Methoden sowohl der Persönlichkeit als auch dem Thema des Klienten anpassen. Dabei allein auf die Intuition des Therapeuten zu setzen, dürfte diese überfordern. Die Kurztherapien arbeiten deshalb mit einem breiten Angebot offener Fragestellungen. Die Offenheit der Fragen sorgt dafür, daß sie quasi automatisch paßgenau sind, und die erprobte Breite der Fragestellungen, daß sie für unterschiedliche Klienten ausreichend Lösungsimpulse enthalten.

Die Integrierte Kurztherapie kann nun das Ganze wieder straffen und präziser machen, indem sie dem Therapeuten eine Art „Betriebsanleitung mit Übersichtsplan und Gebrauchsanweisungen" in die Hand gibt.

Die Eigengesetzlichkeiten des Bereiches Handeln

Bisher hat sich die Psychotherapie hauptsächlich mit den Symptomen des Scheiterns befaßt. Dabei hat sie sich weder genau genug mit den Prozessen des Mißlingens und noch weniger mit denen des Gelingens beschäftigt. Es genügte ihr, dafür Begriffe zu haben wie „frühkindliche Störungen" oder „Depressionen" oder „Retter-Verhalten". Vermutlich steckt dahinter ein Rest magischen Denkens, das glaubt, wenn man einen Namen oder eine plausible Erklärung für etwas hat, daß man es dann beherrsche, im Griff habe. Bandler schreibt dazu: „Das neueste ‚Diagnostische und statistische Handbuch III‘, das von Psychiatern und Psychologen benutzt wird, enthält zwar auf mehr als 450 Seiten Beschreibungen darüber, welche Störungen ein Mensch haben kann, aber nicht eine einzige Seite über Gesundheit […] Wenn man annimmt, daß ein Mensch gestört ist, besteht der nächste Schritt darin, herauszufinden, ob und wie er wiederhergestellt werden kann. Psychologen waren nie daran interessiert, *wie* man es fertig bringt, gerade diese bestimmte Störung zu bekommen, oder *wie* es einem gelingt, den Zustand des Gestörtseins kontinuierlich aufrechtzuerhalten. Ein weiteres Problem mit der üblichen Psychologie besteht darin, daß sie gestörte Menschen untersucht, um herauszufinden, wie man sie wiederherstellt." (Bandler, 1992, S. 26 f.) Moshe Talmon schreibt, inzwischen sei die American Psychiatric Association beim DSM-IV angekommen: „Der potentielle Mißbrauch psychiatrischer Etikettierungen ist sogar noch schwerwiegender, wenn er unter Berufung auf Wissenschaftlichkeit stattfindet und im Kleid objektiver Wahrheit auftritt [...] Wenn wir, die Fachleute für geistig-seelische Gesundheit, ganz ehrlich sein wollen, müssen wir uns von der Vorstellung verabschieden, daß es sich bei den Kategorien für psychische Krankheiten und Funktionsstörungen um objektive Wahrheiten handelt." (Talmon, 1996, S. 40)

Dieses Diagnostizieren ist typisch für eine problemorientierte Sichtweise. Sie hat die Tendenz, einen Abstand und ein Gefälle zu schaffen zwischen Therapeut und Patient. Das mag etwas mit Standesbewußtsein zu tun haben und mit dem Anspruch, wissenschaftlich vorzugehen, sicherlich auch mit der Hilflosigkeit gegenüber dem Leid und Elend, mit dem die Therapeuten konfrontiert werden. Daß man dann leutselig oder freundlich mit den Patienten umgeht, hebt diesen Abstand nicht auf. Als Konsequenz hat die Kurztherapie die Psychodiagnostik fast völlig aufgegeben. Egal ob sie mit sogenannten schweren oder leichteren Störungen konfrontiert wird, sie arbeitet von Anfang an auf Lösungen hin. Und die Erfahrungen bestätigen ihr, daß dann fast immer positive Veränderungen realisierbar sind.

In der Integrierten Kurztherapie findet eine andere Art von „Psychodiagnostik" statt. Wenn man den Persönlichkeitstyp des Klienten, sein Thema und den erforderlichen Lösungsweg kennt, kann man die kurztherapeutischen Methoden paßgenauer einsetzen. Das setzt nun allerdings wieder Wissen voraus über die unterschiedlichen Wesensarten der Persönlichkeitstypen, die Eigengesetzlichkeiten verschiedenartiger Lebensbereiche und die Eigendynamik unterschiedlicher Lösungsprozesse.

Ich beginne mit der Beschreibung der Eigengesetzlichkeiten des Lebensbereiches Handeln und grenze sie ab gegenüber denen des Beziehungsverhaltens und des Erkennens.

Die Eigengesetzlichkeiten eines Lebensbereiches lassen sich am besten dadurch ermitteln, daß man von Erfahrungen des Gelingens in diesem Lebensbereich ausgeht und aus diesen auf seine Bedingungen zurückschließt. Dabei ist es zweckmäßig zum Thema Handeln auf Erfahrungsbereiche zurückzugreifen, in denen „erfolgreiches Handeln" im Vordergrund und auf dem Prüfstand steht. Gute Beispiele dafür sind Sport und Unternehmensführung. Art Williams war in beiden Bereichen tätig. Er war zunächst, wie schon sein Vater, ein erfolgreicher Footballtrainer und hat sich Gedanken darüber gemacht, wie man eine Mannschaft zu Erfolgen führt. Dann wurde er Unternehmer und hat das größte Versicherungsunternehmen in den USA aufgebaut. Auch dabei hat er seine Mitarbeiter auf Erfolgskurs gebracht und später seine Erfahrungen zusammengefaßt in dem Buch „Das Prinzip Gewinnen'. Vergleicht man seine Erfolgsrezepte mit den Interventionen der Lösungsorientierten Kurztherapie, so stimmen sie in den wichtigsten Punkten überein.

Williams schreibt, das Geheimnis des Erfolges sei das Wollen. Auch die Lösungsorientierte Therapie geht davon aus, daß nur mit solchen Klienten gearbeitet werden kann, die bereit sind, sich für Veränderung zu engagieren. Andere müssen, wenn das möglich ist, zuerst für diese Zusammenarbeit gewonnen werden. Eine weitere Voraussetzung für Erfolge in der Praxis ist für Williams die Fähigkeit zu träumen. Damit sind anspruchsvolle, doch realisierbare Träume gemeint, keine Wunschträume, die die Realität leugnen oder abwerten, wie der Traum vom Märchenprinz oder vom Lotteriegewinn. Die Träume, die er meint, werten sowohl den Träumer als auch das Leben auf, denn sie zeigen ein gesundes Selbstvertrauen, eine anspruchsvolle Haltung dem Leben gegenüber und die Bereitschaft, etwas zu leisten. Träume sind für ihn der Brennstoff des Wollens, fördern die Motivation und Zielsetzungen. „Ich glaube aus tiefster Seele, daß man erreichen kann, wovon man träumt […] Es ist unmöglich, ohne einen großen Traum etwas Großes zu vollbringen. Wenn Sie keinen großen Traum haben, sind Sie tot." (Williams, 1991, S. 72 f.)

Dem entspricht in der Lösungsorientierten Therapie die Arbeit mit den hypothetischen Lösungen oder Lösungsfilmen. In ihnen stellen sich die Klienten ihre Lebenssituation ohne das Problem vor, so als ob jetzt die Lösung schon realisiert sei. Das bewirkt zweierlei: Einmal werden dabei Lösungsmuster vorbereitet und zum zweiten, was wohl noch wichtiger ist, Gefühle aktiviert, die auf eine Lösung hin tendieren, wie Zuversicht, Hoffnung und Vertrauen. De Shazer schreibt dazu: „Damit die Lösung rasch auftaucht, empfiehlt es sich, die ‚Vision' oder Schilderung einer erfreulicheren Zukunft zu entwerfen, die sich dann sozusagen in der Gegenwart breitmachen kann

[...] Der Therapeut hat also die Aufgabe, die entsprechenden Hoffnungen und Erwartungen in seinen Klienten zu wecken." (De Shazer, 1989, S. 13) Williams empfiehlt: „Lernen Sie wieder zu träumen!"

Ein weiteres Thema des lösungsorientierten Vorgehens ist das Lernen aus guten und schlechten Erfahrungen. Williams schildert anschaulich, wie er aus schlechten Erfahrungen für sich gute gemacht hat, indem er sie als Herausforderungen annahm. Dazu gehört für ihn, sich *trotzdem* zu engagieren, und das, was einem wirklich wichtig ist, nie aufzugeben; Menschen mit Vertrauen zu begegnen und sie gut zu behandeln; einfach zu bleiben und sich für Ziele einzusetzen, die über einen selbst hinausgehen. Er meint, daß egoistisches und unethisches Handeln, auch wenn es zu Gewinnen führt, letztlich nicht als Erfolg zu werten sei.

In der Lösungsorientierten Therapie entspricht dem das Lernen aus Erfolgen oder, wie es später heißt, aus Ausnahmen: „Ebenfalls im Gegensatz zu den meisten anderen therapeutischen Modellen zollt das hier beschriebene der Vergangenheit nur begrenzte Aufmerksamkeit, und soweit dies der Fall ist, geht es fast ausschließlich um Erfolge, die in der Vergangenheit erzielt wurden." (De Shazer, 1989, S. 14) Entsprechend wird die Aufmerksamkeit der Klienten zwischen den Sitzungen auf das gelenkt, was gelingt, und zwar so, daß sie das nächste Mal darüber berichten können. Diese Veränderung ihrer Sichtweise hat die überraschende „Nebenwirkung", daß sie mehr von dem tun, was sie sich wünschen.

Die Eigengesetzlichkeiten des Bereiches Beziehung

In „Man spricht deutsh" spielt Gerhard Polt eine erträumte Liebesszene. Er ist nun, wie er sich das gewünscht hat, endlich allein mit einer wunderschönen Frau, dazu Palmen, verführerische Musik und Sonnenuntergang. Er leitet das Rendezvous ein mit: „Also, meine Frau ist jetzt beschäftigt. Ich habe eine Stunde Zeit – maximal!" Er hätte auch über das Schlachten von Hähnchen sprechen können, doch ihm gelingt es auf viel subtilere Weise, jedes romantische Gefühl niederzumachen. Bereits mit einem Hinweis auf seine Frau zu beginnen ist nicht sehr einladend. Der nächste Schlag folgt mit der exakten Zeitangabe. Und das abschließende „maximal" tötet jeden Hauch von Romantik endgültig ab.

Viele der Sketche Polts folgen dem Muster, mit einer Beziehungssituation so umzugehen, als ob es ein Handlungsthema wäre. Er macht das so gekonnt, daß einem dabei das Lachen im Halse steckenbleibt. Würde das gleiche Gespräch zwischen einem KFZ-Mechaniker und einem Kunden geführt, der schnell etwas an seinem Auto reparieren lassen will, dann wäre das der Situation angemessen. In einer Beziehungssituation dagegen tut es weh.

Mit solchen Szenen karikiert Polt Menschen, die andere wie Gebrauchsgegenstände behandeln. Er will zeigen, wie sie auf dem herumtrampeln, was ihm am wertvollsten ist: dem Gefühl für den anderen. Dabei trifft er etwas Zeit- und Kulturtypisches: Wir kennen uns im Handeln besser aus als im Beziehungsverhalten. Und wenn man versucht, erfolgreiche Handlungsstrategien auf das Zwischenmenschliche zu übertragen, muß das schiefgehen. Dabei ist es einfacher zu zeigen, wie angemessenes Beziehungsverhalten nicht aussieht, und zwar gerade im Kontrast zum Handeln. Man kann hier nicht so zielorientiert vorgehen wie in der Arbeit, etwa nach dem Motto, das will ich erreichen, also, die Ärmel hochkrempeln, in die Hände spucken und zupacken. Der andere ist nicht etwas, worüber man verfügen, was man besitzen und gebrauchen kann. Doch gerade an diesem Mißverständnis leiden viele Beziehungen.

Handeln ist immer zukunftsbezogen; man möchte etwas herstellen, erreichen oder verändern. Es gibt beruflich erfolgreiche Familien, in denen das Thema Beziehung nur indirekt gelebt wird, etwa indem man etwas für den anderen tut. Gefühle werden in solchen Familien kaum gezeigt, geschweige denn ausgesprochen. Die Familienmitglieder sind stolz auf sich und die anderen, daß sie es zu etwas gebracht haben. Solche Menschen haben oft etwas Tapferes, Zuversichtliches an sich, zeigen aber auch eine gewisse Härte. Sie verfügen über Fähigkeiten wie Ehrgeiz, Fleiß und Ausdauer. Wenn sie sich gegenseitig verabschieden, wünschen sie sich gerne viel Erfolg.

Beziehungserleben spielt sich viel mehr in der Gegenwart ab, hier geht es um Gefühle und um den Ausdruck von Gefühlen, um Sympathie und Liebe, Vertrauen und Einfühlungsvermögen, Liebreiz und Sich-Gefallen, miteinander Lachen- und Weinen-Können, sich gefühlsmäßig auf den anderen einlassen, Wärme und Herzlichkeit. Kann man sich im Handeln auf das eigene Wollen verlassen, so ist man im Zwischenmenschlichen immer auch abhängig von den Gefühlen, die einem entgegengebracht werden. Das ist für Menschen, die gewohnt sind, im Handeln ihre Ziele und Pläne durchzusetzen, oft schwer zu akzeptieren.

Beziehungsprobleme sind die häufigsten Themen in der Psychotherapie; vielleicht, weil sie am meisten weh tun, aber auch, weil sich frühe Störungen, die des sogenannten „Urvertrauens', direkt oder indirekt auf die Beziehungsfähigkeit auswirken. Menschen, die in der ersten Lebensphase, d. h. den ersten Lebensmonaten wenig emotionale Wärme erlebt haben, können sich später nur schwer auf Beziehungen einlassen; sie versuchen, sie zu kontrollieren und zu manipulieren. Sie gestalten ihre Beziehungen oft wie Schauspieler auf einer Bühne, eindrucksvoll, aber nicht ganz echt. Die Störungen der zweiten Phase, etwa um das erste Lebensjahr herum, sind die des Selbstbewußtseins oder der Ich-Stärke. Menschen, die in dieser Phase wenig Aufmerksamkeit und Zärtlichkeit erfahren haben, neigen dazu, sich in Beziehungen abhängig zu machen und gleichzeitig dagegen zu rebellieren. Sie gleichen in ihrem Beziehungsverhalten Igeln, die mit aufgestellten Stacheln Nähe suchen. Die Störungen der dritten Phase drücken sich in zwanghaftem Verhalten aus. Solche Menschen verlieren oft den Zugang zu ihren Gefühlen. Sie leben ihre Beziehungen dann eher mechanisch weiter und folgen dabei einem Gefühl von Pflichterfüllung.

Die bisherige Psychotherapie war, was das Beziehungsthema betrifft, zwar gut in der Beschreibung der vielfältigen Beziehungsprobleme, doch schwach in der Therapie. Das hängt damit zusammen, daß sich das Beziehungsgeschehen nach paradoxen Gesetzmäßigkeiten zu gestalten scheint. Und dem steht eine kausal und geradlinig denkende Psychotherapie recht hilflos gegenüber. Man konnte die Voraussetzungen, die Rahmenbedingungen verbessern, doch man fand keinen rechten Zugang zum eigentlichen Thema Beziehung. Mit der Systemischen Kurztherapie sind die Möglichkeiten deutlich besser geworden, psychologisch und interaktional.

Die Eigengesetzlichkeiten des Bereiches Erkennen

Das Erkennen ist ein Themenbereich, der von der Psychologie erst spät entdeckt wurde. Man hat das Erkennen zwar benützt, doch lange nicht erkannt, daß es selbst ein eigenständiger Bereich ist. Man hat zwar die liebevolle Zuwendung in der ersten, der intentionalen Phase und die erlaubende Zuwendung in der dritten, der analen Phase der Kindheit immer wieder thematisiert, doch kaum die geistige Zuwendung, die aufmerksame und interessierte Wahrnehmung des Kindes in der zweiten, der oralen Phase. Doch alle *drei* Formen der Zuwendung sind für das Kind so etwas wie „psychische Grundnahrungsmittel". Und die seelischen „Ernährungsschäden" sind genauso schlimm, wenn die geistige Zuwendung zu gering ist.

Was sind nun die Eigengesetzlichkeiten des Bereiches Erkennen, oder, um vom Gelingen in diesem Bereich auf sie zurückzuschließen, wie ist man erfolgreich in diesem Gebiet? Zunächst geht es hier um *Ich-Stärke* oder *Selbstbewußtsein*, ein Sich-Spüren und stabiles Zentriertsein; dann um das Thema *Identität*, die Identifikation mit sich selbst; außerdem um jene *Programme*, die unser Erleben und unsere Reaktionen steuern. Schließlich hat das Thema Erkennen mit dem zu tun, was ich in „Die Entdeckung der eigenen Persönlichkeit" die *weiterführende Ich-Entwicklung* nannte.

Von den Möglichkeiten einer weiterführenden Ich-Entwicklung hörte ich zum ersten Mal durch einen Psychoanalytiker der Jungschen Schule namens Klosinski. Er unterscheidet verschiedene Stufen der Ich-Entwicklung, beginnend beim „kollektiven Ich", bei dem Menschen noch kein klares Bewußtsein einer individuellen Persönlichkeit besitzen. Solche Menschen oder Kulturen denken noch nicht eigenständig, sondern benützen Denkmuster, die sie aus ihrer Umwelt übernommen haben. Auf der nächsten Stufe, der des „schwachen Ichs", wird diese individuelle Existenz zum ersten Mal deutlich wahrgenommen und dann im Kontrast zum kollektiven Denken häufig überbetont. Menschen auf dieser Stufe zeigen bald rebellische Züge, bald passen sie sich an. Sie denken gerne in einem Entweder-Oder-Schema. Die nächste Stufe der Ich-Entwicklung nannte Klosinski die des „starken Ichs". Sie galt ihm als typisch für die Mehrzahl jener Menschen, die in unserer Gesellschaft Verantwortung übernehmen: Führungskräfte, Wissenschaftler, Ärzte usw. Ihnen ist ein realitätsbezogenes, abgewogenes und differenziertes Denken, verbunden mit einem stabilen Selbstbewußtsein, eigen.

Die Stufe des „integrierten Ichs" war für ihn die höchste Stufe des Ich-Bewußtseins und zugleich der Übergang zu einer neuen Bewußtseinsstufe, die er das „Selbst" nannte. Typisch für die Stufe des „integrierten Ichs" waren für ihn ein Bewußtsein für Intuition und schöpferische Impulse, wie man es häufig bei Dichtern, Künstlern, Philosophen oder Menschen mit einer lebendigen Religiosität findet, also Menschen mit einem Ich-Bewußtsein, das eine größere Spannweite, Durchlässigkeit und Integrationsfähigkeit hat. Und schließlich wurde für ihn die Stufe des „Selbst" durch Heilige oder Weise repräsentiert.

Abgesehen davon, daß mich dieses Modell sehr beeindruckt hat und für mich ein Stück weit wegweisend wurde, glaube ich es aus späteren Erfahrungen und vergleichenden Studien bestätigen zu können – auch wenn es sehr vereinfachend ist und Entwicklungen in der Realität nicht so linear verlaufen. Menschen können in manchen Persönlichkeitsbereichen weiter, in anderen weniger weit entwickelt sein. Ich habe dieses Modell wiedergegeben, weil mir an ihm klar wurde, daß man Erkennen nur bedingt lernen kann, etwa indem man Philosophie studiert. Weisheit und Erkennen ist abhängig von einer Entwicklung, also gilt es diese weiterführende Ich-Entwicklung zu fördern, die sich ausdrückt in einer größeren Klarheit, Weite und Integrationsfähigkeit des Bewußtseins, das zugleich kräftiger wird und durchlässiger für intuitives Erkennen.

Vergleicht man die Bedingungen des Erkennens mit denen des Handelns oder des Beziehungserlebens, so zeigen sich wieder charakteristische Unterschiede. Das Handeln wird geleitet vom Aspekt des Nützlichen, das Beziehungsverhalten von Sympathie. Im Handeln wird etwas gemacht, im Beziehungsverhalten lassen wir uns auf jemanden ein.

Das Erkennen kann nicht direkt gesteuert werden. Es ist etwas, was mit einem geschieht oder ausbleibt. Wie schon die Sprache sagt, werden *Erkenntnisse gewonnen; es geht einem ein Licht auf, es wird einem etwas klar*; man *entdeckt* Zusammenhänge, *man hat Einfälle, man hat eine Idee* usw. Mancher versucht, zwanghaft zu Erkenntnissen zu gelangen. Doch so kommen Meinungen und Ansichten zustande, kein wirkliches Erkennen. So paradox es klingt, entscheidend beim Erkennen ist nicht so sehr das Wissen, sondern das Umgehen mit dem Nichtwissen. Weil die meisten Leute hinter dem Wissen her sind, werden sie nicht wirklich kompetent darin, wie man zu Erkenntnissen kommt. Auch die Philosophie als „Liebe zur Weisheit" ist wörtlich genommen eine Sackgasse, denn wenn man Erkenntnisse liebt, hält man an ihnen fest. Und genau dieses Festhalten verhindert das Erkennen. Was bedeutet das Nichtwissen für das Erkennen? Wenn Sokrates sagte, er wisse, daß er nicht wisse, so ist das kein Ausdruck von Bescheidenheit, sondern es beschreibt den Weg, der in den Gesprächen mit ihm immer wieder vorgeführt wird. Es ist die Frage: „Habe ich das (was immer es auch sein mag) verstanden, oder habe ich es noch nicht verstanden?" Dabei ist es entscheidend, die Phase des Noch-nicht-Verstehens aushalten, akzeptieren oder sie vielleicht irgendwann sogar genießen zu können, denn in ihr bereitet sich ein Erkennen vor.

So wie man im Beziehungsverhalten oft loslassen muß, um etwas zu bekommen, oder im Handeln abwarten und geschehen lassen muß, um Erfolg zu haben, muß man sich beim Erkennen auf das Nichtwissen einlassen, um Erkenntnisse zu gewinnen. Da aber dieses produktive Nichtwissen der Dummheit ähnlich zu sein scheint, haben viele Angst davor, sagen dann gar nichts und versuchen wenigstens einen intelligenten Eindruck zu machen. Oder sie greifen schnell zu einem Wissen, das in ihrer Erinnerung bereitsteht. Das mag dann so ähnlich aussehen wie Erkennen, doch es ist eben nur ähnlich. Wirkliches Erkennen entsteht immer neu aus der jeweiligen Situation. Und es setzt immer voraus, daß man durch eine längere oder kürzere Phase des Nichtwissens hindurchgegangen ist.

Bereichsspezifisches Raum-, Zeit- und Kausalitätserleben

Psychotherapie zielt ab auf Veränderungen, und ihre Qualität ist abhängig davon, wie heilsam, rasch und stabil diese Veränderungen sind. Doch Menschen, die psychische Probleme haben, machen häufig die Erfahrung, daß sie sich selbst nicht oder nur sehr wenig helfen können. Und manche psychotherapeutische oder psychiatrische Behandlung scheint ihnen zu bestätigen, daß ihnen auch nicht zu helfen ist. Deshalb ist die Frage von Interesse: Wie ist überhaupt Veränderung möglich?

Wir erleben uns determiniert durch Raum, Zeit und Kausalität. Und für Menschen, denen es schlecht geht, ist dieses Erleben, in einer ausweglosen Situation gefangen zu sein, besonders quälend: „Am liebsten würde ich weit weg fahren, weit, weit weg!" Oder: „Ich halte die Situation, so wie sie ist, einfach nicht mehr aus!" Oder: „Wenn das nur alles schon vorbei wäre, ich es hinter mir hätte!" Obwohl es oft so aussieht, als ob ein Wunder geschehen müßte, zeigen meine Erfahrungen mit der Praxis der Integrierten Kurztherapie immer wieder, daß selbst in schwierigen Problemsituationen Veränderungen möglich sind.

Wie lassen sich diese Veränderungsmöglichkeiten erklären? Sie stehen im Zusammenhang mit den Eigengesetzlichkeiten der drei Lebensbereiche. Auch wenn unser Leben als Ganzes bestimmt wird durch Raum-, Zeit- und Kausalitätsstrukturen, so gibt es doch, wenn man die einzelnen Lebensbereiche betrachtet, typische Lücken in diesem Gefüge, die Veränderungen möglich machen.

Jeder der drei Lebensbereiche hat sein eigenes Raum-, Zeit- und Kausalitätserleben. Im Bereich Beziehung ist es ein *subjektives* Raumerleben. Man kann sich jemandem nahe fühlen, der weit weg ist, und sich jemandem fern fühlen, der sich in nächster Nähe aufhält. Im Bereich Erkennen geht es um den *objektiven* Raum, den man messen oder beobachten kann. Und im Bereich Handeln geht es um den *verfügbaren* Raum. Beim Zeiterleben wird das bereichsspezifische Erleben noch deutlicher. Im Bereich Beziehung ist es das *subjektive* Zeiterleben, Zeit, die wie im Flug vergeht oder quälend langsam dahinschleicht, Zeit, die herbeigesehnt und die verwünscht wird. Im Bereich Erkennen ist es die *objektive* Zeit, die genau gemessen werden kann. Schließlich geht es im Bereich Handeln um die *verfügbare* Zeit, etwa die Arbeitszeit.

Was bei den drei Raumdimensionen eher symbolischen Charakter hat, etwa höheres Wissen und tiefe Erkenntnisse, ein enges oder offenes Herz, zurückblicken oder nach vorne schauen, wird bei den drei Zeitdimensionen Vergangenheit, Gegenwart und Zukunft ganz konkret, sowohl bezogen auf die drei Lebensbereiche als auch auf die therapeutischen Konsequenzen. Erkennen bezieht sich weitestgehend auf Vergangenes, denn es braucht Material für seine Analysen. Beziehung findet in der Gegenwart statt, denn Gefühle sind etwas Gegenwärtiges, und Handeln ist zukunftsbezogen, ist auf Veränderungen ausgerichtet. Entsprechendes gilt für die drei wichtigsten Kurztherapien. Das Fortgeschrittene NLP, charakterisiert durch die Arbeit mit den Submodalitäten auf den „Organisationsebenen" des Erlebens, ist optimal geeignet, die aus der Vergangenheit stammenden einschränkenden Programme zu ändern. Die Stärke der Systemischen Kurztherapie liegt in der Therapie von Beziehungsproblemen, also im Gegenwärtigen, und die Lösungsorientierte Therapie ist handlungs- und zukunftsorientiert.

Wie sieht es nun mit den Kausalitäten aus? Während man den Raum und die Zeit erleben kann, werden Kausalitäten durch das Denken ermittelt. Geht man davon aus, daß unterschiedliche Kausalitäten bestehen, muß es entsprechende Denkarten geben, die diese Kausalitäten abbilden oder nachzeichnen können. Wenn sich die bisherigen Zuordnungen bestätigen, müßte also jeder der drei Lebensbereiche und die ihm entsprechende Kurztherapie eine eigene Kausalität und ein eigenes Denken haben.

Beginnen wir mit derjenigen Kausalität, die bisher das wissenschaftliche Denken fast ausschließlich bestimmt hat: das Prinzip von Ursache und Wirkung. Es läßt sich gut mit Hilfe des logischen oder folgerichtigen Denkens darstellen. Und es paßt am besten zum Bereich Handeln, der sich weitgehend so beschreiben läßt, besonders, solange man das Handeln relativ isoliert betrachtet: Was man jetzt denkt, plant und tut, hat Auswirkungen auf Zukünftiges. Die Lösungsorientierte Therapie denkt hauptsächlich in diesen Mustern, also geradlinig, folgerichtig und rational, soweit sie nicht wie beim frühen De Shazer (etwa bis 1985) systemische Elemente enthält.

Im Bereich Erkennen dürfte die sogenannte Zielkausalität bestimmend sein, die Teleologie. Damit ist gemeint, daß die Wirkung vom Ziel ausgeht. Wer mit Erkenntnissen zu tun hat, weiß, daß sie im Bewußtsein auftauchen, manchmal langsam, als ob sich der Nebel auflöst und die Konturen und Farben immer deutlicher werden, manchmal, als ob ein Blitz die Dunkelheit erhellt. Oder man bemerkt etwas, was schon immer da war. Das Erkennen geschieht fast von selbst, allerdings muß es in der Regel gut vorbereitet sein. Man erahnt es vielleicht, doch man weiß nicht, was wirklich auf einen zukommt. Erkennen bezieht sich immer auf etwas, das schon da ist. Daraus folgt, um zu Erkenntnissen zu kommen, muß man neugierig sein, Fragen stellen und offen sein für die Antworten.

Die Kausalität des Bereiches Beziehung ist am schwierigsten zu beschreiben, weil wir in unserer Kultur dafür keine Denkmodelle haben. Etwas bekannter geworden ist sie bei uns durch die altchinesische Philosophie vom Tao und durch das Wechselwirkungsmodell von Yin und Yang. Man könnte sie *paradoxe* oder *systemische* Kausalität nennen. Erickson muß für diese Art Kausalität ein intuitives Gespür gehabt haben. Seine Therapie war keine Behandlung, sondern eine Interaktion mit den Klienten. Deshalb hielt er so wenig von übertragbaren Therapiemodellen. Dummerweise hat er niemandem so richtig erklärt, was er da eigentlich macht. De Shazer ist ihm mit seinem *Tit For Tat* auf die Schliche gekommen. Wenn man sich als Therapeut dem Klienten und als Klient seinem Partner gegenüber im Sinne dieses Ähnlichem-mit-positiv-Ähnlichem-Begegnen verhält, bringt man Bewegung in eine Beziehungssituation. Es ist ein Prinzip, das beispielsweise Rudolf Steiner in der Pädagogik angewandt hat und nach dem die Homöopathie arbeitet: Similia similibus curantur! Das bedeutet: Ähnliches durch Ähnliches heilen. In der Systemischen Kurztherapie nennen wir es vereinfacht: *Ähnliches mit Ähnlichem – positiv.*

Ein kleines Beispiel dazu: Eine Psychologin im Fernsehen sprach über das Thema „Zufriedenheit mit dem eigenen Körper". Einige Anruferinnen sagten, sie seien normalerweise mit ihrem Körper zufrieden, doch wenn sich ihr Partner nach jeder attraktiven Frau umschaue, würden sie unsicher. Die Psychologin meinte, dagegen gebe es nur ein Mittel: Sie sollten ihrerseits sich nach attraktiven Männern umdrehen. Das könnte funktionieren; es ist „Gleiches mit Gleichem', doch ist es auch positiv? Das Positive könnte darin liegen, daß diese Frauen es im Vergleich zu ihren Partnern eher spielerisch machen.

Das *Tit For Tat* ist ein praktisches Vorgehen; einem praktischen Problem wird mit einer praktischen Intervention begegnet. Erickson hat seinen Patienten selten etwas erklärt, sondern etwas mit ihnen gemacht oder sie etwas machen lassen. Zusätzliches Analysieren würde diese Art Therapie eher unwirksam machen. Das ist allerdings nicht ganz einfach, denn unser Denken hat die Angewohnheit, sich selbständig zu machen und unabhängig von Sinn oder Unsinn aktiv zu werden. Daß dies nicht so sein muß, zeigen die Erfahrungen erleuchteter Meister. So heißt es in einem Gedicht des Han-Shan (jap. Kanzan):

> „Seitdem ich begonnen habe, auf dem Berg Kanzan zu leben,
> sind alle zehntausend Dinge zur Ruhe gebracht,
> Da überdeckt kein störender Gedanke meinen Geist [...]
> Ich bin völlig frei, wie ein Boot, ohne irgendeinen Ankerplatz.
> Mein Geist ist wie der Herbstmond, gleich einem klaren Teich,
> gänzlich frei von Schlamm.
> Da ist tatsächlich nichts, womit dies verglichen werden kann.
> Wie soll ich es beschreiben? Ich kann einfach die Worte nicht finden."
>
> (Sengai 1750–1837. Ausstellungskat.
> Württembergischer Kunstverein Stuttgart, Tokyo 1961, o. S.)

Das systemische Vorgehen setzt bis zu einem gewissen Grad die Fähigkeit voraus, bewußt nicht denken zu können. Da das ständige Denken so etwas wie einen „Dauerlärmpegel" in unserem Bewußtsein erzeugt, wird die leise Stimme der Intuition überlagert und überhört. Ericksons lebenslanger Umgang mit seiner Krankheit, mit Beschwerden und Schmerzen läßt sich mit einer intensiven Zen-Schulung in Achtsamkeit vergleichen. Solche Menschen sind wacher, leben mehr in der Gegenwart, und ihr Denken kommt immer wieder von selbst zur Ruhe. Das könnte eine Erklärung sein für seine hervorragende Beobachtungsgabe und seine sichere Intuition.

Um das Denken der Systemischen Kurztherapie zu kennzeichnen, wird gerne der Begriff „paradox" benützt. Das ist jedoch nicht mehr als ein Warnschild und sagt: „Achtung, mit dem logischen und analytischen Denken kommen Sie hier nicht weiter!" Die paradoxen Interventionen sind jedoch keineswegs willkürlich oder zufällig nach dem Motto: „Jetzt machen wir einfach mal etwas anderes." Sie lassen sich heute methodisch exakt planen und anwenden und können

Schritt für Schritt an den Reaktionen der Klienten überprüft werden. Doch bei aller methodischen Sorgfalt sollte man dabei seiner Intuition Raum geben.

Doch zurück zu der oben gestellten Frage: Wie ist überhaupt Veränderung möglich, wo wir doch weitgehend durch die Kategorien Raum, Zeit und Kausalität determiniert sind? In jeder der drei Zeitdimensionen Vergangenheit, Gegenwart, Zukunft ist eine dieser Kategorien aufgehoben. So gilt für das Vergangene nicht mehr das eherne Gesetz von Ursache und Wirkung. Es war der Irrtum der herkömmlichen Psychotherapie, zu meinen, daß sich die Kindheitserfahrungen direkt auf das gegenwärtige Leben auswirken. Tatsächlich existieren sie nur noch in der Form von Erinnerungen oder Programmen. Im Gegensatz zu dem, was in der Vergangenheit wirklich geschehen ist, lassen sich diese Erinnerungen und Programme ändern. Man kann sie recht gut mit einem Text und Programm auf einer Festplatte eines Computers vergleichen. Mit dem entsprechenden Know-how kann beides relativ einfach geändert und verbessert werden.

Im gegenwärtigen Leben ist die Zeit aufgehoben, das Nun oder Jetzt selbst ist zeitlos; vielleicht ist es, wie die Mystiker sagen, ewig. Wer gelernt hat, im Hier und Jetzt zu leben, für den verlieren Vergangenheit und Zukunft an Bedeutung. Kinder etwa leben viel mehr in der Gegenwart als die meisten Erwachsenen. Perls empfiehlt diese Rückkehr ins Hier und Jetzt, um (als Handlungstyp) von der Verplanung der Gegenwart für eine „gesicherte" Zukunft wegzukommen und um ins Erleben zu gehen. Als ich einen Sommer in den Bergen verbrachte, um mich in Zen zu üben, verlor ich nach einigen Wochen jedes Zeitgefühl dafür, wie lange ich dort schon zugebracht hatte.

Die Zukunft ist noch nicht gestaltet. Es gibt in ihr noch keine endgültige räumliche oder materielle Beschränkung. Raum besteht ja nicht nur aus Ausdehnung, sondern ist erfüllt von „Dingen", die gestaltet sind und die zueinander Distanz haben. Diese Ordnung des Räumlichen ist zwar auch für die Zukunft nicht völlig frei verfügbar, doch es gibt Veränderungs- und Gestaltungsmöglichkeiten. Deshalb können wir auf unsere Zukunft Einfluß nehmen. Wenn beklagt wird, daß alles vergeht, so liegt doch genau darin die Chance von Veränderungen.

Diese unterschiedlichen Raum-, Zeit- und Kausalitätsbedingungen der drei Lebensbereiche geben auch den drei kurztherapeutischen Therapiemodellen, die sich, ohne sich dessen richtig bewußt zu sein, auf sie spezialisiert haben, ihren eigenen Charakter. Das

Fortgeschrittene NLP, das entdeckt hat, wie man auf der Ebene der Submodalitäten die alten Programme ändern kann, ist geeignet, Menschen von Einschränkungen, destruktiven Reaktionsmustern und quälenden Erinnerungen aus ihrer Vergangenheit zu befreien. Die Systemische Kurztherapie vermag gegenwärtiges Leiden in Lösungsenergie zu verwandeln. Perl hat dafür in Theorie und Praxis den internen, psychologischen, Erickson den interaktionalen und Frankl den Sinn-Aspekt vorbereitet. Zusammen mit der systemischen Haltungsänderung (s. Kap. 5 und Friedmann/Fritz 1997) ist damit ein rundes Konzept entstanden, das dem NLP oder der Lösungsorientierten Therapie um nichts nachsteht. Egal, wie lange jemand leidet oder wie tief dieses Leiden geht, mit der Systemischen Kurztherapie kann geholfen werden, denn es benützt die im Leiden steckende Lösungsenergie, die von ihrer Quantität und Qualität her dafür die vollkommen adäquate Medizin ist. Und die Lösungsorientierte Therapie aktiviert und unterstützt die zukunftsgestaltenden Kräfte in den Klienten. Auch sie hat mit Walter und Peller (Walter/Peller 1994) eine zufriedenstellende Anwendungsreife erreicht. Wichtig ist bei allen drei Konzepten, daß man sie handwerklich sorgfältig anwendet. Das erfordert ein sehr diszipliniertes Arbeiten. Auch wenn man das nicht verhindern kann, ich halte wenig davon, mit diesen neuen Konzepten alte Therapiemethoden zu optimieren. Vielleicht erzielt man damit kleine Verbesserungen, doch man schöpft so die Möglichkeiten, die in den Kurztherapien liegen, nur zu einem geringen Bruchteil aus. Umgekehrt lassen sich alle drei Kurztherapien noch in der Anwendung verbessern, wenn man sie integriert einsetzt, zugeschnitten auf die Persönlichkeit des Klienten, auf sein Thema und den Lösungsprozeß (s. Kap. 7).

3. Erfolgreiches Handeln – Lösungsorientierte Therapie

Das Gelingen unterstützen

Wenn man eine Maschine reparieren oder einen Fehler in einem organisierten Ablauf beseitigen will, muß man das Mißlingen analysieren, also die Fehlerquelle entdecken und in Ordnung bringen. Das ist auch das alte medizinische Modell in der Psychotherapie. Doch De Shazer hat mit seinem lösungsorientierten Konzept gezeigt, daß sich Lösungsprozesse qualitativ von Problemen unterscheiden, daß sie etwas anderes, etwas Neues sind und daß sich Lösungen nicht aus Problemen ableiten lassen. In Problemen sucht man genau das vergeblich, was man für Lösungen braucht. Bandler drückt das auf seine drastische Art folgendermaßen aus: „Das ist so, als ob man Autos auf einem Schrottplatz untersucht, um herauszukriegen, wie Autos besser funktionieren könnten." (Bandler, 1992, S. 28) Deshalb geht man in der Kurztherapie von gelingenden Prozessen aus, denn in ihnen sind alle Informationen enthalten, die man braucht, um neue Lösungen zu realisieren. Dabei interessieren weniger die Ergebnisse als die Prozeßverläufe. Da es dabei um eine therapeutische Aufgabenstellung geht, stellt sich die Frage: Wie lassen sich diese Prozesse des Gelingens in Gang bringen und in Gang halten? Die Summe der Antworten bzw. Interventionen, die sich in der Praxis bewährt haben, machen heute die Lösungsorientierte Kurztherapie aus.

Ich möchte zur Veranschaulichung den Ablauf einer Lösungsorientierten Therapiestunde analysieren. Da jede Stunde gleich aufgebaut ist, „jede Sitzung ist die erste – jede Sitzung ist die letzte" (Walter/Peller, 1994, S. 167 f.), ist es zugleich eine Kurzanalyse der Lösungsorientierten Therapie. Im folgenden gehe ich auf einzelne Themen des lösungsorientierten Arbeitens noch ausführlicher ein. Jede Intervention ist ein Stück *Hilfe bei Selbsthilfe*. Obwohl sich die Reihenfolge der Interventionen bewährt hat, können sie auch aus dem Zusammenhang genommen und mit Erfolg in anderen Lebenssituationen eingesetzt werden. Die Numerierung dient als Orientierungshilfe.

Hier zunächst einmal die Zusammenfassung des Ablaufs einer Lösungsorientierten Stunde:

TEIL I

Nach einer *kurzen Zusammenfassung* des beklagten Sachverhaltes (wenige Sätze):

(1) „Was ist ihr *Ziel*, mit dem Sie hierher gekommen sind?"

(2) „Was haben Sie selbst *herausgefunden*, das Sie diesem Ziel näherbringt?"

Dann fünf bis zehn Minuten den *beklagten Sachverhalt* berichten lassen – dabei den Klienten (3) *Pacen* und ihm (4) *Verständnis* und Mitgefühl ausdrücken.

(5) Dann geben Sie großzügig *Anerkennung*, (6) *normalisieren*: „Es ist ganz normal (…)", ermitteln (7) das *Gute des Schlechten* und stellen (8) *Bewältigungsfragen*, z. B. „Wie schaffen Sie X trotz Y?" (X = Gelingendes, Y = beklagter Sachverhalt)

TEIL II

(9) Nun folgt die Frage nach dem *genauen Ziel*: Was möchten Sie erreichen, verändern, lösen? (Jetzt Ziel nur formulieren, später ausführlich damit arbeiten, s. u.)

Achten Sie darauf, ob das Ziel sprachlich positiv, ob es attraktiv, konkret, realisierbar und bekömmlich ist.

Benützen Sie nun (10), (11), (12), die *drei Leitlinien* zur Lösung, wenn möglich in persönlichkeitsspezifischer Reihenfolge:

Beziehungstyp (BT): 1. hypothetische Lösung 2. Ausnahmen 3. Ziele.

Sachtyp (ST): 1. Ausnahmen 2. Ziele 3. hypothetische Lösung.

Handlungstyp (HT): 1. Ziele 2. hypothet. Lösung 3. Ausnahmen.

TEIL III

(13) Kurze *Pause* zur Konstruktion der Schlußintervention:

(14) *Anerkennung*: überschwenglich für Kompetenz im Persönlichkeitsbereich, BT: Beziehungskompetenz, ST: Erkennen, HT: Handeln; zurückhaltend für Erproben der Schlüsselfähigkeiten, BT: Erkennen, ST: Handeln, HT: Fühlen – benützen Sie dabei Ambivalenzen und Kontraste;

(15) eventuell nochmals wie nach beklagtem Sachverhalt: *Normalisieren – Umdeuten* (das Gute des Schlechten) - *X trotz Y* und (16) *Unterstützen* (Zustimmen).

(17) *Botschaften*: psychologisches Insider-Wissen, das dem Klienten weiterhelfen könnte.

(18) *Hausaufgaben*: bspw. *Formel-Intervention* nach De Shazer: „Achten Sie bis zu unserem nächsten Treffen darauf, was sich in …

verändert hat, von dem Sie gerne eine Fortsetzung wünschen, so, daß Sie mir darüber berichten können."

Eine lösungsorientierte oder integrierte Therapiestunde (Teil I und Teil III sind – wenn auch in etwas gestraffter Form – der Rahmen für eine Therapiestunde in Integrierter Kurztherapie) beginnt mit einer ganz kurzen *Angabe darüber, was das Thema ist.* Sie kann von dem Klienten oder dem Therapeuten gegeben werden, der dabei frühere Informationen zusammenfaßt. Bevor der Klient richtig in die Schilderung seiner Probleme einsteigt, stellt der Therapeut zwei lösungsorientierte Fragen. Sie sollen gleich zu Beginn der Stunde die Weichen für Lösungen stellen. Die erste Frage ist: *„Was ist Ihr Ziel, mit dem Sie hierhergekommen sind?"* (1)

Die einzige Anforderung an die Beantwortung dieser ersten Zielfrage ist, daß sie sprachlich positiv formuliert ist, also nicht nach dem Schema: „Ich möchte nicht mehr …", sondern „Ich möchte …". Da das Unbewußte in Bildern denkt, hat es Schwierigkeiten negative Aussagen darzustellen. Wenn jemand z. B. formuliert „Ich möchte mich nicht mehr wegen jeder Kleinigkeit aufregen und meine Beherrschung verlieren", muß sich das Unbewußte zuerst vorstellen, wie der Betreffende sich aufregt und die Beherrschung verliert. Das kommt der Formulierung sehr nahe: „Ich möchte mich wegen jeder Kleinigkeit aufregen und die Beherrschung verlieren!"

Zweck dieser ersten Frage nach dem Ziel – die Zielfrage wird in einer lösungsorientierten Stunde dreimal gestellt – ist vom Problem weg- und auf ein Ziel hinzusehen. Vermutlich kreiste das Denken des Klienten bisher ständig um sein Problem. Jetzt wird mit dieser Frage ein Fenster hin zu einer Lösung geöffnet. Gleichzeitig wird dem Klienten dadurch etwas von seiner Verantwortung zurückgegeben. Manche Klienten erwarten, daß der Therapeut ihnen sagt, was sie tun sollen. Einige sprechen es auch aus: „Sagen Sie mir, was ich tun soll. Ich weiß nicht, was ich wirklich will!" In diesem Fall sollte man sich mit dem Klienten darauf einigen, daß es sein Ziel ist, herauszufinden, was er will.

Die zweite Frage (2): *„Was haben Sie selbst herausgefunden, das Sie diesem Ziel näher bringt?"* gibt dem Klienten etwas von seiner Lösungskompetenz zurück. Nach den Erfahrungen der Lösungsorientierten Therapie bringen zwei von drei Klienten brauchbare Lösungskonzepte mit. Das heißt nicht, daß sie davon überzeugt und sich dessen sicher sind. Es kann auch sein, daß ihnen das, was sie antworten, erst auf Grund der Frage klar wird. Oder sie können noch keine Antwort formulieren. Wichtig ist die Botschaft, die in dieser

Frage steckt: „Sie wissen (auf irgendeine Weise), wie Sie ihr Problem lösen können!" Wenn bei der Antwort (2) der Klient Schlüsselfähigkeiten (s. Kap. 6) nennt, sollte er darin nachhaltig bestärkt werden.

Jetzt erhält der Klient Zeit, sein Problem zu schildern, denn Klienten haben dieses Bedürfnis; sie möchten sich verstanden fühlen. Außerdem glauben sie, der Therapeut bräuchte diese Informationen, um ihnen helfen zu können. Negativ bei dieser *Schilderung des beklagten Sachverhaltes* ist, daß der Klient sich dabei Zuwendung holt für Mißlingen. Deshalb wird dem Klienten für dieses Schildern seiner Probleme nur wenig Zeit gegeben. Damit sich die Klienten trotzdem verstanden fühlen, wird man sie *pacen* (3). Pacen meint körpersprachliches und „energetisches" Spiegeln und ist für den Klienten eine starke und wirksame Anerkennung, und zwar nicht für das, was er erzählt, sondern für seine Wesensart (s. Kap. 5, Pacing als therapeutische Grundhaltung). Der Therapeut nimmt also keine fürsorgliche und tröstende Haltung ein, nicht jene therapeutische „Idealhaltung", wie das in der Humanistischen Psychologie üblich war, sondern begegnet dem Klienten auf dessen eigene Art, körpersprachlich und, was noch wichtiger und wirksamer ist, von der inneren Haltung her. Das Pacen ist ursprünglich kein lösungsorientiertes Konzept, sondern stammt aus der systemischen Therapie und kam dann über den Umweg des NLP hierher. Das Pacen trägt, zusammen mit den Interventionen des Teil I, entscheidend zur Stabilisierung des Persönlichkeitsbereichs des Klienten bei.

Nun folgen vier Interventionen, die alle dazu dienen, den Klienten aufzubauen. Um ihre positive Wirkung zu verstehen, muß man sich in die typische Situation eines Klienten versetzen. Er fühlt sich schlecht, glaubt etwas falsch gemacht zu haben, erwartet Kritik, fürchtet abgelehnt zu werden, ist deprimiert oder verzweifelt. Vielleicht denkt er, er sei ein Versager, ein Außenseiter, der nicht mehr zu *den* Menschen gehört, die mit sich und ihrem Leben klarkommen. Er glaubt sich vom Schicksal schlecht behandelt und sieht nur noch, was bei ihm oder in seiner Beziehung verkehrt läuft. Die Interventionen durchkreuzen seine negativen Erwartungen und Gedanken. Sie werden von dem Klienten positiv aufgenommen, mal trifft die eine bei ihm ins Schwarze, mal die andere. Deshalb sollten immer alle vier eingesetzt werde. Es sind *großzügiges Anerkennen* (5), sein *Problem normalisieren* (6), *das Gute des Schlechten* seiner Situation ermitteln (7) und ihn auf das aufmerksam machen, was er *trotz des Problems zuwege bringt* (8).

Beim *Anerkennen* darf man auch solche Eigenschaften positiv vermerken, die eigentlich „ungesund" für den Klienten sind, z. B. übergroßes Verständnis, es allen recht machen wollen, Perfektionismus oder Überverantwortlichkeit. Denn von dem, was anerkannt wurde, kann sich der Klient leichter verabschieden. *Normalisieren* meint, zu vermitteln, daß es ganz normal ist, irgendwelche Probleme zu haben. Das *Gute des Schlechten* ist eine schwierigere Intervention, denn sie kann von dem Klienten als „Belehrung" mißverstanden werden. Deshalb ist es günstig, diese Intervention etwa so vorzubereiten: „Sie kennen sicher die Erfahrung, daß dann, wenn man aus einem größeren zeitlichen Abstand auf eine damals schwierige Situation zurückblickt, man im nachhinein erkennt, daß darin auch etwas Gutes lag. Haben Sie eine Vermutung, worin jetzt in dieser für Sie schwierigen Situation das *Gute des Schlechten* liegen könnte?"

Bei den Bewältigungsfragen muß man entweder wissen, was der Klient trotz seiner Probleme noch alles „schafft", oder die Frage so allgemein formulieren, daß ihm dazu etwas einfällt, z. B.: „Wie schaffen Sie es, trotz der gegenwärtigen Schwierigkeiten, mit Ihrem Leben zurechtzukommen?"

Als Übergang zum Mittelteil der lösungsorientierten Stunde (Teil II) wird zum zweiten Mal die *Frage nach dem Ziel* gestellt (9). Denn zu wissen, was man will, ist eine der wichtigsten Voraussetzungen dafür, eigene Ziele zu erreichen. In der Situation des Therapeuten erlebt man dabei, wie man sich entspannt zurücklehnt, weil mit dieser Frage die Aktivität und Verantwortung wieder an den Klienten zurückgegeben wird. Seine Formulierung des Ziels soll fünf Bedingungen genügen: Das Ziel soll *sprachlich positiv* formuliert sein, der Klient soll also sagen, was er will und nicht, was er nicht will. Dann soll es *attraktiv* sein, denn nur attraktive Ziele werden auch realisiert. Es soll so *konkret* sein, daß er genau weiß, wann er es erreicht haben wird. Es soll *realisierbar* sein, sonst handelt der Klient sich nur Enttäuschungen ein. Und es soll *bekömmlich* sein, ihm wirklich gut tun, wenn er es erreicht hat.

Jetzt kommt die eigentliche Lösungsarbeit. In den zwei bis drei Jahrzehnten Entwicklungsarbeit der Lösungsorientierten Therapie – De Shazer begann 1969 sein eigenes Modell der Kurztherapie zu entwickeln, und seit 1978 wird am Brief Family Therapy Center (BFTC) in Milwaukee lösungsorientiert gearbeitet – hat man herausgefunden, daß mit drei „Lösungswegen" oder „-rahmen" auszukommen ist, dem „Rahmen des Zieles", dem „Rahmen der Ausnahmen" und dem „Rahmen des Hypothetischen". Ich nenne sie die drei *Leitlinien zur Lösung* oder die Lösungsleitlinien (10), (11), (12).

Warum diese drei Leitlinien ausreichen, kann die Lösungsorientierte Therapie nur mit ihrer Erfahrung beantworten. Aus der Sicht der Psychographie, die von den drei Ichs und den drei eigengesetzlichen Lebensbereichen ausgeht, zeigt es sich, daß jede dieser Leitlinien für je einen dieser drei Ichs und Bereiche passend ist: die *Ziele* für das Handlungs-Ich und den Bereich Handeln, denn sie aktivieren das Wollen; die *hypothetischen Lösungen* für den Bereich Beziehung, denn sie sprechen die Gefühle an; die *Ausnahmen* für den Bereich Erkennen, denn hier wird das Wie einer Lösung aus (*ausnahms*weise) gelungenen Prozessen ermittelt.

Die Analyse der *Ausnahmen* kann ergänzt werden durch das *Ankern* früherer erfolgreicher und mehr oder weniger verwandter Problemlösungen. Das Ankern ist zwar eine frühe NLP-Technik, gehört aber thematisch in die Lösungsorientierte Therapie. Der Anker wird dann zusammen mit der Zielfrage gelöst. Das Ankern bildet also den Übergang zwischen den Lösungsleitlinien „Ausnahmen" und „Ziele" und unterstreicht die Stimmigkeit der Reihenfolge der Lösungsleitlinien. Was Ankern genau ist und wie es gemacht wird, erläutere ich später in diesem Kapitel.

Wenn man persönlichkeitsspezifisch arbeiten kann, empfiehlt sich die angegebene Reihenfolge. Damit findet man sich in Übereinstimmung mit einigen psychologischen oder psychotherapeutischen Gesetzmäßigkeiten, wie: Man geht vom Einfachen zum Schwierigen, vom Bekannten zum Unbekannten, vom Vertrauten zum Fremden, und: Bevor man eine Veränderung einleitet, wird die Persönlichkeit stabilisiert, sowie: Tragfähige Veränderungen stützen sich immer auf die Schlüsselfähigkeiten. Wenn man nicht sicher ist, welchen Persönlichkeitstyp man vor sich hat, kann man eine der drei Reihenfolgen benützen. Jede stellt sicher, daß kein regressives Verhalten unterstützt wird. (Ginge man vom *Hypothetischen* direkt zu den *Zielen*, würde man ein Wunschdenken unterstützen, denn es fehlt dann der Realitätsbezug des Könnens; würde man von den *Ausnahmen* direkt zum *Hypothetischen* springen, könnte das Abhängigkeiten verstärken, denn es fehlt eine selbstverantwortliche Zielsetzung; würde man von den *Zielen* direkt zu den *Ausnahmen* wechseln, könnte das ein gefühlloses Denken stabilisieren, denn es fehlt die Motivation, die aus den Lösungsträumen resultiert.)

Die *hypothetischen Lösungen* meinen bildliche Vorstellungen oder Filme darüber, wie die Situation aussieht und erlebt wird ohne das Problem. Dabei ist es wichtig, daß diese Lösungsfilme gegenwärtig und gefühlsintensiv erlebt werden. Die *Ausnahmen* sind Situationen, in denen das Problem nicht auftritt. Hier gilt es herauszufinden, was anders ist und wie anders sich jemand bei diesen Ausnahmesituationen verhält. Bei den *Zielen* wird nun detailliert erarbeitet, was die Fern- und Nahziele, die Vorgehensweisen, die Zusammenarbeit und die erforderlichen Mittel sind, die man braucht, um die Ziele zu realisieren. Man kann auch als Therapeut die Ergebnisse aus der Analyse der Ausnahmen zu einer Zielfrage zusammenfassen: „Wenn Sie weiterhin das und das tun, wird Sie das Ihr Ziel erreichen lassen?" Der Schwerpunkt dieser Lösungsarbeit bezieht sich jeweils auf den zweiten Schritt, also beim Beziehungstyp auf das Erkennen, beim Sachtyp auf das Wollen und beim Handlungstyp auf das Fühlen, denn das sind die jeweiligen Schlüsselfähigkeiten.

Ungefähr 15 Minuten vor dem Ende der Therapiestunde macht der Therapeut eine kurze Pause (13). Sie dient der Formulierung der Schlußinterventionen und leitet damit den dritten Teil der Stunde ein. Zweckmäßigerweise verläßt der Therapeut dabei den Beratungsraum. Diese Pause ist nützlich für den Therapeuten und den Klienten. Der Therapeut gewinnt äußerlich wie innerlich Abstand zur Problematik des Klienten. Wenn man sich auf seine Klienten gefühlsmäßig einläßt, wird man von ihren Problemen berührt und reagiert darauf, sei es, daß man sich dagegen wehrt, sei es, daß man sich damit identifiziert. Die Pause hilft dem Therapeuten, wieder zu sich selbst zu finden und aus dieser autonomen Position den Klienten besser unterstützen zu können. Der Klient wird nochmals nachdenken über die zurückliegende Arbeit und gespannt sein auf das, was nun kommt.

Die Schlußintervention besteht aus drei Teilen, nochmals *Anerkennung* (14), dazu gehören auch *Normalisieren*, das *Gute des Schlechten* und Hinweise, daß der Klient *X trotz Y* schafft, das alles jetzt aus einem konkreteren Wissen heraus als zu Beginn der Stunde (15). Mit *Zustimmen* (16) ist gemeint, daß der Therapeut positive Beiträge des Klienten, die ihm für die Realisierung von Lösungen wichtig erscheinen, nochmals deutlich unterstreicht: „Ich stimme Ihnen darin zu, daß ..."

Der zweite Teil der Schlußintervention sind *Botschaften* (17), die gewöhnlich aus psychologischem Insider-Wissen bestehen, wie, daß Kinder in einem bestimmten Alter aufsässig sind, daß das zu ihrer Entwicklung gehört und positiv zu werten ist. Oder ein Beispiel von Erickson: „Wir Ericksons sehen zum großen Teil in Krankheit und Unglück nur das Hartbrot des Lebens. Und jeder Soldat, der mal von der eisernen Ration gelebt hat, wird wissen, daß das Hartbrot das Beste an jeder Ernährung ist." (Nach Zeig, 1992, S. 217)

Der dritte Teil der Schlußintervention ist die eigentliche *Hausaufgabe* (18). Dazu kann man einfach die Formel-Intervention „Achten Sie bis ..." benützen. Sie lenkt die Aufmerksamkeit der Klienten auf Lösungsansätze. Diese Intervention allein hat zu einer deutlichen Verbesserung der Leistungsfähigkeit der Lösungsorientierten Kurztherapie geführt. (De Shazer, 1989, S. 197 f.)

Die Kompetenz liegt beim Klienten

Erickson glaubte daran, daß seine Klienten auf irgendeine Art wissen, wie sie ihre Probleme lösen oder in Trance gehen können, auch dann, wenn ihnen das niemand beigebracht hat. Vielleicht hatte er nicht immer daran geglaubt, doch es hat seine Arbeit in den späteren Jahren sehr vereinfacht. So sagte er zur Tochter einer krebskranken Frau, die bereit war, ihrer Mutter bedingungslos zu helfen: „Nun wissen Sie zwar nicht, wie man in Trance geht, aber das macht nichts. So wie Sie jetzt neben mir sitzen, wissen Sie's irgendwie doch. Unterschwellig, in ihrem Unbewußten oder, wie man sagen könnte, im Hintergrund ihres Bewußtseins, da wissen Sie, wie man in Trance geht. Also, um ihrer Mutter zu helfen, gehn Sie jetzt in eine Trance, in eine tiefe, tiefe Trance!" (Zeig, 1992, S. 213 f.) Er hat in sehr viel höherem Maße auf die Kompetenz der Klienten gesetzt und sie genutzt, als die Psychotherapie vor und während seiner Zeit. Daran glauben ist das eine, zu wissen, *wie* man diese Lösungskompetenz nützen kann, das andere, wobei im *Wie* der Glaube zu spüren sein muß. Erickson war völlig kongruent in dem, was er sagte und was er glaubte. Das ist ein Grund seines Erfolges.

Manchen erscheint dieses Vertrauen naiv und als oberflächlicher Optimismus, der letztlich nicht hält, was er verspricht. Deshalb möchte ich nochmals betonen, daß die Kurztherapie sich vor allem durch psychotherapeutische Kompetenz in der Praxis auszeichnet, aber auch darauf hinweisen, daß der Glaube an die Möglichkeiten, die im Menschen schlummern, sich auf so alte und ehrwürdige Traditionen wie die östlichen Weisheitslehren und Religionen berufen kann. So hat beispielsweise Buddha vom Beginn seiner Lehrtätigkeit an niemanden davon ausgeschlossen, das höchste Ziel erreichen zu können. Er sagte darüber: „Wie ich lehre, so tuet, und ihr werdet bald jenes höchste Ziel heiligen Strebens [...] noch in diesem Leben

selbst erkennen, schauen und zu dauerndem Besitz gewinnen."
(Schmidt, 1961, S. 91) Oder Meister Hakuin, der rund zweitausend
Jahre später gelebt hat, beginnt sein bekanntes Zen-Gedicht mit:
„Die Menschen sind in ihrem tiefsten Wesen Buddha" (Ohasama,
1968, S. 62) Hier wird der Mensch als ein Wesen gesehen, das seine
Möglichkeiten nur zu einem Bruchteil verwirklicht hat. Für die Psychotherapie bedeutet dies, nicht nur für „Reparaturzwecke" da zu
sein, so wichtig diese im engeren Sinne therapeutische Aufgabe auch
ist.

Wie unterstützt die Lösungsorientierte Kurztherapie die Kompetenz der Klienten? Genau in diesem *Wie* liegt ihre Stärke, denn den
guten Willen haben viele Therapeuten, doch das hilft wenig, solange
sie nicht wissen, wie diese *Hilfe bei Selbsthilfe* konkret geleistet werden kann. Beispiele dafür sind einmal die direkte Frage zu Beginn
einer Lösungsorientierten Stunde: „Was haben Sie selbst herausgefunden, das Ihnen hilft …?" Oder die Zustimmung in der Schlußintervention, hier in einem Beispiel von Walter und Peller bei einer
Frau, die einen Suizidversuch hinter sich hatte: „Uns beeindruckt
sehr, daß Sie das Leben wählen und nicht den Tod, und daß Sie trotz
der vergangenen Ereignisse die Wahl treffen, Ihr Leben für sich loh-
nenswert zu machen, indem Sie … [Therapeuten zählen auf, was die
Klientin alles für sich getan hat und fahren dann fort:] *Wir stimmen
mit Ihnen darin überein*, daß dies alles Schritte in die richtige Richtung sind, die Ihnen helfen. Uns macht neugierig, was Sie noch alles
anders machen oder worüber Sie anders denken, was Sie jetzt noch
nicht bemerkt haben." (Walter/Peller, 1994, S. 155)

Menschen verdunkeln ihre Kompetenz, indem sie Situationen so
interpretieren, als hätten sie keinen Einfluß auf das Geschehen. Weder sehen sie, wie sie sich in Schwierigkeiten gebracht haben, noch
welche Chancen darin für sie liegen, noch welchen Einfluß auf Veränderungen sie haben. Oft stellen sie zwar fest, daß es positive Ausnahmen gibt, doch sie erkennen nicht ihren Anteil daran. In solchen
Fällen hat es sich bewährt, sie einfach zu fragen, *wie* sie das gemacht
haben. Dabei lenkt die Frage nach dem *Wie* ab von der positiven
Unterstellung, daß sie das Problem gelöst haben.

Dazu als Beispiel ein Ausschnitt aus einem Gespräch mit einer
Frau, die vor einigen Wochen von ihrem Mann verlassen wurde:
Therapeut: „Gibt es Situationen, in denen Sie sich etwas besser
fühlen?"
Klientin: „Ja, manchmal fühle ich mich irgendwie erleichtert."
Therapeut: „*Wie machen Sie das,* daß Sie sich erleichtert fühlen?"

Klientin: „Ich sage mir, ich kann jetzt wieder an mich denken. Doch das hält nicht lange vor."

Therapeut: „Also, wenn Sie sich sagen, ich kann jetzt wieder an mich denken, fühlen Sie sich erleichtert. *Wie schaffen Sie es so zu denken?*"

Klientin: „Wenn ich mir klarmache, wie ich mich die ganze Zeit abgestrampelt habe. Dann ist es fast besser so, wie es jetzt ist. Ich darf nur nicht daran denken, daß er jetzt mit der anderen zusammen ist."

Therapeut: „Also es hilft Ihnen, wenn Sie daran denken, wie sehr Sie sich abgestrampelt haben. Im Vergleich dazu fühlen Sie sich fast erleichtert. *Wie hindern Sie sich daran,* zu denken, daß er mit ihr zusammen ist? Was machen Sie statt dessen?"

Klientin: „Ich konzentriere mich auf das, was ich gerade mache, und auf das, was ich vorhabe. Ich spiele jetzt wieder zweimal in der Woche Volleyball. Das macht mir Spaß."

Therapeut: „*Wie haben Sie sich dafür entschieden,* wieder Volleyball zu spielen? Und *wie sorgen Sie dafür,* daß es Ihnen Spaß macht?"

Klientin: „Meine Freundin Anni hat mich angerufen und gesagt, sie bräuchten jemand in der Mannschaft. Ich habe früher sehr gerne gespielt. Er hat mir alles vermiest, was ich mit anderen gemacht habe."

Therapeut: „*Wie haben Sie sich dafür entschieden,* die Einladung ihrer Freundin anzunehmen?"

Klientin: „Ich sagte mir, jetzt kannst du endlich wieder das machen, was du willst!"

Mit diesen Interventionen werden der Klientin ihre unbewußten Kompetenzen bewußtgemacht, so daß sie ermuntert wird, mehr Gebrauch davon zu machen. Doch manchmal können Klienten nicht erkennen, was Sie selbst zu dem erfreulichen Ergebnis beigetragen haben, wenn man sie *direkt* fragt. Doch wenn sie sich mit den Augen eines Beteiligten oder Außenstehenden sehen, bemerken sie Dinge, die ihnen vorher nicht bewußt waren. Dazu noch ein paar Sätze aus dem eben zitierten Gespräch:

Therapeut: „Was würde denn ihre Freundin Anni sagen, *was Sie getan haben,* daß es Ihnen besser geht?"

Klientin: „Ich glaube, Sie würde sagen, daß ich selbstbewußter bin als vorher, also in den ganzen letzten Jahren."

Therapeut: „*Wie machen Sie das,* daß sie selbstbewußter sind?"

Klientin: „Ich weiß nicht, ich fühle mich einfach besser."

Therapeut: „Was würde ihre Freundin sagen, *was Sie anders machen,* daß Sie selbstbewußter sind?"

Klientin: „Sie würde wahrscheinlich sagen, weil ich meine eigenen Entscheidungen treffe."

Therapeut: „Würden Sie dem zustimmen, *daß Sie sich entschieden haben,* ihre eigenen Entscheidungen zu treffen?"

Klientin: „Ja, das stimmt, auch wenn es nicht immer leicht ist."

Gelegentlich glauben Klienten, daß es nicht ihre Kompetenz, sondern einfach Glück war, einen Erfolg zu erreichen. Herr L., der eine neue Stelle sucht, hat zufällig davon gehört, daß eine genau für ihn passende Stelle frei wird. Er bewirbt sich und bekommt sie:

Therapeut: „*Was haben Sie gemacht,* um soviel Glück zu haben?"

Klient: „Das war einfach ein glücklicher Zufall. Ich habe da gar nichts gemacht. Ich hatte einfach Glück."

Therapeut: „Stellen Sie sich einmal vor, *Sie* seien jetzt das Glück. Ja? Tun Sie so, als ob *Sie* das Glück seien, und blicken Sie mit den Augen des Glücks auf ihre Situation. Aus der Sicht des Glücks, *was hat Herr L. gemacht,* daß *Sie* als Glück mit ihm zusammenarbeiten konnten?"

Klient (nach kurzer Pause): „Er war einfach zuversichtlich, daß er etwas finden wird. Und er hat rasch reagiert."

Therapeut: „Daß Sie zuversichtlich waren, das hat Ihnen geholfen? Und, daß Sie rasch reagiert haben?"

Klient: „Ja, das stimmt."

Ziele sind mehr als bloße Ziele

Ziele spielen in der Lösungsorientierten Kurztherapie eine herausragende Rolle. Das zeigt sich u. a. daran, daß in einer lösungsorientierten Stunde dreimal am Thema Ziele gearbeitet wird. Zugleich wird dadurch die enge Beziehung dieses Konzepts zum Handeln deutlich. Denn Handeln wird immer oder fast immer ausgelöst durch Ziele, bewußte oder unbewußte. Zielloses oder gedankenloses Handeln ist ja fast gleichbedeutend mit sinnlosem Handeln. Und umgekehrt, sinnloses Handeln ist dadurch charakterisiert, daß es kein Ziel verfolgt. Oder, wenn man von jemand sagt, daß er nicht wisse, was er wolle, erwartet man von ihm auch nicht, daß er etwas zuwege bringt. Umgekehrt verbindet man mit der Beurteilung: „Er weiß, was er will!" die Erwartung, daß er Erfolg haben wird.

Unsere westliche Kultur ist geprägt durch Erfahrungen mit dem

Bereich Handeln, hierin kennt sie sich am besten aus. Das hat zu technischem Fortschritt und wirtschaftlicher Macht geführt, doch – da das damit verbundene Denken eher eindimensional oder monokausal ist – auch dazu, daß wir dabei sind, die menschlichen Lebensbedingungen auf der Erde zu zerstören. Erst langsam fangen wir an, in größeren Zusammenhängen zu denken und entsprechend weitreichender Ziele zu formulieren. Daß Ziele mehr als nur Ziele sind, sondern Impulse, die in die Zukunft hineinwirken und das Geschehen mitgestalten, läßt hoffen, daß es noch nicht zu spät ist.

Was ist damit gemeint, Ziele seien mehr als nur Ziele? Wir machen im Bereich Handeln zwei unterschiedliche Arten von Erfahrung. Die eine ist: hier geschieht nichts, es sei denn, es wird gemacht. Wenn beispielsweise ein Haus gebaut wird, ist schließlich nur das vorhanden, was gemacht worden ist. Es gibt hier nicht wie in der Natur „Wachstum" oder wie im menschlichen Geist „Entwicklung", also sich selbst steuernde und entfaltende Prozesse. Wenn etwas erreicht werden soll, muß etwas dafür getan werden. Das ist eine der Regeln, die erfolgreiche Leute beherzigen.

Doch die Ergebnisse unseres Handelns werden auch bestimmt von etwas, was wir Glück oder Pech, Zufall oder Schicksal nennen. Es gibt zu diesem Thema verschiedene Denkmodelle, manche, die Zusammenhänge erkennen lassen zwischen dem, was wir uns erträumen, und dem, was geschieht, andere die das nicht möglich machen. Wer zu der Theorie neigt, das Geschehen bestehe aus einer Folge von Zufällen, wird jedes Ereignis damit isolieren und und nicht über mögliche Zusammenhänge nachdenken. Der Glaube, das Geschehen sei vorbestimmt, wird zu einem ähnlichen Ergebnis kommen. Sagt der eine, das war Glück oder Pech, so sagt der andere, ich bin ein vom Glück Begünstigter oder vom Pech Verfolgter. Beide Theorien bestätigen sich selbst, weil sie wie Denkverbote wirken.

Dieses Thema – ob und wie wir das Geschehen beeinflussen können – ist gerade für die Lösungsorientierte Kurztherapie von großem Interesse, denn hier geht es um *gelingendes Handeln.* Bestehen eindeutige Zusammenhänge zwischen unseren Wünschen und Zielen und dem Geschehen? Ich persönlich glaube dies. Ich könnte viele Beispiele dafür anführen, wie es in direkter Folge gelungen ist, das Geschehen positiv zu beeinflussen, aber auch solche, wo mir das Geschehen einen Strich durch die Rechnung gemacht hat. Dabei wurde im nachhinein deutlich, daß ich mir eher geschadet hätte, wenn es nach meinen Wünschen gegangen wäre. Nun sind das alles andere als neue Überlegungen. Wohl alle Religionen kennen das

Gebet um erfolgreiches Gelingen. Und sie kennen auch die „eingebauten Sicherungen", wie „Dein Wille geschehe!".

Doch wie ist das mit den unliebsamen Vorkommnissen, den Enttäuschungen, den Mißgeschicken und Schicksalsschlägen? Man könnte hier die Weisheit des Unbewußten ins Spiel bringen oder an das Mitwirken höherer Mächte denken. Wenn ich selbst auf solche Ereignisse zurückblicke, stelle ich fest, daß ich zunächst immer mit dem Schicksal gehadert habe, daß jedoch, aus einem größeren zeitlichen Abstand betrachtet, sich diese Schicksalsschläge als wertvolle Weichenstellungen entpuppt haben. Sie sind zumeist dann passiert, wenn ich mit meinem Leben in eine Sackgasse geraten war, aus der ich freiwillig nicht herausgegangen wäre. Im Ablauf einer lösungsorientierten Stunde gehören solche Überlegungen zu der Intervention: *das Gute des Schlechten.*

In Ausnahmen stecken Lösungen

Wenn in der Kurztherapie gesagt wird, daß die Klienten ihre Lösungen mitbringen, so wird das bei der Arbeit mit Ausnahmen deutlich. Was ist mit Ausnahmen gemeint? Es sind jene Situationen, in denen es *ausnahmsweise* gut oder doch besser ging, in denen der beklagte Sachverhalt nicht auftrat. Sie werden daraufhin analysiert, wie die Klienten etwas anderes gedacht oder gemacht haben, als in jenen Situationen, die als problematisch erlebt werden. Die immer wieder gestellte Frage ist: „Wie haben Sie das gemacht?" Bei diesen Analysen bewährt es sich auch, die Perspektiven zu wechseln, z. B., daß sich der Klient mit den Augen eines Betroffenen oder eines Unbeteiligten sieht. Oder man läßt sie die Situation aus einem größeren räumlichen oder zeitlichen Abstand betrachten. Oft ist es auch hilfreich, die kausale Sichtweise zu ändern, z. B. Ursache und Wirkung zu vertauschen oder die Ausnahme nicht nach dem Ursache-Wirkungs-, sondern dem teleologischen Modell zu interpretieren.

Dazu ein Beispiel: Ein Mann Anfang Fünfzig hatte sich vor gut einem Jahr heftig in eine wesentlich jüngere Frau verliebt. Diese zunächst stürmische Liebesbeziehung hatte ihn veranlaßt, sich von seiner Frau zu trennen und sich beruflich zu verändern, um mit seiner Freundin zusammenleben zu können. Doch je mehr er seine Pläne konkretisierte, desto mehr zog sich seine Freundin zurück. Wenige Wochen vor dem Einzug in die gemeinsame Wohnung erklärte sie ihm, daß sie dazu nicht bereit wäre. Sie spüre einen Unwillen und sei sich nicht mehr sicher, ob sie zu diesem Zeitpunkt überhaupt eine Beziehung wolle.

Als den beklagten Sachverhalt schilderte er, daß er sich verlassen und getäuscht fühle und keinen Sinn mehr in seinem Leben sehe. Er sagte, er fühle sich alt und mutlos, ohne lohnende Lebensperspektiven. Auf seine Freundin sei er stinkwütend, sie habe ihn im Stich gelassen. Nach Ausnahmen befragt, sagte er, es gebe zwar Lichtblikke, er habe sich beruflich verbessert. Es sei auch o. k., daß er sich von seiner Frau getrennt hätte, das sei überfällig gewesen. Doch das könne er alles nicht richtig schätzen, weil es durch die schmerzliche Situation überlagert sei. Auf die Frage, ob diese „Überlagerung" gleichmäßig da sei oder ob es auch da Ausnahmen gebe, fiel ihm ein, daß er Momente erlebte, in denen er sich grundlos wohlfühlte. Das konnte eine halbe Stunde oder mehrere Stunden anhalten. Doch er vermochte nicht zu sagen, was er dazu beitrug, was er da anders machte oder dachte.

Ich machte ihm den Vorschlag, seine Situation probehalber einmal so zu sehen, als ob er das alles selbst gesteuert hätte – also auch den Rückzug seiner Freundin –, und er solle sich dabei kein Mitleid mit sich selbst erlauben. Er ließ sich auf dieses *Als-ob* ein und erlebte sich nun souverän und nicht abhängig, als Macher und nicht als Opfer. Dann schlug ich ihm vor, sich das Schicksal personifiziert vorzustellen und in diese Rolle hineinzuschlüpfen, dann seine Situation zu betrachten und dabei in Verbindung zu bleiben mit dem Erleben, sich grundlos wohlzufühlen.

Er antwortete nach einer Weile, das dies Sinn mache. Die erste Erfahrung wäre, daß er sich seiner Freundin verbunden fühle und der Groll weg sei. Und er hätte diese Beziehung wohl auch dazu benützt, um einiges in seinem Leben in Ordnung zu bringen. Ich erinnerte ihn daran, daß er gesagt hatte, er würde sich alt, mutlos und ohne Lebensperspektive fühlen. Er blieb weiter in der Rolle des „Schicksals", und aus dieser Perspektive wurde ihm klar, daß er Angst vor dem Alter hatte und es nicht akzeptieren konnte, alt zu werden. Seine Freundin war für ihn die Verkörperung von Jugend und so etwas wie eine Garantie, nicht alt zu werden.

Nun wechselten wir die Sichtweise: Er betrachtete sich mit den Augen seiner Freundin. Er konnte sich nun bestätigen, daß das so nicht funktionieren könne und für seine Freundin belastend sein müsse. Für ihn ergaben sich nun drei Ziele, an denen er weiterarbeiten wollte: mit dem Alter klarzukommen; er meinte, man dürfe im

60

Leben nichts auslassen, also auch nicht die Erfahrungen mit dem Älterwerden; in sich das wiederfinden, was er in seiner Freundin gesucht hatte, nämlich lebendig und zuversichtlich zu sein; und, was sein Verhalten gegenüber seiner Freundin betraf, einfach abzuwarten und ihr keinen Druck mehr zu machen.

Ein zweites Beispiel: Eine Angestellte kommt schlecht mit ihrem Chef klar. Sie hält ihn für ziemlich unfähig, auch die anderen sind dieser Meinung. Ihre Schwierigkeiten entstehen dadurch, daß sie gerne Witze macht, wobei sie es sich nicht verkneifen kann, dabei ihren Chef aufs Korn zu nehmen. Der reagiert darauf extrem empfindlich. Die Situation ist inzwischen so angespannt, daß ihr Chef schon beleidigt ist, wenn sie überhaupt etwas sagt.

Auf die Frage, ob es Ausnahmen gebe, Situationen in denen sie besser mit ihm klarkomme, fällt ihr ein, daß es im vergangenen Jahr zeitweilig besser war. Auf die Frage, was sie damals anders gemacht habe, sei es im Denken oder im Verhalten, erinnert sie sich, daß sie weniger auf das geachtet hätte, was er falsch machte, und sich mehr auf ihre Arbeit konzentriert habe. Außerdem habe sie sich ab und zu mit ihm über sein Hobby, das Sammeln alter Bücher, unterhalten. Das fiele ihr leicht, weil sie auch Bücher liebe. Als sie sich in der Therapiestunde mit den Augen einer Kollegin sieht, bemerkt sie, daß sie damals ausgeglichener wirkte und nicht das Bedürfnis hatte, ihn zu verletzen. Aus seiner Sicht wurde ihr deutlich, daß sie ihm gegenüber klar genug sagte, was sie wollte und nicht erwartete, daß er das von sich aus wissen und beachten müßte. In den Situationen, in denen sie für sich mehr Verantwortung übernahm und besser für ihre Anliegen sorgte, gab es nicht nur weniger Ärger, sondern sie hatte jetzt auch den Eindruck, daß ihr Chef das schätzte.

Als Ziele formuliert sie für sich, in seiner Gegenwart vorläufig nicht witzig zu sein, sondern ihm höflich zu begegnen. Sie will sich wieder mehr auf ihre Arbeit konzentrieren und dafür sorgen, daß alles, was sie an Rahmenbedingungen und Unterstützung von seiner Seite braucht, von ihr klar aus- und abgesprochen wird. Sie will sich abgewöhnen, seine Person und seine Arbeitsweise zu beurteilen. Über nichtgeschäftliche Themen will sie nur dann und soweit mit ihm sprechen, wie ihr danach zumute ist.

In der Arbeit mit den Ausnahmen geht der Therapeut davon aus, daß in ihnen das praktische Wissen enthalten ist, das der Klient braucht, um seine Probleme zu lösen. Was der Therapeut dabei leistet, ist eine Art Geburtshilfe, d. h., er bietet sein ganzes Können auf, dieses un- oder halbbewußte Wissen dem Klienten bewußtwerden zu lassen. Dabei bleibt er hinter dem Klienten und wartet darauf, daß die Lösungen im Bewußtsein des Klienten auftauchen. Dann ist es seine Aufgabe, diese Erkenntnisse zu sichern und den Klienten darin zu unterstützen, sie in Handlungsziele zu verwandeln und zu realisieren.

Vor etwa zehn Jahren entwickelten De Shazer und seine Mitarbeiter das Konzept der Ausnahmen. Davor, noch in „Wege der erfolgreichen Kurztherapie", sprach er von Erfolgen. Was ist der Unterschied? Ausnahmen sind näher an der Lösung, da es ja Ausnahmen sind in bezug auf den beklagten Sachverhalt, also zeitweilige Lösungen, die jedoch als solche nicht bemerkt und erkannt wurden. Erfolge können thematisch viel weiter weg sein vom beklagten Sachverhalt und dadurch weniger oder keine Informationen liefern, wie das Ziel realisiert werden kann. Doch meist enthalten sie mehr positive Energien als die Ausnahmen, da es sich in der Regel um herausragende Ereignisse und Höhepunkte des Erlebens handelt, *moments of excellence*, wie sie im NLP genannt werden. Wenn es um kinästhetische, emotionale oder mentale Energien geht, also darum, das Selbstbewußtsein, die Motivation oder Konzentration zu fördern, sind Erfolge oft die ergiebigeren Quellen.

Um sie für gegenwärtige Problemlösungen nutzbar zu machen, hat das NLP eine Technik entwickelt, die Ankern genannt wird. Es ist eigentlich eine lösungsorientierte Methode und sollte Bestandteil der Lösungsorientierten Therapie sein. Wie bei der Analyse der Ausnahmen werden Ressourcen aus der Vergangenheit für zukünftige Veränderungen nutzbar gemacht. Wird bei der Arbeit an den Ausnahmen das strategische Know-how ermittelt, kann das Ankern die „Power" dazu bereitstellen. So nannte Anthony Robbins, der gerne und ausführlich von der Methode des Ankerns Gebrauch macht, sein NLP-Buch „Unlimited Power" (Robbins, 1992). Geht die Analyse der Ausnahmen eher über den Kopf, so wird beim Ankern meist eine kinästhetische Verbindung hergestellt zwischen der Energie, die mit der Erinnerung des Erfolges verbunden ist, und der gegenwärtigen Aufgabenstellung, so als ob eine Rohrleitung verlegt würde von damals nach heute und morgen. Um das klassische Konzept der Lösungsorientierten Therapie hier nicht zu sehr auszuweiten, behandle ich die Methode des Ankerns am Ende dieses Kapitels.

Lernen Sie wieder zu träumen!

Diese Aufforderung stammt von Art Williams. Er hat, gestützt auf seine Erfahrungen, eines der besten Bücher über erfolgreiches Handeln geschrieben. Dem Thema „Lernen Sie wieder zu träumen!" wurde ein ganzes Kapitel gewidmet. Das Wachträumen ist bei uns in Mißkredit geraten. Es gilt als naiv und als Flucht vor und aus der Wirklichkeit. Zugleich gibt es ganze Wirtschaftszweige, die von den Träumen ihrer Kunden leben, sie manipulieren und ausbeuten. Anspruchsvolle Zeitgenossen legen Wert darauf, kritisch zu sein, sich nichts vorzumachen oder vormachen zu lassen. Sie haben eher die düstere Seite unserer Wirklichkeit in ihrem Blickfeld. Eine bestimmte Art des Wachträumens gehört m. E. zu einem gesunden Umgang mit sich und dem eigenen Leben. Es sind *realistische*, durchaus anspruchsvolle Träume gemeint, die darauf ausgerichtet sind, einmal lohnende Wirklichkeit zu werden. Ähnlich wie bei der Formulierung des Zieles sollen sie wenigstens drei Bedingungen erfüllen: Sie sollen *attraktiv* sein, *realisierbar* und *bekömmlich*.

Daß Träume wirklich *attraktiv* sind, was ihre Erfüllung angeht, ist nicht selbstverständlich. Ein junger Mann war gerade von seiner Freundin verlassen worden, und er wünschte sich, daß sie wieder zu ihm zurückkehre. Ich arbeitete mit ihm u. a. lösungsorientiert an diesem Thema. Beim Lösungsfilm der hypothetischen Lösung stellte er sich vor, er hätte seine Freundin zurückgewonnen, und sie würde wieder mit ihm zusammenleben. Ich fragte ihn, wie attraktiv er das Wieder-beisammen-Sein erlebe. Zu seinem Erstaunen fand er es nicht besonders attraktiv.

Stellt es sich heraus, daß Träume nicht *realisierbar* sind, weil sie von unrealistischen Voraussetzungen ausgehen, sind sie häufig Ausdruck einer Unzufriedenheit mit einer Situation. Diese Träume überdecken ein nicht gelöstes Problem. Statt weiter Energie in aussichtslose Träume zu investieren, ist es sinnvoller, das zugrundeliegende Problem anzugehen und eine Lösung zu realisieren. Dann verschwinden diese Träume in der Regel von selbst. Ich erlebe diese Situation recht häufig, wenn Leute, die bisher in einem Angestellten- oder Beamtenverhältnis gearbeitet haben, sich mit einem neuen Beruf selbständig machen wollen. In der Regel haben sie sich nicht oder nur unzureichend über ihre beruflichen Aussichten als Selbständige informiert und beginnen mit alternativen Ausbildungen. Nachdem sie jedoch ihre beruflichen oder privaten Probleme gelöst haben, verlieren sie meist das Interesse an diesen Ausbildungen und engagieren sich wieder mit neuem Schwung in ihrer bisherigen Tätigkeit.

Der wichtigste Aspekt für Lösungsträume ist, ob ihre Realisierung für den Träumer *bekömmlich* ist. Die Frage nach der Bekömmlichkeit trennt bei den Träumen die Spreu vom Weizen. Wenn ich meine, die meisten Menschen seien zu anspruchslos in ihren Träumen, so meint das diesen Punkt. De Shazer berichtet, daß immer mehr Menschen in die Therapie kommen, die nicht wissen, was ihnen fehlt, denn sie haben alles und sind doch unglücklich. Ich vermute, daß ihre Träume, die sie sich verwirklicht haben, zu anspruchslos waren.

Unsere Gesellschaft verspricht: Wenn Sie das und das realisiert haben, werden sie glücklich sein! Solange Menschen jung sind und sie noch nicht die Möglichkeiten haben, all das zu realisieren, was das Glück ausmachen soll, können sie weiter davon träumen. Schwieriger wird es für die, die vieles davon erreicht haben und dann merken, daß es nicht hält, was es zu versprechen schien. Hier liegt die Chance, sich anspruchsvollere und bekömmlichere Ziele zu setzen.

Hypothetische Lösungen oder Lösungsfilme werden oft mit der sogenannten Wunderfrage angeregt: „Angenommen, es würde eines Nachts, während Sie schlafen, ein Wunder geschehen und das Problem, weswegen Sie hier sind, ist gelöst. Da Sie schlafen, merken Sie nicht, daß ein Wunder geschehen und ihr Problem verschwunden ist. Was, glauben Sie, werden Sie am nächsten Morgen anders wahrnehmen, das ihnen sagt, daß ein Wunder geschehen ist?" (Berg, 1992, S. 93)

In dieser Formulierung steckt einiges an hypnotherapeutischer Formulierkunst. Man weiß ja inzwischen, daß es in den meisten Fällen gar nicht notwendig ist, Klienten in Hypnose oder Trance zu versetzen, da das normale Bewußtsein sich häufig genug in tranceähnlichen Zuständen befindet und die in der Hypnotherapie entwikkelten Interventionen ihre Wirkungen auch im Alltagsbewußtsein entfalten. Die Wunderfrage ist so ein Beispiel. Die sich wiederholenden Stichwörter – Nachts – Wunder – Problem gelöst – schlafen – Wunder – Problem verschwunden – anders – Wunder – unterstützen die Klienten darin, kritische und skeptische Einwände beiseite zu lassen und von ihrem Problem- in ein Lösungsbewußtsein zu wechseln.

Methodisch wichtig dabei ist, daß die Klienten diese Lösungsphantasien als gegenwärtig erleben und sich dabei Zeit lassen. Dabei entwickeln sie Lösungsmuster, die wie Samenkörner für das Unbewußte und das Geschehen wirken, und „Lösungsgefühle", die Veränderungen auf der emotionalen Ebene in Gang bringen. Insoo Kim Berg, die mit einem sehr schwierigen Klientel arbeitet, Familien die in Slums leben, mit Armut, Arbeitslosigkeit, Drogen und Gewalt zu tun haben, beschreibt, wie ihre Klienten auf die Wunderfrage reagieren:

„Die Reaktionen darauf sind sehr unterschiedlich. Manche KlientInnen blicken auf, lächeln übers ganze Gesicht, die Augen leuchten, sie setzen sich aufrecht und beschreiben in allen Einzelheiten, wie sich ihr Leben verändern wird. Manche KlientInnen sind zutiefst überrascht, wenn sie selbst ihre hoffnungsvollen Worte vernehmen, einige hören aufmerksam anderen Familienmitgliedern zu, wie sie die Auswirkungen des Wunders auf sich und die anderen beschreiben. Andere KlientInnen sind nicht in der Lage, sich vorzustellen, wie sich ihr Leben verändern würde, auch wenn man ihnen mit Geduld zuredet und hilft." (Berg, 1992, S. 93)

Probleme sind verdrängte Lösungen

Ein Teilnehmer erklärte zu der These, daß neurotische Störungen nicht verdrängte Probleme seien, sondern verdrängte Lösungen: „Wenn es nur Probleme wären, könnten wir sie in die Ecke stellen und vergessen. Weil es jedoch verdrängte Lösungen sind, tun sie uns weh, und wir müssen uns mit ihnen auseinandersetzen. Daß Probleme verdrängte Lösungen sind, macht sie lebendig und wirksam." Dem kann ich nur zustimmen. Wenn man annimmt, daß psychische Störungen und die damit zusammenhängenden sozialen Schwierigkeiten aus verdrängten Traumata resultieren, ist es nur folgerichtig, sich mit ihnen zu befassen, sie aufzuspüren, zu analysieren und durchzuarbeiten. Geht man jedoch davon aus, daß Probleme aus verdrängten und nicht gelebten Lösungen entstehen, wird man sich um Lösungen kümmern, daran arbeiten, die verdrängten Lösungen zurückzugewinnen oder neue Lösungen zu realisieren.

Die Annahme, Probleme seien verdrängte Lösungen, führt zu einer völlig veränderten Einstellung des Therapeuten dem Klienten und seiner Situation gegenüber. Er steht nicht mehr unter dem Druck, dem Klienten helfen und für ihn Lösungen „herstellen" zu müssen. Er ist eher neugierig, wo im Gespräch und im Leben des Klienten Lösungen auftauchen. Dazu schafft er günstige Rahmenbedingungen, die das Zustandekommen von Lösungen erleichtern.

Doch mit der Art der Lösungen selbst hat er nichts zu tun, das ist die Sache des Klienten.

Diese These, „Probleme sind verdrängte Lösungen", läßt sich entwicklungspsychologisch belegen. Ein kleines Kind ist liebevoll, neugierig und voller Aktivität. Doch es trifft auf einschränkende Bedingungen. Vielleicht haben Vater und/oder Mutter Schwierigkeiten damit, Gefühle und Nähe zu zeigen und zuzulassen; oder sie schränken sich ein in ihrer Aufmerksamkeit, sind anwesend abwesend. Statt mit ihrer Wahrnehmung im Gegenwärtigen zu sein, grübeln sie über Vergangenes nach und machen sich Sorgen um die Zukunft; oder sie sind ängstlich, selbst eingeschüchtert und geben diese Verbote an das Kind weiter: „Mach dies nicht! Mach das nicht!" Dann wird das Kind in seinen spontanen Impulsen gestoppt und zurückgewiesen, und gesundes Verhalten, d. h. die Lösungen, wird verdrängt und in neurotisches umgewandelt. Die Liebe, die Neugierde, die Aktivität ist immer noch da, doch durch Verbote unterdrückt und eingeschränkt.

In der Lösungsorientierten Kurztherapie werden „Lösungen konstruiert", wie Walter und Peller sagen, und damit bereitgestellt für die ursprünglichen, gesunden Energien. Man kann das mit einem Flußlauf vergleichen. Früher haben Flüsse in flachen Tälern immer größere Schleifen gemacht. Da das Wasser durch die Fliehkraft nach außen drängte, wurde dort Erde mitgerissen und an der Innenseite des Bogens, wo das Wasser langsamer strömte, Sand und Schlamm abgelagert. Doch bei irgendeinem Hochwasser hat sich das Wasser wieder einen kürzeren Weg gesucht und ein neues Flußbett gegraben. Die alten Flußarme sind dann allmählich zugewachsen und verlandet. Ähnliches kann man sich bei den neurotischen Reaktions- und Verhaltensweisen vorstellen. Ist gesundes und das ist gleichbedeutend mit direktem und natürlichem Verhalten möglich, wird das neurotische immer seltener benützt und „verwächst", „verlandet" ganz von selbst. Es braucht dazu keine eigene Therapie.

Später, in der Systemischen Kurztherapie, kann direkt demonstriert werden, daß Probleme verdrängte Lösungen sind, indem die im Leiden verborgenen Energien und Fähigkeiten für Lösungen zurückgewonnen werden. Um dieses Konzept „Probleme sind verdrängte Lösungen" wirklich zu verstehen, ist es wiederum notwendig, nicht „mechanistisch" zu denken, denn die menschliche Wirklichkeit funktioniert nicht, wie die Aufklärung angenommen hat, wie eine komplizierte Maschine, sondern sie ist selbst lösungsorientiert.

Das Ankern als lösungsorientierte Methode

Wenn wir eine Melodie hören, die wir im Urlaub kennengelernt haben, löst sie in uns Urlaubsgefühle aus. Kommen wir an einen Ort, an dem wir uns unwohl gefühlt oder gelitten haben, beschleicht uns etwas von jenen unangenehmen Gefühlen, die wir damals erlebt haben. Jemand, der gewohnt ist, in einer bestimmten Sitzhaltung zu meditieren, braucht nur diese Körperhaltung einzunehmen, um in einen meditativen Zustand zu gelangen. Die Melodie, der Ort oder die Körperhaltung sind Anker für ein früheres Erleben. Sie sind aufgeladen mit Gefühlen, Energien, Erinnerungen. Doch wir wissen auch, daß solche Stimuli an Wirkung verlieren können und verblassen.

Die Werbung arbeitet ständig mit Anker, sie verbindet ein Waschmittel mit gutem Gewissen, eine Zigarettenmarke mit romantischer Männerarbeit in der wilden, freien Natur oder einem Moment der Erholung, ein Eis mit Lebenslust. An sich sind das ziemlich langweilige Artikel, Waschpulver, Zigaretten oder Eis, doch durch die assoziativen Verbindungen gewinnen sie eine ganz andere Bedeutung, sie werden Anker für „Ich bin doch eine gute Mutter und Hausfrau, die …", „Ich habe hart gearbeitet, und jetzt darf ich mir einen Moment der Erholung gönnen" und „Ich bin jung, schön und begehrt". Ankern bedeutet, daß bestimmte Erlebnisse und Erfahrungen mit etwas verbunden werden, in der Werbung positive Assoziationen mit den Produkten und umgekehrt.

Eine Methode, die funktioniert, um Menschen zu manipulieren, kann man auch für therapeutische Zwecke einsetzen, damit sie besser mit einer für sie schwierigen Situation zurechtkommen. Während die Werbung das Risiko eingeht, daß Kunden vielleicht gegenteilig reagieren und sich sagen, wenn ich dieses Waschmittel benütze, wird man mich für naiv, wenn ich jene Zigarette rauche, für einfältig, oder wenn ich jenes Eis esse, für oberflächlich halten, kann man therapeutisch paßgenauer und wirksamer arbeiten. Als Anker wird meist eine mit dem Klienten vorher vereinbarte Körperberührung an der Hand, am Arm, der Schulter oder dem Knie, als „Ladung" die Ressourcen aus Erinnerungen an Erfolge benützt, die in einem direkten oder indirekten Zusammenhang zum Thema stehen.

Ähnlich wie bei den Ausnahmen wird man den Klienten sich an frühere gelungene Problemlösungen erinnern lassen. Jetzt geht es jedoch nicht darum, diese Erfolge zu analysieren, sondern darum, sie intensiv wiederzuerleben. Dabei unterstützt man den Klienten dabei, daß er mit allen Sinnen in diese Erinnerung hineingeht. Wenn der Klient den Höhepunkt seines Erlebens erreicht hat, läßt sich der Therapeut ein Zeichen geben und ankert diese Erfahrung, indem er beispielsweise eine Sekunde lang seine Hand mit der Handfläche auf den Handrücken des Klienten legt. Dabei achtet der Therapeut genau auf die Art der Berührung und die Zeitdauer, so daß er sie exakt wiederholen kann. Dann bittet er den Klienten, sich eine andere erfolgreiche Problemlösung einfallen zu lassen und ankert sie auf genau dieselbe Art und Weise. Man nennt das „Anker stapeln".

Das Ankern ist dann besonders hilfreich, wenn es Klienten sehr schlecht geht. Oft wird ihnen zunächst kaum eine positive Erfahrung einfallen, oder sie haben wenig emotionalen Zugang zu dieser Erinnerung. Man wird sich dann mit diesem wenigen zufriedengeben, es ankern und nach weiteren positiven Erinnerungen suchen lassen. Nach dem ersten, zweiten oder dritten Ankern fällt es den Klienten meist ein bißchen leichter, sich an Positives zu erinnern, und das Erleben wird etwas intensiver. So können sie durch fortgesetztes Ankern allmählich aufgebaut und arbeitsfähig gemacht werden. Man kann das Ankern vergleichen mit dem Laden eines Akkus oder dem Ansparen auf einem Konto.

Beim Lösen des Ankers durch genau die gleiche Berührung läßt sich nun die angesammelte positive Energie verbinden mit der aktuellen Problemlösung, indem man beispielsweise, während man die Zielfrage stellt: „Wie möchten Sie denn jetzt vorgehen, um ...?", wieder auf genau dieselbe Art wie beim vorausgegangenen Ankern die Hand des Klienten berührt. Oft spüren dann die Klienten einen regelrechten Energieschub in Richtung Ziel und Lösung. Als Hausaufgabe können sich Klienten auch selbst Anker setzen, um in für sie schwierigen oder heiklen Situationen zusätzliche Ressourcen abrufbar zu machen.

4. NLP –
die Last der Vergangenheit abwerfen

NLP: ein Psychotherapie-Werkzeugkasten

Als Richard Bandler und John Grinder sich zusammentaten, um herauszufinden, was die besten Therapeuten ihrer Zeit ganz genau machten, wenn sie mit Menschen arbeiteten, ahnten sie nicht, daß sich aus diesem Vorhaben eine neue Therapiemethode entwickeln würde – das NLP, das Neuro-Linguistische Programmieren. Erickson schrieb zu ihrem ersten Buch: „Die Struktur der Magie von Richard Bandler und John Grinder ist eine sehr erfreuliche Vereinfachung der unendlichen Vielfältigkeiten der Sprache, die ich Patienten gegenüber verwende. Beim Lesen dieses Buches habe ich sehr viele Dinge gelernt, die ich getan habe, ohne von ihnen zu wissen." (Bandler, Grinder, 1981)

In den letzten Jahren ist das NLP ein Renner auf dem Psychomarkt geworden. Inzwischen gibt es ein dichtes Angebot von NLP-Aus- und -Fortbildungen. Doch gelegentlich habe ich den Eindruck, daß der Bestand an NLP-Methoden inzwischen so angewachsen ist, daß die Ausbildungsteilnehmer vor lauter Bäumen den Wald nicht mehr sehen.

NLP offeriert sich heute als eine eigene Psychotherapie. Anfänglich war das so nicht geplant. In „Metasprache und Psychotherapie" betonen Bandler und Grinder, das vorgestellte Modell könne jede andere Form von Psychotherapie unterstützen und ergänzen. NLP ist heute eine Mischung aus wirksamen bis hochwirksamen Methoden und enthält neben dem, was NLP im Kern ausmacht und worin seine eigentliche Stärke liegt, die Ermittlung und Veränderung von einschränkenden Programmen auf den Submodalitätsebenen, auch lösungsorientierte und systemische Elemente. Doch meine ich nicht, daß damit das NLP die Lösungsorientierte oder Systemische Kurztherapie gleichwertig ersetzen kann. Denn verglichen mit der Lösungsorientierten Therapie ist NLP zu manipulativ, vernachlässigt die Lösungskompetenz der Klienten und ihren Anteil an dem, was sie selbst tun müssen, um eine Lösung zu realisieren. NLP erweckt den Anschein, als ob alle Probleme im Handumdrehen gelöst werden könnten. Daß dem nicht so ist, verdeutlicht Arthur Williams in seiner Beschreibung der Praxis des erfolgreichen Handelns: „Niemand hat ein Interesse daran, Ihnen etwas über lange und zermürbende Arbeit zu erzählen, die für einen Erfolg die Voraussetzung ist, aber ich verspreche Ihnen eines: Sie kommen keinen Millimeter weiter, wenn Sie nicht bereit sind, schwerer zu arbeiten als je in Ihrem Leben zuvor." (Williams, 1991, S. 59) Und verglichen mit der Systemischen Kurztherapie sind im NLP die Chancen geringer, konstruktiv mit leidvollen Erfahrungen und schwierigen Beziehungssituationen umgehen zu können.

Die eigentliche Stärke des NLP

Was NLP unverzichtbar macht für die moderne Psychotherapie, ist das Wissen, wie die Programme, die unser Erleben steuern, ermittelt und verändert werden können. In „Veränderung des subjektiven Erlebens" (1992) gibt Richard Bandler eine gut lesbare Einführung in die von ihm ausgearbeiteten *fortgeschrittenen Methoden* des NLP. Die Entdeckung, daß alles, was wir erleben, von Programmen gesteuert wird, ist sicher einer der wichtigsten Schritte hin zu einer Psychotherapie, die diesen Namen verdient. Was dabei sehr erfreulich ist für die Psychotherapeuten: Diese Programme sind relativ einfach zugänglich und veränderbar.

Wenn jemand z. B. eine Depression hat, dann muß er sie nicht jeden Tag neu erfinden, sondern er hat schon ein Programm dafür, das er wie auf Knopfdruck ablaufen lassen kann. Gerade die therapierelevanten neurotischen Störungen sind meist sehr alte und vielfach erprobte Programme. Doch sie können dennoch herausgearbeitet und verändert werden. Das gleiche gilt für positives Erleben. Wenn jemand „gut drauf", motiviert, begeistert ist, sich freut, das Leben genießt, auch dann aktiviert er die dafür zuständigen Programme. Wie sehen diese Programme aus und wie findet man zu ihnen den Zugang? Es sind die Unterschiede in der Art, wie und wo wir uns Bilder vorstellen, in uns Klänge hören oder Körperempfindungen wahrnehmen.

Man kann sich das in den Grundzügen selbst zugänglich machen, indcm man zum Beispiel sich an etwas erinnert, das sehr schön war. Wie vergegenwärtigt man sich diese Erinnerung: als Bild oder als Film? Nun untersucht man weiter: Ist das Bild oder der Film farbig oder schwarzweiß, räumlich oder flach, wie nah oder fern, ruhig oder bewegt? Sind Stimmen, Klänge und Geräusche dabei? Wie klingen sie, und wo im Kopf hört man sie? Nimmt man bei dieser Erinnerung Körperempfindungen wahr? Bleiben diese Körperempfindungen an der gleichen Stelle oder strömen sie, und wenn sie fließen, wohin bewegen sie sich? Welche Qualität haben diese Körperempfindungen, fühlen sie sich leicht an oder schwer, zäh oder lebendig, statisch oder pulsierend, stumpf oder prickelnd? Solche unterschiedlichen Bedingungen des Erlebens nennt man *Submodalitäten*.

Dann nimmt man als Kontrast eine unangenehme Erinnerung und überprüft sie nach den gleichen Kriterien. Wie unterscheidet sie sich im visuellen, auditiven und kinästhetischen Vergegenwärtigen? Anschließend vergleicht man die Submodalitäten der unerfreulichen mit der erfreulichen Erinnerung. Sind die Bilder oder Filme bei der erfreulichen Erinnerung heller, farbiger, größer, die Stimmen und Klänge weicher und wärmer, die Körperempfindungen eher leichter und aufsteigend, und bei der negativen Erinnerung die Bilder dunkler, weniger farbig, kleiner, die Stimmen härter oder schriller und die Körperempfindungen schwerer und nach unten gehend? Es kann so, aber auch anders sein. Denn Menschen programmieren ihr Erleben unterschiedlich.

Jetzt kann man anfangen, einzelne Veränderungen vorzunehmen, bei den Farben, der Helligkeit, dem Abstand. Wie kann man die erfreuliche Erinnerung noch erfreulicher machen, die unerfreuliche Erinnerung abschwächen? Probieren und finden Sie es selbst heraus! Sie brauchen nur einen Faktor nach dem anderen verändern, am besten immer nach beiden Richtungen, also das Bild zuerst weiter wegschieben und dann näher heranholen, ihm weniger Farbe geben, als das Original hatte, und dann mehr Farbe, die Stimmen einmal lauter und dann leiser machen, kälter und dann wärmer, zuerst höher, dann tiefer, die Körperempfindungen zuerst schwerer und dann leichter machen und ihre Veränderungen und Bewegungen beschleunigen und verlangsamen. Trainieren Sie das bei sich und mit anderen. Das ist die beste Einführung in das Fortgeschrittene NLP. (Weitere Übungen in Bandler, 1992)

Sie werden erkennen, es sind weniger die Inhalte des Erinnerns als diese einzelnen Faktoren wie hell oder dunkel, laut oder leise, statisch oder fließend, also die Submodalitäten, die unser Erleben bestimmen. In NLP-Büchern finden sich Listen der Submodalitäten für die visuellen, die auditiven und kinästhetischen Erlebensebenen oder *Repräsentationssysteme.* Doch mehr lernt man, wenn man selbst herausfindet, welche *Submodalitätsveränderungen* die entscheidenden Unterschiede im Erleben bewirken. Probieren Sie aus, welche Submodalitäten viel, welche wenig im Erleben verändern. Diejenigen, die viel verändern, nennt man die *kritischen* Submodalitäten.

Im Grunde ist dieses Verfahren sehr einfach, man darf nur nicht die Submodalitäten mit Gefühlen verwechseln. Gefühle sind immer Reaktionen. Submodalitäten sind Verursacher, lösen Gefühle aus. Bei der Arbeit mit Bildern ist das klar, z. B. schiebe ich das Bild in die Ferne, wird das Erleben abgeschwächt; hole ich das Bild näher heran, wird das Erleben intensiver. Bei den kinästhetischen Submodalitäten ist das schwerer auseinanderzuhalten: Was ist die Körperempfindung, und was ist die gefühlsmäßige Reaktion darauf? Ähnlich ist es bei auditiven Wahrnehmungen. Nach meinen Erfahrungen werden Stimmen immer im oder nahe beim Kopf gehört. Doch wenn ich frage: „Wo hören Sie die Stimme?", kommt häufig die Antwort: „In der Brust" oder „Im Bauch". Was da in der Brust wahrgenommen wird, ist meist die dazugehörende Körperempfindung und im Bauch das dadurch ausgelöste Gefühl. Deshalb frage ich direkter: „Wo im Kopf hören Sie die Stimme?"

Wundern Sie sich nicht darüber, daß andere Menschen ihr Erleben manchmal ganz anders als Sie organisieren, manche mehr auf der visuellen, andere auf der auditiven, wieder andere auf der kinästhetischen Ebene. Es gibt Menschen, die sich nur schwer oder fast überhaupt keine Bilder vorstellen können. Sie organisieren ihr Erleben dann dafür mehr auf den beiden anderen Submodalitätsebenen, den Körperempfindungen und dem Klang von Stimmen.

Wenn jemand ein Instrument lernen möchte, muß er zuerst üben, wie er die Töne hervorbringen kann. Beim Klavier, welcher Finger auf welche Taste gehört, wie man einen Ton anschlägt, wie man das macht, daß er kurz oder lang, laut oder leise klingt; bei der Geige, wie man einen bestimmten Ton mit einer bestimmten Tonhöhe erzeugt; bei der Trompete, wie man überhaupt einen reinen Ton hervorbringt. Diesen Grundkenntnissen entspricht das Sich-vertraut-Machen mit den Submodalitäten und ihren individuellen Auswirkungen. So wie es auch bei Instrumenten Unterschiede gibt – jede Flöte, jede Geige hat ihren individuellen Klang und muß etwas anders gespielt werden –, so ist jeder Mensch, was die Organisation seines Erlebens betrifft, ein eigenes Instrument.

Wie das Erleben durch unterschiedliche Bedingungen auf der Submodalitätsebene gesteuert wird, drückt sich auch aus in sprachlichen Wendungen wie: er hat *glänzende* Aussichten, die Zukunft *sieht düster aus*, etwas *klar vor sich sehen, trübe Aussichten* haben, etwas *lastet schwer auf ihm*, er *fühlt sich erleichtert*, er macht *niederdrückende* Erfahrungen, *es geht* wieder *aufwärts*, etwas *klingt gut*, das war ein *Mißton*, es *hört sich gut an*, ist wie *Musik in meinen Ohren*.

Die Arbeit mit den Submodalitäten bestätigt, daß Menschen auf eine „typische Weise" zugleich verschieden und auch wieder ähnlich sind, und zwar in einem stärkeren Maße, als man bisher angenommen hat. Im NLP findet sich ein Ansatz einer Typologie der drei Persönlichkeitstypen. Im Zusammenhang mit der hauptsächlichen Organisation des Erlebens in einem der drei Repräsentationssysteme, dem visuellen, kinästhetischen oder auditiven, sind weitere Übereinstimmungen bei der Atmung, dem Sprechen, der Körperhaltung, dem Aussehen der Haut, der Sprache und dem Erleben zu bemerken. (Robbins, 1992, u. a. S. 175 u. 291 f.)

In meiner therapeutischen Praxis bestätigt sich immer wieder, daß das Erleben und die Kommunikation eines Beziehungstyps, der die Wirklichkeit bildlich erlebt, sich deutlich unterscheiden von dem eines Sachtyps, der sie primär kinästhetisch erfährt. Viele Sachtypen lieben auch im freundschaftlichen Gespräch Körperberührungen und Körperkontakt. Beziehungstypen schrecken eher davor zurück. Sie lieben den Blickkontakt, das Mienenspiel und die Signale der Körpersprache, eher das Gegenüber und weniger das Nebeneinander. Handlungstypen drücken viel mit der Stimme aus und hören viel aus der Stimme anderer. (Vgl. Kap. 6)

Tiefenpsychologie oder NLP?

Unter Tiefenpsychologien versteht man Psychotherapien, die in die „Tiefe" des Unbewußten und der Vergangenheit gehen. Das klingt nach einer gründlichen und gleichzeitig geheimnisvollen Vorgehensweise. Die Arbeit mit den Submodalitäten wirkt dagegen ausgesprochen handwerklich oder technisch, so als ob ein Elektromechaniker ein Fernsehgerät repariert oder ein Programmierer ein Computerprogramm ändert. Für jemanden, der sich die Arbeit in der Psychotherapie als etwas vorstellt, bei dem es darum geht, dramatische Ereignisse aus der Vergangenheit und dem Dunkel des Vergessens ans Licht zu bringen, wirkt das äußerst befremdlich. Soll hier Tiefe ersetzt werden durch Oberfläche? Um das Verhältnis zwischen Tiefenpsychologie und NLP zu klären, möchte ich zunächst auf folgende Frage eingehen: Wie wird das belastende Erbe der Vergangenheit übermittelt, unter dem Klienten in der Gegenwart leiden?

Freuds Erkenntnis, daß neurotisches Leiden aus Kindheitserfahrungen resultiert, ist unbestritten und gehört zum Grundkonsens der Tiefenpsychologie, auch wenn manche Psychoanalytiker heute die „erstaunliche" Entdeckung machen, daß nicht alles Leiden aus der Vergangenheit herrührt. Doch es geht hier um das neurotische Leiden, und das ist zweifellos vergangenheitsbedingt. Die Tiefenpsychologie hat angenommen, daß die Traumata, die schmerzlichen Erfahrungen aus der Kindheit, ins Unbewußte verdrängt werden und von dort aus ihre krankmachenden Wirkungen entfalten. Also müssen diese verdrängten Traumata aufgespürt, noch einmal durchlebt und bewußtgemacht werden.

Schon Perls ging mit einem anderen Verständnis an dieses Problem heran. Er meinte, daß „die sogenannten *Traumata*, von denen man annimmt, sie seien die Wurzel der Neurose, eine Erfindung des Patienten sind, um seine Selbstachtung zu retten [...] Ich habe noch keinen Fall von Kindheitstrauma gesehen, das keine Fälschung war." Und: „Wir graben nicht in einem Bereich, über den wir nichts wissen, im sogenannten Unbewußten. Ich glaube nicht an das Verdrängte. Die ganze Verdrängungstheorie ist falsch." (Perls, 1976, S. 50 und 61) Wie erklärte er sich die Entstehung einer Neurose? Er meinte, daß jene Lebensäußerungen und Fähigkeiten, die dem Kind nicht erlaubt wurden zu leben, von ihm abgespalten, entfremdet und projiziert wurden. Daraus resultiert als Praxis der Gestalttherapie die Reintegration entfremdeter Ich-Anteile – eine Methode, die sich bis heute in der Traumarbeit bewährt. „Wir analysieren nicht, wir *integrieren*", sagte er immer wieder.

Nach dem neuen Wissenschaftverständnis sind unterschiedliche Theorien zum gleichen Thema nicht problematisch und sich gegenseitig ausschließend, sondern ermöglichen, wie De Shazer sagt, den „Bonus" des weiteren Blickfeldes oder der größeren Tiefe im Sinne der Tiefenwahrnehmung des Sehens, die dadurch entsteht, daß das linke Auge ein etwas anderes Bild sieht als das rechte Auge. Um die Arbeits- und Wirkungsweise des NLP als „tiefenpsychologische Psychotherapie" zu verstehen, hilft eine andere Theorie über die Entstehung der Neurosen. Danach sind es nicht die verdrängten schmerzlichen Erfahrungen, die Traumata, die heute Probleme machen, sondern die Programme, die das Kind als Gegenreaktion auf diese Erfahrungen gebildet hat. Das paßt zu Überlegungen, wie man sie schon in der Transaktionsanalyse findet.

Wenn beispielsweise ein Kind nicht liebevoll angenommen, sondern emotional abgelehnt wird – was auch bei gutmeinenden Eltern vorkommen kann, die eine unbewußte Angst vor Nähe haben –, wird das Kind sich entweder auf sich selbst zurückziehen und eher mißtrauisch und kämpferisch werden, oder es wird alles daran setzen, die anderen für sich zu gewinnen, also sich besonders attraktiv und liebenswürdig geben. Da es noch nicht erkennen kann, daß die Unfähigkeit bei den Eltern liegt, wird es annehmen, es selbst sei nicht liebenswert. Solche Glaubenssätze sind, solange sie nicht erkannt und geändert werden, stärker als alle gegenteiligen Erfahrungen, die diese Person später machen wird. Es sind dann nicht die verdrängten Erfahrungen oder die Erinnerungen daran, die das spätere Leid verursachen, sondern die Reaktionen darauf, wie „Ich muß immer stark/liebenswürdig sein!" und „Ich bin nicht liebenswert!", die als Reaktionsmuster und Glaubenssätze überliefert werden.

Diese alten Programme wirken sich dann so aus, daß man sein Leben nach ihnen gestaltet, eine ihnen entsprechende Wirklichkeit herstellt und erlebt. Man sucht sich Berufe und Hobbys aus, in denen man besonders „stark" oder „liebenswürdig" sein kann und muß, wird Arzt, Schauspieler oder Therapeut, betreibt Hochleistungssport oder interessiert sich für Mode und Kosmetik. Man verliebt sich in einen Partner, der wenig Gefühle zeigt. Man leidet darunter, eine Spur zu dick oder zu dünn zu sein, und hat einen Horror vor dem Älterwerden und gibt sich betont jugendlich und verführerisch. Man hat sehr viel Sinn dafür, *in* zu sein, richtet seine Wohnung dekorativ ein, hat die richtigen Meinungen und Anschauungen, fährt ein attraktives Auto, kennt die richtigen Lokale und Leute.

NLP arbeitet nun nicht im herkömmlichen Sinne tiefenpsychologisch, denn es interessiert sich weder für die Vergangenheit noch für das Unbewußte, noch für aktuelle Problemkonstellationen, doch es erledigt die „tiefenpsychologische Arbeit" viel direkter und effizienter, als dies die Tiefenpsychologie konnte: NLP ändert die alten Programme. Dabei schadet es nichts, etwas von Tiefenpsychologie zu verstehen, denn diese Programme entdeckt man nicht immer leicht, da sie ganz selbstverständliche Lebenswirklichkeit geworden sind. So könnte an die Stelle des Programms „Ich muß immer stark sein!" das Programm „Ich kann auch *loslassen* und anderen *vertrauen*" treten, oder statt „Ich muß immer liebenswürdig sein!" besser „Ich *bin* liebenswert und kann auch *nein* sagen". Mit solchen Programmen lebt es sich leichter und besser.

Die genannten Programminhalte sind typische Themen des Beziehungstyps. Man könnte diese auch für die beiden anderen Persönlichkeitstypen durchspielen, etwa für den Sachtyp, der als Kind auf der sinnenhaft-geistigen Ebene Mißachtung erlebt hat und sich deshalb für Haltungen entschieden hat wie „Ich muß mich immer anstrengen und großartig sein!" oder „Ich muß immer vorsichtig und unauffällig sein!". Hier könnten konstruktivere Programme und Glaubenssätze lauten: „Ich *spüre* mich!" und „Ich kann mir meiner sicher sein!". Der Handlungstyp hat massive Einschränkungen erfahren auf der Ebene des Tuns und seines Selbstbildes: „Das darfst du nicht!", „Das gehört sich nicht!", „Das ist böse!", „Mach das nicht!", „Laß die Finger davon!", „Das kannst du nicht!". Solche und ähnliche Botschaften hat er immer wieder gehört, sei es ausgesprochen oder im Blick und Tonfall seiner Eltern. Das hat zu Glaubenssätzen geführt wie 'Ich bin schlecht!' oder „Ich tauge nichts!'. Er hat Programme entwickelt wie „Sei immer perfekt!" und „Mach es immer perfekt!". Hier wären alternative Glaubenssätze angemessen, wie „Ich bin o. k., so wie ich bin!" und „Ich darf das tun, was ich möchte!". In der Praxis wird man immer wieder auf diese oder verwandte Glaubenssätze stoßen, denn Neurosen sind nicht sehr abwechslungsreich. Daß man diese Programme nun rasch und dauerhaft verändern kann, ist durch NLP möglich geworden.

Stabile Veränderungen: Der Swish

Bisher war es in der Psychotherapie so, daß neue Reaktions- und Verhaltensweisen immer wieder geübt werden mußten, um allmählich stabil zu werden. Doch bei bestimmten Problemen war das nicht oder kaum möglich, weil die alten Reaktionen wie auf Knopfdruck funktionierten. Man kam gar nicht dazu, etwas Neues zu üben, weil das Alte schneller war und einen gefangennahm, und zwar mit den ganzen negativen Auswirkungen. Das ist etwa so, wie wenn man als Laie mit einem geübten Boxer kämpfen wollte. Zum Beispiel bei dem Problem Eifersucht: Man sieht, wie sich die Partnerin blendend mit einem anderen Mann unterhält. Man spürt einen Stich in der Herzgegend und denkt, jetzt rege dich nur nicht auf, bleib ganz cool! Und während man das noch denkt, steigt da etwas in einem hoch und überflutet einen wie eine Welle – und dann wird einem plötzlich klar: Die haben etwas miteinander! Dann denkt man, jetzt mal langsam, das kann doch nicht sein! Aber dieses Denken ist schon sehr verunsichert, wenig überzeugend gegenüber diesem Gefühl von Gewißheit: Das ist doch ganz eindeutig, wie der sie ansieht, wie sie darauf reagiert! Und schon sitzt man in der Falle Eifersucht, leidet erbärmlich und fängt an, sich für seine Umwelt völlig absurd zu verhalten, zieht sich zurück, gekränkt, depressiv oder reagiert aggressiv, verdirbt anderen die Stimmung, spürt, wie man seine Beziehung zerstört, haßt sich selbst und findet doch keinen Ausweg. Solche unerwünschten Reaktionen oder Abhängigkeiten gibt es viele. Sie sind besonders kränkend, weil man mit Vernunft oder Willenskraft kaum dagegen ankommt.

Bleiben wir beim Thema Eifersucht. Eine Ausbildungsteilnehmerin hatte 30 Jahre lang das geführt, was man eine gute Ehe nennt. Ihr Mann bekleidet eine sehr angesehene Position mit entsprechend gutem Einkommen; sie lebt in einer Villa mit einem herrlichen Garten; die Kinder sind schon aus dem Haus. Nun entdeckt sie, daß sie die ganzen Jahre immer nur für andere gelebt hat in ihrer Rolle als Mutter, Haus- und Ehefrau. Sie spürt einen unbezähmbaren Drang nach Leben in sich, und sie will davon ein klein bißchen realisieren, mal allein in ein Konzert oder ins Theater gehen. Ihr Mann, der das eigentlich bejaht, entdeckt, daß er damit überhaupt nicht zurechtkommt, sondern maßlos eifersüchtig reagiert. Natürlich verschlechtert sich ihre Beziehung, denn sie will und kann nicht mehr in das alte Schema der Braven und völlig Berechenbaren zurück. Also beginnt er eine Therapie bei einem der angesehensten und teuersten Psychotherapeuten in dieser Stadt. Zu Hause ändert sich nicht viel. Ein halbes Jahr später ist sie mit einem jüngeren Mann sehr gut befreundet und überlegt: „Soll ich oder soll ich nicht?" Ihr Gefühl sagt ja, ihr Kopf sagt nein. Ihr Mann macht weiter seine Therapie und wird schließlich ohne Erfolg mit der Diagnose entlassen, er leide an einer sehr schweren Beziehungsneurose. Ich habe ihr angeboten, sie möge ihren Mann doch einmal mitbringen, denn ich sei sicher, ihm mit NLP „ohne allzu großen Aufwand" helfen zu können. Doch er kam nicht. Wahrscheinlich wird er sich gefragt haben: „Wenn ‚viel' nichts geholfen hat, wie kann dann „wenig' etwas bewirken?" Die kurzen Therapiezeiten des NLP rufen häufig Skepsis hervor.

NLP arbeitet noch schneller als die Lösungsorientierte Therapie. Bandler antwortete auf die Frage, warum er so schnell arbeite, daß er nicht langsam arbeiten könne, wenn die Therapie funktionieren solle. Unser Gehirn lerne nur schnell oder gar nicht. (Bandler, 1992, S. 60 u. 129) Er vergleicht es gerne mit dem „Erlernen" einer Phobie. Dazu ein Beispiel: Eine meiner Klientinnen hatte eine Phobie gegen Mäuse, Ratten und Maulwürfe. Sie erinnerte sich genau an die Situation, in der sie diese Phobie „gelernt" hatte. Ihr Vater arbeitete im Garten. Sie stand als kleines Mädchen außen am Gartenzaun und sah ihm zu. Er grub einen Maulwurf aus, nahm ihn auf den Spaten und warf ihn über den Zaun, und zwar genau an die Stelle, an der sie stand. Er hatte sie nicht bemerkt. Das bedeutet, sie hat diese Phobie in weniger als einer Sekunde so gut gelernt, daß sie jahrzehntelang verläßlich funktionierte.

Wenn es also möglich ist, etwas so Unsinniges wie eine Phobie in so kurzer Zeit und so dauerhaft zu lernen, müßte das auch für etwas Nützliches möglich sein. Was spielt sich da ab beim Erlernen einer Phobie? Das Gehirn wird mit einem raschen Wechsel von Eindrükken überladen. Es kann dann nicht mehr „elastisch" reagieren, die einzelnen Eindrücke überprüfen, beurteilen, ein- und aussortieren, sondern es nimmt sie einfach als fest installiertes Programm auf.

Wenn man mit diesen Gesetzmäßigkeiten therapeutisch arbeitet, ist das keine Spielerei, sondern es werden neue Reaktionen relativ stabil und dauerhaft eingerichtet. Deshalb muß man zuvor die möglichen Folgen abschätzen – für den Klienten und die Beteiligten. Ich habe einmal bei jemanden an die Stelle von Eifersuchtsreaktionen das Bedürfnis nach Zuwendung gesetzt (zu dem Verfahren weiter unten). Das war für ihn natürlich wesentlich angenehmer. Man hätte annehmen können, daß das auch der Beziehung zugute käme. Doch es zeigte sich, daß seine Partnerin auf so viel Zuwendung gar nicht vorbereitet war – und jetzt gab es neue Probleme. Es ist also Vorsicht geboten!

Wie macht man diese Art von Um- oder Neuprogrammierung, dieses stabile und dauerhafte Erlernen von erwünschten Reaktionen? In der Regel arbeitet man mit Bildern, einem Ausgangsbild mit den typischen Auslösern für die unerwünschte und einem Zielbild mit der erwünschten Reaktion. Man muß sich also fragen: Was löst die Abhängigkeitsreaktion aus? Bei der Eifersucht könnte das sein, daß die Partnerin allein weggeht oder mit einem anderen Mann telefoniert; oder, wenn jemand unsicher reagiert, wenn er vor anderen sprechen muß, der Anblick der Zuhörer; oder, wenn jemand zu ungeduldigen Reaktionen neigt, der ängstliche Blick eines Mitarbeiters. Diese Auslöser müssen in dem Ausgangsbild enthalten sein, damit das Unbewußte die kritische Situation wiedererkennt und dann alternativ darauf reagieren kann. In diesem Ausgangsbild erlebt man sich assoziiert, also so wie immer; man ist in sich und nimmt die Dinge um sich wahr.

Im zweiten Bild, dem Zielbild, sind die neuen Fähigkeiten enthalten, die eine erwünschte Reaktion auslösen. Das könnte beim Thema Eifersucht Selbstbewußtsein sein, Vertrauen und Zuneigung; bei der Unsicherheit könnte es Selbstsicherheit und Energie, bei der Ungeduld Gelassenheit und Nachdenken sein. Das sind nur Beispiele, um das Vorgehen zu erklären, in der Praxis wird das individuell ermittelt. Auf dem Zielbild sieht man sich selbst, wie man im Besitz dieser Fähigkeiten ist und sie ausstrahlt, und zwar sieht man sich von außen, wie auf einem Foto, also dissoziiert.

Nun muß das Ausgangsbild mit den negativen Auslösern ersetzt werden durch das Zielbild mit den neuen Fähigkeiten. Dazu ermittelt man zuerst, wie man das Ausgangsbild am besten entfernen kann. Manche schieben es einfach in die Ferne, andere machen es immer kleiner, wieder andere lösen es in Licht auf, manche klappen es einfach nach hinten um. Es gibt da sehr viele Möglichkeiten. Bei der Ausführung der Übung, man nennt sie „Swish", soll zur gleichen Zeit, während das Ausgangsbild verschwindet, das Zielbild erscheinen. Ich habe herausgefunden, daß es am leichtesten und elegantesten ist, das Zielbild auf die gleiche Weise erscheinen zu lassen, wie das Ausgangsbild verschwindet. Denn unser Gehirn kann das, was es in die eine Richtung macht, auch umgekehrt leisten. Dieser Austausch wird dann rasch, in Sekundenschnelle, durchgeführt.

Es gibt dabei ein paar Dinge zu beachten. Das Zielbild, das „zwingend attraktiv" sein soll, kann mit erwünschten Fähigkeiten angereichert werden. Ich benütze dazu eine „Attraktivitäts-Skala", aufsteigend von eins bis zehn. Nach jedem Swish sollten kurz die Augen geöffnet und eine kleine Pause gemacht werden, damit der Swish nicht in die falsche Richtung geht, also wieder rückwärts vom Ziel- zum Ausgangsbild. Es ist ein gutes Zeichen, wenn es nach drei oder vier Durchgängen immer schwieriger wird, das Ausgangsbild herzustellen. Schließlich kann man zur Überprüfung der Arbeit einen *Future-Pace* machen, d. h., man stellt sich die problematische Situation vor und achtet auf die eigenen Reaktionen, ohne sie bewußt zu beeinflussen.

Hier nun nochmals die Schritt-für-Schritt-Anweisung, um einen Swish durchzuführen. (Weitere Informationen zum Swish bei Bandler, 1992, Kap. 9; Andreas, 1993, Kap. 3):

a) „Machen Sie ein Bild von der Ausgangssituation mit den typischen Auslösern, die zu der unerwünschten Reaktion führen. Sie sind in dem Bild assoziiert enthalten, d. h. so, wie Sie sich jetzt wahrnehmen, von innen her. Das ist das Ausgangsbild."

b) „Probieren Sie aus, wie Sie das Ausgangsbild am besten loswerden können, z. B. in die Ferne schieben oder immer kleiner machen, in Licht auflösen oder auf eine andere Art."

c) „Machen Sie jetzt ein Zielbild von sich mit der erwünschten Fähigkeit, die Sie brauchen, um Ihr Ziel zu erreichen. Sie sehen sich jetzt von außen, wie auf einem Foto (dissoziiert), und Sie strahlen diese erwünschten Fähigkeiten aus, so, daß Sie wissen, ich bin jetzt ..."

d) „Wie attraktiv ist dieses Zielbild für Sie nach der Skala 1 bis 10? Eins bedeutet ein klein bißchen attraktiv, zehn bedeutet sehr attraktiv."

e) Wenn die Attraktivität weniger als 10 ist: „Welche Fähigkeit wünschen Sie sich noch in Ihrem Zielbild?" „Fügen Sie diese Fähigkeit ... Ihrem Zielbild dazu, so daß Sie ... (die zusätzliche Fähigkeit) ausstrahlen und wissen, ich bin ... und ... (die erste und die zusätzliche Fähigkeit)." „Wie attraktiv ist das Zielbild jetzt?" (Usw., bis 10 erreicht ist)

f) „Nehmen Sie jetzt wieder Ihr Ausgangsbild und stellen Sie das Zielbild unsichtbar dort bereit, wohin Ihr Ausgangsbild verschwinden wird. Dann machen Sie zwei Dinge gleichzeitig: Sie entfernen Ihr Ausgangsbild und lassen das Zielbild erscheinen (statt „entfernen" sagen wir konkreter die bei b) ermittelte Methode, z. B. „lösen Ihr Ausgangsbild in Licht auf" und statt „erscheinen" sagen wir dann „und lassen Ihr Zielbild aus dem Licht entstehen")."

g) „Bitte öffnen Sie kurz die Augen. Jetzt machen Sie das gleiche nochmals. Bereiten Sie Ihr Ausgangsbild in aller Ruhe vor und stellen Sie das Zielbild unsichtbar bereit. Dann wechseln Sie beide rasch und gleichzeitig aus, so: Swischsch!" (Fünf- bis sechsmal wiederholen).

h) Future-Pace (Überprüfung): „Stellen Sie sich vor, Sie kommen in der nächsten Zeit in die Situation, in der Sie bisher auf die unerwünschte Art reagiert haben. Lassen Sie das als Film ablaufen und achten Sie auf ihre spontane Reaktion." (Ist die spontane Reaktion positiv – o. k.; wenn nicht, überprüfen, weshalb der Swish nicht richtig funktioniert, und wiederholen.)

Es bleibt noch die Frage: Was könnten die Gründe dafür sein, daß ein Swish nicht funktioniert? Zuerst sollte man an „ökologische" Einwände des Unbewußten denken. Vielleicht muß zuerst ein anderes Problem gelöst werden, z. B. jemand möchte schlanker werden und deshalb weniger und leichter essen – doch vielleicht sollte er zuerst einmal lernen, sich liebevoll anzunehmen. Oder die anstehende Veränderung erfordert eine lösungsorientierte oder systemische Vorgehensweise. So wünschte sich eine Frau, die mit ihrer Familiensituation unzufrieden war, ich solle mit ihr einen Swish machen. Doch diese Methode ist kein Zaubermittel, das konkrete Situationen verändern kann.

Häufig funktioniert ein Swish dann nicht zufriedenstellend, wenn im Ausgangsbild entscheidende Auslöser fehlen. Dann kann das Unbewußte die auslösende Situation nicht wiedererkennen und reagiert nicht darauf. So pflegte eine Frau an ihren Nägeln zu kauen, wenn sie Fernsehen schaute. Wir führten einen Swish durch, doch einige Zeit später berichtete sie, sie würde immer noch an ihren Nägeln kauen. Wir überprüften, woran es liegen könnte. Es fiel ihr dann auf, daß sie beim Fernsehen nicht mehr an ihren Nägeln kaute, doch wenn sie lernte und in Büchern las. Sie hatte beim ersten Swish an diese Situation nicht gedacht, weil sie zu der Zeit wenig las. Nun wiederholten wir den Swish mit dem Ausgangsbild „Lernen und Lesen", und jetzt funktionierte er.

Manchmal funktioniert ein Swish eine Zeitlang, dann nicht mehr. Das könnte daran liegen, daß zwar eine Reaktionsweise verändert wurde, nicht jedoch die sie stabilisierenden Glaubenssätze. Eine Frau hatte als Kind von ihrer Mutter immer wieder gehört, daß sie nichts tauge. Das führte dazu, daß sie seit Jahren immer wieder Konfliktsituationen mit ihrer Mutter heraufbeschwor, die die ganze Familie belasteten und entzweiten. Veränderungen in ihren Reaktionen brachten nur eine kurzzeitige Besserung. Erst als sie die alten Glaubenssätze – sie tauge nichts, sie sei nichts wert, sie gehöre nicht dazu – änderte, konnte sie gelassen und entspannt mit ihrer Mutter umgehen.

Einschränkende Glaubenssätze verändern

Neurotischen Prägungen können das Leben eines Menschen schmerzlich beeinträchtigen, seine Chancen, wie andere ein zufriedenstellendes Leben zu führen, weitgehend einschränken und ihm das Gefühl geben, er sei gegenüber jenen, die eine glücklichere Kindheit hatten, hoffnungslos benachteiligt. Doch auch dann, wenn diese unglücklichen Kindheitserfahrungen wie ein Fluch über einem Leben liegen, also in ihren Auswirkungen zweifellos schwerwiegend sind, können sie doch leichter geheilt werden, als man dachte. Wohl deshalb, weil die Vergangenheit ja tatsächlich nicht mehr existiert – außer in den Erinnerungsspuren in unserem Geist oder unserer Psyche – und weil uns heute niemand mehr daran hindern kann, dort Korrekturen und Veränderungen vorzunehmen.

Die einzigen Voraussetzungen dafür sind, daß man wirklich bereit ist, einen Glaubenssatz zu ändern und weiß, *wie* das geht. Bisher wußte man, wie psychische Störungen entstanden sind und welche schlimmen Auswirkungen sie für die Betroffenen haben. Ihre Heilung stellte allerdings ein großes Problem dar. Folgerichtig hielt man die Störungen für gravierend. Doch deren Einschätzung ist auch abhängig von der Therapiewirkung.

Die Stärke des NLP liegt nun gerade darin, die Last der Vergangenheit auflösen zu können. Und ganz wesentlich dazu gehören die alten, einschränkenden Glaubenssätze. Häufig wurden sie zu einer Art Pseudo-Identität: „Ich bin jemand, der das oder jenes nicht ist oder nicht kann!" Also: „Ich bin jemand, der nicht sagen kann, was er will" – „der nicht o. k. ist" – „der sich nur auf sich selbst verlassen kann" – „der nie ganz gesund ist" – „der immer allein ist" – „der unpraktisch ist" – „der von anderen ausgenützt wird" – „der immer der Dumme ist" – „der nicht nein sagen kann" – „der häßlich ist" – „der immer zu kurz kommt" – „den niemand wirklich mag" – „der von anderen benachteiligt wird" –, und was es sonst für einschränkende Glaubenssätze gibt.

Andere Glaubenssätze haben den Charakter von allgemeingültigen Regeln, die sagen, was man muß und was man nicht kann: „Man kann nicht alles haben!" – „Man muß sich anpassen!" – „Man darf nicht unbescheiden sein!" – „Man kann nicht machen, was man will!" – „Man muß Rücksicht auf die anderen nehmen!" – „Man muß sich nach der Decke strecken!" usw. Manchmal können es auch Bilder oder Gesten sein, die die Qualität eines Glaubenssatzes haben, etwa eine abwehrende Geste des Vaters, die bedeutet, daß das, was man sagt, nichts tauge, oder ein resignierender Gesichtsausdruck und Klang in der Stimme der Mutter, die ausdrücken, daß Ehe nichts anderes bedeutet als Enttäuschungen und Sorgen.

Manchmal klingen Glaubenssätze ganz vernünftig, entscheidend ist jedoch, in welchem Kontext sie benützt werden. Vor seinem Urlaub verkündete ein Ausbildungsteilnehmer, er habe sich entschlossen, dieses Jahr allein Urlaub am Strand zu machen, da seine Frau nicht bereit sei mitzufahren. Dieses geplante Unternehmen machte den Eindruck einer heroischen Geste. Er schien diesen Urlaub nicht zu seinem Vergnügen geplant zu haben, sondern eher als Opfergang. Denn eigentlich, so meinte er, sei der Mensch auf Gemeinsamkeit angelegt und könne im Grunde etwas Schönes nicht allein genießen. Davon ließ er sich nicht abbringen. Und erlebte dies auch so im Urlaub.

Gerade dieses Beispiel zeigt, daß es keineswegs selbstverständlich ist, daß Menschen bereit sind, Glaubenssätze zu verändern. Manchmal habe ich unschlüssigen Klienten geraten, sich einmal auf Probe darauf einzulassen – man könnte ja die Veränderung wieder rückgängig machen. In solchen Situationen – wenn man als Therapeut überzeugt ist, ein Klient sollte dringend einen Glaubenssatz ändern, er jedoch davor zurückschreckt – sollte man sich an das systemische Konzept des Dahinter-Bleibens erinnern: „Es spricht sicher auch einiges dafür, daß Sie es sich noch eine Zeitlang schlecht gehen lassen, denn auch Veränderungen zum Positiven wollen gut überlegt sein!"

Wie lassen sich solche Glaubenssätze ändern? Ich gehe in meiner Arbeit davon aus, daß Glaubenssätze wirklich *Sätze* sind. Erst nachdem ich sie als Glaubens*sätze* geändert habe, werden sie nochmals mit Hilfe eines Swish von der Seite des Erlebens her auf den anderen Repräsentationsebenen stabilisiert – visuell, kinästhetisch und/oder auditiv. (Bandler arbeitet sofort auf den Erlebensebenen, also nicht mit den *Sätzen*. Bandler, 1992, S. 121 f.; Bandler, MacDonald, 1991, S. 89 f.) Dieses Verändern von Glaubens*sätzen* macht sich zunutze, daß die für uns *gültigen* Sätze an einer anderen Stelle im Kopf gedacht werden und anders klingen als *belanglose* Sätze. Sie erhalten also ihre Stabilität durch den Ort und die Art und Weise, wie sie gedacht werden, und nicht durch ihren Inhalt.

Das methodische Vorgehen besteht dann darin, daß man zuerst den Ort und den Klang des noch gültigen alten Glaubenssatzes ermittelt, dann als Alternative den Ort und Klang eines belanglosen Satzes (im NLP wird von „Blabla-Sätzen" oder „Wischiwaschi-Sätzen" gesprochen). Als nächstes wird dort, wo die gleichgültigen Sätze gesprochen werden, der neue, erlaubende Glaubenssatz bereitgestellt. Schließlich erfolgt der rasche Austausch: Der einschränkende alte Glaubenssatz wird an den Ort der gleichgültigen Sätze gebracht und der neue Glaubenssatz von dort in die Lücke, die der alte hinterlassen hat. Gleichzeitig wird der Klang der Sätze verändert: Der alte Glaubenssatz wird nun gleichgültig „ausgesprochen" und der neue nachdrücklich und gültig. Gleichgültige Sätze sind Sätze wie: „Ob die mir unbekannte Frau Maier zum Frühstück lieber diese oder jene Kaffesorte trinkt, ist mir völlig egal."

Man kann die Gültigkeit von Glaubenssätzen vergleichen mit den Befugnissen eines Ministers. Er erhält sie durch sein Amt, nicht durch seine Person. Wenn ein Minister gehen muß, werden seine Befugnisse auf den Nachfolger übertragen, denn sie sind nicht mit der Person, sondern dem Amt verbunden. So ist es mit der Gültigkeit und normativen Kraft der Glaubenssätze: Sie werden nicht durch ihre Inhalte bestimmt, sondern durch die Konfiguration der Submodalitäten, also den Ort und die Art des Aussprechens. Unterschiede bei den Submodalitäten können den gleichen Satz zu einer gültigen Wahrheit oder zu belanglosem Gerede machen.

Arbeitet man mit den Sätzen pur, dann könnte das Ergebnis der Ermittlungen bei einem bestimmten Klienten so sein: Die gültigen Glaubenssätze werden vorne im Kopf auf Höhe der Augenbrauen mit fester und nachdrücklicher Stimme gedacht; die belanglosen Sätze im Hinterkopf mit lockerem und lässigem Tonfall. Wenn man das herausgefunden hat, kann man den Austausch der Glaubenssätze vorbereiten, indem man den erwünschten Glaubenssatz formuliert und am Ort der gleichgültigen Sätze, also im Hinterkopf, bereitstellt, mit lockerem und lässigem Tonfall. So hat der neue Glaubenssatz noch keine Bedeutung. Dann wird in einem Handstreich rasch ausgetauscht: Der alte Glaubenssatz wird an den Ort der gleichgültigen Sätze, also nach hinten gebracht und dort locker und lässig gedacht. Der neue Glaubenssatz wird sofort nach vorne gebracht und auf Höhe der Augenbrauen fest und nachdrücklich innerlich ausgesprochen – dort, wo die gültigen Sätze gedacht werden. Diese Submodalitäten, das *Wo* und *Wie* der gültigen und der gleichgültigen Sätze, müssen bei jedem Klienten individuell ermittelt werden. Doch kann davon ausgegangen werden, daß Gedanken immer oder fast immer im Kopf gedacht werden und sehr häufig wie im obigen Beispiel (die gültigen Sätze hinter der Stirn, die belanglosen Sätze im Hinterkopf). Wenn Klienten meinen, daß sie in der Brust oder im Bauch denken, dann sind das in der Regel die kinästhetischen und gefühlsmäßigen Reaktionen.

Beschränkt man sich auf die Veränderung der Glaubenssätze als Sätze oder Gedanken, bringt man sich etwas um die emotionale Wirkung, die oft stärker durch Bilder oder Körperempfindungen vermittelt werden. Deshalb empfiehlt es sich, parallel dazu einen Austausch auf der Bildebene oder bei den Körperempfindungen durchzuführen, je nachdem, wo der Klient die stärkeren Veränderungen spürt und besser arbeiten kann.

Das methodische Vorgehen ist das gleiche: „Wie und wo sehen/spüren Sie den alten Glaubenssatz?" Dann: „Wenn Sie schon an den neuen Glaubenssatz … glauben könnten – wie fühlt das sich im Körper an, wie sehen die Bilder aus, die sich dazu machen?" Dann wird der Austausch auf visueller oder kinästhetischer Ebene vorbereitet: „Verbinden Sie den neuen Glaubenssatz mit den belanglosen Körperempfindungen/Bildern." Jetzt kann ausgetauscht werden. Nehmen wir einmal an, der Klient würde stark kinästhetisch reagieren und feststellen, daß er gültige Glaubenssätze in der Brust empfindet und gleichgültige Sätze im Hals, dann könnten die Anweisungen für den Austausch lauten: „Bringen Sie den alten Glaubenssatz, den Sie auf Stirnhöhe aussprechen und in der Brust empfinden, nach hinten unten in den Hinterkopf, sprechen ihn dort locker und lässig aus und nehmen ihn im Hals wahr. Dann bringen Sie sofort den neuen Glaubenssatz, den Sie unten im Hinterkopf bereitgestellt und im Hals empfunden haben, nach vorne und sprechen ihn auf der Höhe der Augenbrauen fest und nachdrücklich aus und empfinden ihn in der Brust."

Das klingt komplizierter, als es für den Klienten zu realisieren ist, denn er kennt sich ja in seiner Organisationsstruktur bestens aus. Dabei erlebe ich immer wieder, daß ich mit Klienten, die ihr Erleben deutlich anders als ich organisieren, Dinge mache, die ich selbst nicht könnte, die sie aber mit größter Leichtigkeit ausführen. Wichtig dabei ist nur, daß ich sorgfältig ermittelt habe, wie sie ihr Erleben organisieren, und dann genaue Anweisungen gebe. Dazu Bandler: „Ich habe oft gesagt, daß gute NLP-Arbeit zu 95 % aus Informationssammeln und zu 5 % aus Interventionen besteht. Die ersten […] Schritte bereiten auf die Intervention vor. Das macht es möglich, die eigentliche Intervention sanft und schnell durchzuführen. Denken Sie daran, das Gehirn lernt schnell, nicht langsam. Wenn Sie alles vorher gut arrangieren, ist es viel einfacher, gute Arbeit zu leisten." (Bandler, 1992, S. 129) Mit Intervention meint Bandler hier den eigentlichen Austausch des alten gegen den neuen Glaubenssatz.

In der Literatur wird betont, daß die neuen Glaubenssätze auf ihre Bekömmlichkeit für den Klienten zu überprüfen sind: Er soll sich fragen: „Gibt es in mir gegen diesen Glaubenssatz irgendwelche Einwände, könnte ich mich oder andere mit ihm in Schwierigkeiten bringen?" Dann wird dringend geraten, neue Glaubenssätze als Weg und Fähigkeit zu formulieren und nicht als Ergebnis. Das erscheint mir nur bedingt richtig. Es ist zu unterscheiden zwischen *Ich-bin-*Aussagen und *Ich-kann-*Aussagen.

Die *Ich-bin-*Aussagen betreffen die „psychologischen Grundrechte" eines Menschen. So ist jedes Kind und jeder Mensch grundsätzlich liebenswert, beachtenswert und o. k. Genau darüber geraten Menschen in Zweifel, wenn ihnen ihre Eltern das nicht vermitteln konnten oder abgesprochen haben. Und dann verhalten sie sich zeitweilig überhaupt nicht liebens-, beachtenswert oder o. k. und bekommen das, was sie schon befürchtet haben, von aller Welt bestätigt. Wenn man solche negativen Glaubenssätze nur durch *Ich-kann*-Aussagen ersetzt, also „Ich kann liebenswert, interessant, o. k. sein", bestärkt man das, was die Transaktionsanalytiker die „Antreiber" nennen: „Ich muß etwas dafür tun, um liebenswert oder interessant oder perfekt sein – weil ich es im Grunde nicht bin." Umgekehrt könnten *Ich-bin*-Aussagen dort, wo konkrete Fähigkeiten erforderlich sind, z. B. um ein Instrument zu spielen oder einen Berg zu besteigen, zu peinlicher oder gefährlicher Selbstüberschätzung führen, wenn jemand ohne zureichenden Grund daran glaubt, er sei ein vorzüglicher Instrumentalist oder Bergsteiger.

Hier nun die Schritt-für-Schritt-Anweisungen, um Glaubenssätze zu verändern:

1) Zuerst werden die Submodalitäten des unerwünschten Glaubenssatzes ermittelt: „Wo in Ihrem Kopf wird dieser Glaubenssatz in Gedanken ausgesprochen?" – „Wie sprechen Sie diesen Glaubenssatz innerlich aus?" Dazu die visuellen oder kinästhetischen Submodalitäten ermitteln: „Wo und wie sehen Sie diesen Glaubenssatz bildlich vor sich?" Oder: „Wo und wie spüren Sie diesen Glaubenssatz in ihrem Körper?" Das sind die Submodalitäten der *gültigen* Sätze.

2) Dann werden die Submodalitäten eines belanglosen Satzes ermittelt: „Wo in Ihrem Kopf sprechen Sie den belanglosen Satz innerlich aus?" – „Wie sprechen Sie diesen gleichgültigen Satz innerlich aus?" – „Was empfinden Sie dabei im Körper?" – „Wie sehen die Bilder aus, die diesen gleichgültigen Satz begleiten?" (Z. B. im Hinterkopf mit undeutlicher und gleichgültiger'Stimme', neutralem Körpergefühl und farblosen Bildern)

3) Der neue, erwünschte Glaubenssatz wird formuliert und auf seine Bekömmlichkeit überprüft. Dann werden die zu dem neuen Glaubenssatz gehörigen Körperempfindungen und die visuellen Submodalitäten ermittelt: „Wenn Sie schon daran glauben könnten, daß Sie …, wie fühlt sich das im Körper an?" – „… wo und wie sehen Sie dazu Bilder?" (Z. B. ein warmes, entspanntes Körpergefühl und farbige, lichtdurchflutete Bilder)

4) Dann wird der neue Glaubenssatz in der Art und am Ort der gleichgültigen Sätze bereitgestellt. (Z. B. im Hinterkopf mit un-

deutlicher und gleichgültiger Stimme, verbunden mit neutralem Körpergefühl und farblosen Bildern)

5) Nun wird der Austausch der Glaubenssätze vorbereitet. Dazu werden zuerst die Anweisungen gegeben und erst dann, wenn sie der Klient verstanden hat, rasch ausgeführt: „Warten Sie bitte zuerst meine vollständigen Anweisungen ab, bis Sie sie ausführen. Sie nehmen ihren alten Glaubenssatz ..., (z. B. ‚Ich tauge nichts!‘) und tun ihn nach ... (z. B. nach hinten) und sprechen ihn dort ... (z. B. undeutlich und gleichgültig) aus. Dann bringen Sie sofort den neuen Glaubenssatz ... (z. B. ‚Ich bin gut!‘) von ... (z. B. von hinten) nach ... (z. B. nach vorne hinter die Stirn) und sprechen ihn dort ... (z. B. laut und deutlich) aus und spüren dabei ... (z. B. ein warmes, entspanntes Körpergefühl) und sehen dabei ... (z. B. farbige und lichtdurchflutete Bilder).“

6) Überprüfung. „Wo denken Sie jetzt den alten Glaubenssatz ...? Wo denken Sie den neuen Glaubenssatz ...?“ Wenn der alte Glaubenssatz nicht am Ort der gleichgültigen Sätze und der neue nicht dort, wo die gültigen Sätze sind, gedacht wird, den Austausch nochmals wiederholen. Wenn das Ergebnis weiterhin unbefriedigend ist, Schritt für Schritt überprüfen, ob der Klient den Anweisungen genau gefolgt ist. Wenn das zu keinem befriedigenden Ergebnis führt, das gleiche Thema mit Ankern oder Swish bearbeiten.

Beim integrierten Vorgehen (s. Kap. 7) wird im NLP-Teil zuerst der Glaubenssatz geändert, dann folgt ein Swish. Das hat den Vorteil, daß die mit dem neuen Glaubenssatz verbundene neue Überzeugung, z. B. zum Glaubenssatz „Ich bin liebenswert!“ das Gefühl auch wirklich liebenswert zu sein, ins Zielbild mit aufgenommen werden kann. Dadurch wird der neue Glaubenssatz verstärkt und zusätzlich stabilisiert.

Traumatische Gefühlsreaktionen auflösen

Einige recht einfache Übungen zum Löschen heftiger traumatischer Gefühlsbesetzungen, wie bei Phobien, machen nochmals den Unterschied deutlich zwischen inhaltlichem Erleben und der Organisationsebene des Erlebens. Was unser Gehirn auf der Organisationsebene in die eine Richtung kann, kann es auch in die umgekehrte. Das machen wir uns beispielsweise zunutze beim Swishen, wenn Ausgangsbild und Zielbild auf die gleiche Weise entfernt und hergeholt werden. Diese reversible Fähigkeit unseres Gehirns macht jedoch auf der Erlebensebene nicht viel Sinn und wird deshalb kaum benützt.

Wenn wir uns erinnern, lassen wir den Erinnerungsfilm immer in die gleiche Richtung ablaufen, wie wir es ursprünglich erlebt haben. Nun könnte unser Gehirn den Film auch rückwärts laufen lassen, wenn wir ihm dazu den Auftrag geben. Für unser inhaltliches Erleben ist das jedoch widersinnig, denn wir können nicht rückwärts fühlen. Genau das machen sich diese Methoden des Löschens von Gefühlen zunutze. Durch das rasche Rückwärts-laufen-Lassen eines Erinnerungsfilmes werden die mit ihm verbundenen Gefühle abgetrennt und lösen sich auf. Man kann sich danach an die Situation erinnern, doch ohne die vorherigen Gefühle. Bei schönen Erinnerungen wird man das besser nicht machen.

Dazu ein kleines Beispiel: Ich arbeitete mit einem Geschäftsführer einer kleineren Firma, einem tüchtigen und intelligenten Mann. Doch eigenartigerweise verstand er überhaupt nicht, was ich von ihm wollte, wenn ich ihm irgendeine Übung erklärte. Ein ums andere Mal sagte er: „Entschuldigung, ich verstehe gar nicht, was Sie von mir wollen. Ich verstehe nicht, was ich machen soll." Da ich vorhatte, systemisch mit ihm zu arbeiten, dachte ich, er versucht zu verstehen, statt das zu tun, was ich ihm sage, deshalb kommt er nicht weiter. Also erklärte ich ihm, daß er nicht verstehen, sondern etwas tun müsse. Das systemische Vorgehen sei paradox, so, daß man es nicht verstehen könne. Doch er verstand weiterhin nicht, was ich von ihm wollte. Ich war etwas ratlos, da andere mich gewöhnlich verstehen. Dann bemerkte ich, daß er immer, wenn er in die Nähe seines Themas kam, phobisch reagierte und daß dann sein Denken aussetzte oder sich verwirrte. Also machte ich zuerst eine Übung im obigen Sinne, und er ließ die ihn belastende Situation als Film mehrmals rückwärts laufen. Damit löste sich sein Problem.

Manchmal hilft es schon etwas, das Erleben nochmals dissoziiert ablaufen zu lassen, d. h. nachdem man es bisher in der Erinnerung assoziiert, also von innen her erlebte, sieht man sich jetzt von außen. In „Bitte verändern Sie sich … jetzt!" (Bandler, 1991, S. 48 f.) beschreibt Bandler die Vorgehensweise zur Heilung eines Mannes, der die Stadt seit Jahren nicht mehr verlassen hatte, weil er an der Stadtgrenze panikartige Anfälle bekam. Zuerst läßt er ihn sich selbst beobachten, wie er phobisch reagiert. Schon das nimmt etwas von der Angstbesetzung aus der Erinnerung. Dann gibt er ihm den Auftrag, nochmals den ganzen Film mit der phobischen Reaktion ablaufen zu lassen und dabei die Szene von außen zu betrachten. Am Ende der Szene soll er den Film anhalten, wieder in sich hineingehen, um die Situation von innen wahrzunehmen, und dann den Film assoziiert schnell rückwärts laufen lassen bis zum Anfang. Das läßt er ihn nochmals wiederholen. Der Klient kann bei sich keine phobische Reaktion mehr feststellen. Anschließend setzt er sich in sein Auto und fährt ohne Probleme aus der Stadt.

Wenn die Phobie so heftig ist, daß die Klienten nicht daran denken können, ohne Angstanfälle zu bekommen, empfiehlt es sich, daß sie den Film, der die phobische Situation vorführt, mehrfach dissoziiert anschauen. Bandler arrangiert dazu in der Phantasie der Klienten eine Kinovorführung. Er läßt sie im Vorführraum Platz nehmen, dann aus ihrem Körper heraustreten und in den Projektionsraum hinaufschweben, um sich von dort im Kino sitzen und den Film betrachten zu sehen. (Bandler, 1992, S. 57 f.) Eine andere Möglichkeit, die phobische Reaktion abzuschwächen, ist es, den Film unscharf, mit verblaßten Farben oder in einem Auto- oder Freiluftkino ablaufen zu lassen, wo die Leinwand weit weg und entsprechend klein ist. Wieder gilt es dann am Ende der unangenehmen Erfahrung, den Film farbig zu machen und scharf einzustellen, hineinzuspringen und ihn einige Male in Sekundenschnelle zurücklaufen zu lassen.

Es gibt kaum einen größeren Gegensatz zwischen dem komplexen Erleben einer Sucht und der Einfachheit ihrer Programmierung. Die Kurztherapie arbeitet konsequent auf der Organisationsebene und ist deshalb so wirksam. Meistens ist es eine einzige Submodalität, die die Sucht steuert, z. B. ein Bild des begehrten Objekts, das etwas näher kommt und dabei etwas größer wird. Wiederholt sich dies mehrfach, wächst das Verlangen. Man kann zum Vergleich sich gleichzeitig etwas vorstellen, was neutrale Reaktionen auslöst, also weder anziehend noch abstoßend ist, und dann beobachten: Was ist anders bei dem begehrten Objekt? Ist es etwas näher oder heller, etwas farbiger oder deutlicher, oder schwebt es etwas höher als das uninteressante Objekt? Dann kann man einzeln testen, welche der Submodalitäten das Verlangen deutlich erhöht, indem man das Objekt etwas näher heranholt, etwas heller oder farbiger macht usw. Seltener sind es auditive oder kinästhetische Submodalitäten.

Wenn man die entscheidende Submodalität herausgefunden hat, die das Verlangen auslöst und steigert, kann man sie entgleisen lassen und unwirksam machen. Diese Methode wird „Compulsion Blowout" genannt, ich übersetze es frei als „Zwänge-entgleisen-Lassen". Sie geht davon aus, daß die suchtsteigernde Wirkung dadurch erzeugt wird, daß das Objekt nur *etwas* näher kommt, *etwas* deutlicher oder *etwas* farbiger wird. Und daß sich dieser Vorgang in einer *be-stimmten* Frequenz wiederholt. Wenn man diese räumlichen oder zeitlichen Einschränkungen überschreitet – etwa das Objekt des Verlangens einmal rasch heranholt und durch die Person hindurchfliegen läßt oder es fortgesetzt immer schneller werdend herholt –, zerstört man den Suchtmechanismus.

Die Klienten berichten oft, daß sie ein seltsames Gefühl im Bauch hatten, als ob etwas „peng" gemacht hätte. Man muß ihnen etwas Zeit geben, damit die durch die Arbeit ausgelösten Erregungen abklingen; dann kann man das Ergebnis entweder in der Phantasie oder der Realität testen. Ähnlich geht man bei anderen suchtauslösenden Submodalitäten vor, man benützt ihre eigene Methode und läßt sie entgleisen oder leiert sie aus. Dabei muß man wiederum rasch arbeiten, sonst funktioniert es nicht, und man steigert nur das Verlangen. (Eine ausführliche Beschreibung über das „Compulsion Blowout" findet sich bei Andreas, 1993, Kap. 5.)

5. Beziehungskompetenz –
Systemische Kurztherapie

Die Systemische Therapie ist paradox

Die Systemische Therapie gehört neben der Lösungsorientierten Therapie (De Shazer) und dem Fortgeschrittenen NLP (Bandler) zu den wirksamsten und wertvollsten Psychotherapie-Konzepten der Kurztherapie. Sie geht auf Milton Erickson zurück. Wie die Fallbeispiele seiner Arbeitsweise zeigen, ist er häufig systemisch vorgegangen. Das hat seine Arbeit erfolgreich, aber auch schwer verständlich und schwer nachvollziehbar gemacht. Denn die systemische Arbeitsweise ist paradox, nicht um Leute zu verblüffen, zu beeindrucken oder vor den Kopf zu stoßen, sondern weil diese systemische Vorgehensweise sich in zwischenmenschlichen Situationen gut bewährt und der Funktionsweise dieses Lebensbereiches besonders angemessen erscheint. Deshalb ist das systemische Vorgehen auch keineswegs willkürlich oder zufällig.

Erickson hat den interaktionalen Aspekt der Systemischen Kurztherapie herausgearbeitet. Der interne oder psychische wurde von Perls vorbereitet. Dabei war seine therapeutische Grundhaltung selbst paradox, wenn man paradox in einem allgemeinen Sinne als etwas definiert, das gegen die natürlich erscheinenden Reaktionen und Erwartungen geht: „Ihr wundert euch wahrscheinlich, daß ich das Wort Frustration, Versagung, in einem derart positiven Sinn gebrauche. Ohne Frustration gibt es kein Bedürfnis, keinen Grund, seine Kräfte anzuspannen, zu entdecken, daß man fähig sein kann, selber etwas zu tun […] Dann muß der Therapeut eine Gelegenheit geben, eine Situation schaffen, in der dieser Mensch wachsen kann. Und das Mittel dazu ist, daß wir den Patienten in einer Weise frustrieren, daß er gezwungen ist, sein eigenes Potential zu entfalten […] seinen eigenen Weg zu finden, *seine* Möglichkeiten, seine eigenen Kräfte zu entdecken und herauszufinden, *daß er das, was er vom Therapeuten erwartet, genauso gut selbst tun kann.*" (Perls, 1976, S. 40, 45) Dazu ein kleines Beispiel aus dem Zen: Ein Schüler suchte einen Meister auf und bat ihn um Unterweisung. Darüber wurde es Nacht.

Der Meister sagte: „Die Nacht bricht herein. Du kehrst jetzt besser zurück." Der Schüler verabschiedete sich und ging. Als er sah, wie dunkel es draußen war, kehrte er um und sagte: „Draußen ist es ganz finster." Der Meister zündete eine Kerze an und reichte sie ihm. Als der Schüler sie nehmen wollte, blies der Meister sie aus. In diesem Augenblick ging dem Schüler das große Licht auf.

Der Meister verhält sich paradox, durchkreuzt die Erwartungen des Schülers und doch ist sein Verhalten nicht willkürlich. Mir scheint, er demonstriert auf der Ebene des Verhaltens etwas, was in dem vorausgegangenen Gespräch auf der verbalen Ebene stattfand: Der Schüler hatte ihn nicht verstanden, vermutlich gerade deshalb, weil er die Worte zu verstehen glaubte. Vielleicht lag sein Verstehen jetzt darin, daß er dieses Mißverstehen blitzartig durchschaute und aufgab.

Auch wenn das Systemische Vorgehen für das logische Denken unverständlich erscheint, so läßt es sich doch methodisch sauber er-mitteln und dann in der praktischen Erfahrung erleben und über-prüfen. Es ist also durchaus folgerichtig oder stimmig. Frauen haben oft ein besseres Gespür für systemisches Verhalten als Männer. In der Vergangenheit durften Künstler und Dichter so „denken", Nar-ren und Spaßmacher, weise Frauen und einfache Leute. In Johann Peter Hebels Geschichten aus dem „Rheinischen Hausfreund" fin-det man Spuren dieses paradoxen Denkens. Auch wenn durch die jahrhundertelange „männliche" Herrschaft der Vernunft diese Fä-higkeit zurückgedrängt wurde, so läßt sich doch die Intuition für *die Kreativität des Paradoxen* wieder fördern.

Der interne Aspekt

Die Systemische Kurztherapie wird gelegentlich mit der Systemi-schen Familientherapie gleichgesetzt, doch die beiden sind nur ver-wandt. Die Systemische Familientherapie ist die ältere, gewisserma-ßen die Mutter, die Systemische Kurztherapie die jüngere, also die Tochter. Die Systemische Familientherapie, etwa nach dem Mailän-der Modell, nach den Arbeiten des Mental Research Institute in Palo Alto/Kalifornien oder der Neuen Heidelberger Gruppe um Helm Stierlin, gehört noch eher zur Humanistischen Psychologie. Sie ist stärker problemorientiert und geht analytisch vor. Allerdings wird auch in der Systemischen Familientherapie heute zunehmend lö-sungsorientiert gedacht.

Die Systemische Kurztherapie gehört zu einer neueren Generation der Psychotherapie. Das zeigt sich besonders in ihrem praktischen Vorgehen. Sie arbeitet lösungsorientiert und paradox, psychisch auf der energetischen, interaktional auf der Verhaltensebene. Sie ist ebenso für Familien-, Partner- wie Einzeltherapie geeignet, und zwar speziell bei Beziehungsthemen. Das kann Leiden sein unter einer Person, aber auch Leiden unter Situationen, unter inneren Zuständen, unter körperlichen und psychosomatischen Beschwerden und Krankheiten oder unter Träumen.

Bisher ist der interaktionale Aspekt der Systemischen Kurztherapie durch Erickson und De Shazer bekanntgeworden, manchmal auch unter der Bezeichnung Strategische Kurztherapie, weil hier paradoxe Verhaltensstrategien ermittelt und realisiert werden. Was der Systemischen Kurztherapie gefehlt hat, war ein ebenso wirksames und methodisch beherrschbares Konzept für den internen, psychischen Bereich. Der psychische Aspekt der Systemischen Kurztherapie ergänzt nicht nur den interaktionalen, sondern schafft oft erst die Voraussetzung dafür, das strategische Vorgehen überhaupt realisieren zu können. Das ist in den letzten Jahren entwickelt worden, in der therapeutischen Praxis erprobt und in Friedmann/Fritz, 1997 erstmals veröffentlicht unter dem Stichwort „Systemische Haltungsänderung".

Diesen internen Aspekt der Systemischen Kurztherapie hat – mehr als Erickson – der Gestalttherapeut Perls mit seiner Reintegrationsarbeit vorbereitet. Sowohl seine Theorie der Wiedergewinnung entfremdeter Ich-Anteile als auch seine Traumarbeit sind hilfreich dafür, zu verstehen, was bei der Systemischen Haltungsänderung geschieht. Die jetzige Weiterentwicklung besteht darin, daß mit der Systemischen Haltungsänderung direkter, paßgenauer und methodisch sicherer gearbeitet werden kann.

Bisher hat die Systemische Kurztherapie sowohl bei dem NLP als auch bei der Lösungsorientierten Therapie eine Gastrolle gespielt und unauffällige, doch wertvolle Hilfsdienste geleistet. Doch mit der Hinzufügung des internen Aspekts ist es möglich, von einem eigenen Therapiekonzept zu sprechen, das sich von der Lösungsorientierten Therapie und vom NLP sowohl in der Theorie, dem methodischen Vorgehen als auch dem Anwendungsbereich auf charakteristische Weise unterscheidet und das diesen beiden Konzepten in seiner Anwendungsrelevanz und seinen Erfolgen ebenbürtig ist.

Es wird hier zuerst der neue, interne oder psychische Aspekt der Systemischen Kurztherapie dargestellt, dann der bekanntere interaktionale. Zu letzterem gehören das Pacen aus dem NLP, das *Tit For Tat* von De Shazer, die Musterunterbrechungen, die man sowohl bei Erickson und Bandler als auch bei De Shazer findet, und die paradoxen Interventionen, die schon die Systemische Familientherapie praktiziert hat. Ich beginne deshalb mit dem internen Aspekt, der „Systemischen Haltungsänderung", weil es auch in der therapeutischen Praxis zweckmäßig ist, damit anzufangen. Denn zuerst sollte der Klient mit sich ins reine kommen, bevor er etwas unternimmt, um das Verhalten des anderen zu beeinflussen. Oft genug zeigt es sich, daß diese interne Haltungsänderung auf der energetischen Ebene so wirksam ist, daß die anderen darauf zufriedenstellend reagieren und das Problem sich dadurch löst.

Perls oder das Gute im Schlechten

„In der Gestalttherapie deuten wir die Träume nicht. Wir tun etwas viel Interessanteres damit. Anstatt den Traum zu analysieren und immer weiter zu zerlegen, wollen wir ihn wieder zum Leben erwecken. Und der Weg, auf dem er ins Leben zurückgebracht wird, ist, den Traum wieder zu leben, als ob er jetzt passierte [...] so, daß du wirklich darin aufgehst [...] Nehmt jeden Menschen, jedes Ding, jede Stimmung (aus eurem Traum) und arbeitet an ihnen, um jedes einzelne von ihnen zu *werden*. Übertreibt es und verwandelt euch wirklich in jeden dieser verschiedenen Teile. *Werdet* dieses Ding wirklich – was es auch ist in einem Traum – *werdet* es. Gebraucht eure Zauberkraft. Verwandelt euch in diesen häßlichen Frosch oder was da auch sei – ein totes Ding, ein lebendiges Ding, ein Dämon – und hört auf zu denken [...] jeder Teil im Traum bist du selbst, ist eine Projektion deiner selbst." (Perls, 1976, S. 76 f.)

Diese Anleitungen, die Perls vor über 20 Jahren gegeben hat, zählen m. E. bis heute zum Besten, was zur Traumarbeit gesagt wurde. Diese gestalttherapeutische Traumarbeit hat in der Kurztherapie eine Hilfsfunktion. Dabei arbeitet man nicht mehr mit allen oder vielen Trauminhalten (das würde viel zuviel Zeit kosten), sondern man nimmt das Thema heraus, das am vielversprechendsten ist. Man kann es leicht erkennen, denn es ist das am meisten Ängstigende. Die Erfahrungen zeigen ausnahmslos, daß gerade in ihm die wertvollsten Fähigkeiten und Energien verborgen sind.

Ein Beispiel: Ein Dozent an einer Fachschule träumte, er müsse kurzfristig ein Seminar über Sozialpsychologie übernehmen. Doch der Unterricht hätte schon vor 20 Minuten beginnen sollen; außerdem wußte er nicht, in welchem Raum das Seminar stattfinden sollte und war auch überhaupt nicht auf das Thema vorbereitet. Während er sich entsprechend unsicher und hilflos auf die Suche machte, überlegte er, daß er, wenn die Teilnehmer überhaupt noch da und nicht schon gegangen wären, ihnen nur eines klarmachen wolle: daß der Mensch sowohl ein Individual- als auch ein Sozialwesen sei und man beide Seiten leben müsse, um sich wohl zu fühlen. Dann wolle er die Teilnehmer gehen lassen.

Bei der Bearbeitung dieses Traumes war nun die Frage, was das besonders Interessante an ihm, was das „Negative" ist – nicht um es im problemorientierten Sinne zu analysieren, sondern um lösungsorientiert die darin zu vermutenden Qualitäten zu gewinnen. In diesem Fall sind es die räumliche Orientierungslosigkeit, das Zu-spät-Kommen und das Nicht-vorbereitet-Sein, für einen Dozenten ein dreifacher Alptraum und allgemein eine Rundum-Verunsicherung, denn erkenntnistheoretisch gesehen waren alle drei Kategorien vertreten: Raum, Zeit und Kausalität. Ich schlug ihm nun vor, diese drei Mißgeschicke zusammenzufassen, zu personifizieren und dann selbst die Instanz zu sein, die ihn zu spät kommen, orientierungslos und unvorbereitet sein läßt. Nachdem er in diese „Gestalt" hineingegangen war und sich mit ihr identifiziert hatte, erlebte er das (und damit sich) als geballte Energie, fühlte sich in dieser Rolle kraftvoll und wohl.

Für zu Hause gab ich ihm die Aufgabe, immer wieder in diese Rolle des Mißgeschicks und damit in die geballte Energie zu gehen, indem er sich an den Traum und die drei Mißgeschicke erinnert, sie zusammenfaßt und sich damit identifiziert. In der nächsten Stunde berichtete er, daß er diese Aufgabe bei kleinen Spaziergängen mehrmals gemacht hätte. Dabei sei ihm aufgefallen, wie er dann viel kraftvoller und aufrechter gehe und wie ihm das gutgetan hätte. Er meinte, daß diese kraftvolle Seite in seinem Leben zu kurz komme. Als weitere Bestätigung berichtete er, wie er während dieser Haltung der geballten Energie von einem fremden älteren Herrn, der vom Typ her seinerseits einen selbstbewußten und tatkräftigen Eindruck machte, sehr wohlwollend angesprochen wurde.

Ich habe viele solche Traumarbeiten durchgeführt. Die Erfahrungen waren immer die gleichen: Die zunächst als negativ erlebten Trauminhalte verwandeln sich in wertvolle und wohltuende Fähigkeiten, wenn der, der sie geträumt hat, in sie hineingeht und sie sich von innen her vertraut macht und sie durchlebt. Die einzige Schwierigkeit besteht darin, die Klienten dazu zu bringen, diese Grenze zu überschreiten und wirklich hineinzugehen. Solange sie noch irgendwelche negativen Gefühle erleben, ist das ein untrügliches Zeichen dafür, daß sie die Grenze noch nicht überschritten haben. Ich sage ihnen dann: „Sie sind noch nicht ganz drin. Gehen Sie ganz hinein und bleiben Sie drin, dann verschwindet das unangenehme Gefühl." Wenn sie sich dann aufrichten und strahlen, weiß ich, jetzt sind sie in Kontakt mit dieser Energie.

Wie ist das zu erklären, was spielt sich hier ab? Wenn man die Klienten fragt, ob sie diese neue Energie, die sie bei der Identifikation mit der Traumgestalt erleben, in ihrem Leben gebrauchen könnten, kommt fast immer eine Antwort wie: „Ja, das würde mir gut tun!" Das bedeutet, der Traum macht dem Träumenden ein wertvolles Angebot, doch dummerweise ist dieses Geschenk in ein häßliches Geschenkpapier verpackt, so daß der Adressat erschrocken von der Verpackung auf den Inhalt schließt und das Geschenk zurückweist.

Weshalb diese häßliche Verpackung? Das läßt sich tiefenpsychologisch erklären: Dem Kind wurde nicht erlaubt, bestimmte Seiten seiner Person zu leben. Dieses Abspalten und Entfremden von Teilen unseres Wesen geschieht unter schmerzlichen, traumatischen Erfahrungen und Lebensumständen. Die Erinnerung an diese Ängste, Schrecken, Verletzungen und Enttäuschungen kehrt wieder in den abstoßenden Verpackungen.

Was ist in den „Geschenkpaketen" der negativ erscheinenden Träume enthalten? Es sind jene meist schon in der Kindheit verlorengegangenen Fähigkeiten, die zu einer Verarmung unserer Person und unseres Lebens geführt haben. Es sind jene entfremdeten Teile von uns, die zurückkehren, von uns an- und aufgenommen werden wollen, so wie der verlorene Sohn aus dem Gleichnis (Luk. 15,11). Doch der da kommt, ist kein erfolgreicher und strahlender Held; er kehrt zerlumpt zurück, macht einen kranken und verkommenen Eindruck. Weil die Träume Wertvolles von uns und für uns enthalten, kommen sie immer wieder, quälen uns als Alpträume, und wir verstehen nicht, daß dies Heilungsangebote unseres Unbewußten sind, damit wir wieder vollständig, ganz werden.

Ich habe bereits angedeutet, daß diese Reintegrationsarbeit der Gestalttherapie auf den internen oder psychischen Aspekt der Systemischen Kurztherapie hinführt. An die Stelle der beängstigenden Traumgestalten treten in der Systemischen Kurztherapie die leidvollen Erfahrungen und Energien im Leben der Klienten. Auch sie enthalten in sich wertvolle Energien, die sich die Klienten zugänglich machen und für die Problemlösung einsetzen können. Der Vorteil ist, daß die Klienten ihr leidvolles Erleben immer „bei sich führen", während sie sich an ihre Träume oft nicht erinnern können.

Die Methodik des systemischen Vorgehens

Wir können auf eine Botschaft entweder komplementär oder similär reagieren, also ergänzend oder Ähnliches mit Ähnlichem begegnend. Komplementäre Reaktionen erzeugen in der Regel einen stabilen Zustand, similäre provozieren Veränderungen. Die eine Reaktion ist grundsätzlich nicht besser als die andere; es ist die Frage, was man erreichen möchte. Die normalen Reaktionen auf interaktionale Botschaften sind eher komplementär. Wenn z. B. ein Klient unsicher ist, wird der Therapeut Sicherheit ausstrahlen, wenn ein Klient aggressiv reagiert, wird er sich beruhigend geben. Das sind ganz natürliche Reaktionen, die dazu führen, daß sich nichts ändert.

Beim inneren Erleben ist es ähnlich. Wenn ein Klient leidet, wird er versuchen, diesem Leiden irgendwie zu entkommen oder es zu unterdrücken. Auch hier wird er in der Regel komplementär reagieren, was ganz verständlich ist, und so dafür sorgen, daß ihm das Leiden erhalten bleibt. Daß sich möglichst wenig ändert, mag in manchen Lebenssituationen ganz sinnvoll sein, doch sicher ist das nicht der Zweck von Psychotherapien, auch dann nicht, wenn viele so ablaufen, weil die Therapeuten ihren natürlichen Reaktionen folgen und auf die Erwartungen der Klienten verständnisvoll und hilfsbereit eingehen.

Nun hat schon Perls darauf hingewiesen, daß ein Therapeut, der seine Klienten zu Veränderungen und Wachstum anregen möchte, deren Erwartungen frustrieren muß. „Helfer sind Betrüger, Einmischer. Die Leute müssen durch Frustration wachsen – durch geschickt eingesetzte Frustration." (Perls, 1976, S. 80) Genau darin liegt die Stärke der Systemischen Therapie, sie wird nicht komplementär, sondern similär vorgehen. Der Therapeut wird dem unsicheren Klienten sich vorsichtig annähernd begegnen und dem aggressiven mit einer ähnlich kraftvollen, jedoch positiven Haltung.

Wie sieht das Ähnliches-mit-Ähnlichem-Heilen für die innere Haltungsänderung aus? Wenn sie leiden, glauben die Betroffenen, das Leid bestehe durch und durch aus Leid, Angst sei nichts als Angst, Schmerz sei nichts als Schmerz. Doch wir haben schon bei den Träumen gesehen, daß das Übel nur die äußere Schicht ist, innen verbergen sich wertvolle Energien. Genauso ist es mit dem Leid, außen tut die Berührung mit ihm weh, doch inwendig ist es angefüllt mit heilsamen Fähigkeiten. Und zwar sind es genau diejenigen, die der Klient braucht, um mit der leidauslösenden Situation klarzukommen. Das heißt, im Problem steckt die Lösung, im Leid die Erlösung.

Die Methodik der Systemischen Haltungsänderung besteht darin, einen Zugang zum Inneren des Leids zu finden. Dazu ist es notwendig, das gegen den Klienten gerichtete Leid in seiner Richtung zu ändern, so, daß es nicht mehr auf ihn zu, sondern von ihm weg geht, und es ihm dabei ermöglicht, in diese Energie hineinzugehen. Er muß das, was ihm selbst widerfährt, jemand anderem zufügen – jedoch im Rahmen einer positiven Aufgabenstellung. Die Regel heißt: Ähnlichem mit *positiv* Ähnlichem begegnen. Deshalb muß dieses „Leidzufügen" in seiner Phantasie einem „guten Zweck" dienen, etwa um jemanden zu schützen, zu retten oder zu fördern. Ich möchte an dieser Stelle daran erinnern, daß es bei der Systemischen Haltungsänderung um eine Energiearbeit geht und nicht um reales Verhalten. Das „Leidzufügen" verbunden mit fürsorglichen Gefühlen ist lediglich ein methodisches Konzept, soll dem Klienten helfen, in die leidvolle Energie hineinzugehen und spielt sich in seinem Inneren ab. Es handelt sich dabei also nicht um Anleitungen für konkretes zwischenmenschliches Verhalten.

Die methodische Vorgehensweise der Systemischen Haltungsänderung, man könnte auch Energieumwandlung oder -rückgewinnung sagen, besteht aus nur drei Schritten. Manchmal geht diese Arbeit ganz einfach, erster Schritt, zweiter Schritt, dritter Schritt – fertig! Dann wieder wird es schwierig, schon beim ersten Schritt, beim zweiten oder dritten, oder gleich bei zwei oder bei allen drei. Dann ist therapeutisches Können und Erfahrung erforderlich.

Wichtig ist auf jeden Fall, sich ganz genau an die methodische Vorgehensweise zu halten und jeden Schritt an dem Erleben des Klienten zu überprüfen, denn wir haben es mit einer paradoxen Methode zu tun. Der Therapeut muß die Systemische Haltungsänderung gewissermaßen im Blindflug ermitteln, da das vernünftige oder logische Denken als Orientierungshilfe ausfällt. Er muß, um im Bild zu bleiben, sich ganz auf seine Instrumente verlassen, also methodisch richtig und sorgfältig arbeiten und genau formulieren können. Die drei Schritte sind nicht schwierig, und doch kommen manche ins Trudeln; ich vermute dies geschieht dann, wenn sie den methodischen Weg und die Orientierung an den Klientenreaktionen verlassen und sich auf ihr vernünftiges Denken stützen wollen. Doch das kann ihnen bei *dieser* Arbeit nicht weiterhelfen.

Was sind nun die drei Schritte der Systemischen Haltungsänderung oder Energieumwandlung? Im *ersten Schritt* wird das subjektive Erleben des Klienten ermittelt: „Was macht das mit Ihnen?" Der *zweite Schritt* besteht darin, dieses leidvolle Erleben unter positiven Vorzeichen nach außen zu kehren und hineinzugehen. Dazu benützen wir eine hypothetische Hilfskonstruktion, nämlich die Frage: „In welcher Lebenssituation ist es o. k., das, was Ihnen widerfahren ist, einem anderen zuzufügen?" Jetzt kann sich der Klient die vormals leidvolle Energie von innen her vertraut machen. Der *dritte Schritt* besteht darin, mit dieser neu erfahrenen Energie die ursprüngliche, leidauslösende Situation zu konfrontieren.

Dazu ein Fallbeispiel: Ein Klient hatte einen gemeinsamen Urlaub mit einer Freundin geplant. Ich wußte aus Gesprächen, daß seine Freundin in den letzten Monaten sich ihm gegenüber eher distanziert verhielt, doch sagte, daß sie ihn nicht verlassen wolle. Er erhoffte sich von dem gemeinsamen Urlaub eine Neubelebung der Beziehung. Nun rief er mich aus seinem Urlaubsort an und erzählte, sie hätte einen Tag vor der Abreise zu ihm gesagt, daß sie nicht mitkäme. Er wäre jetzt allein gefahren.

Ich fragte ihn, wie er mit der Situation zurechtkäme; er antwortete, wenn er sich mit seinem Hobby beschäftige, ginge es ihm einigermaßen gut, auch bei Wanderungen auf einsamen Gebirgswegen, doch wenn er etwas unternehme, worauf er sich gefreut hätte, es mit ihr zusammen zu machen, ginge es ihm schlecht. Ich schlug ihm vor, mehr von dem zu machen, bei dem er sich wohlfühle, und weniger von dem, worunter er leide.

Dann gab ich ihm den Auftrag, genau herauszufinden, worunter er leide: „Was macht die Situation mit Ihnen?" – er kannte die systemische Arbeitsweise schon etwas. Ich bat ihn, mich am Abend zurückzurufen. Bei diesem Gespräch sagte er, es seien drei Dinge. Einmal fühle er sich isoliert. Er habe den Eindruck, daß er dieses Isolieren mit anderen, also auch seiner Freundin, und sich selbst mache. Er benützte das Sprichwort: „Wer anderen eine Grube gräbt, fällt selbst hinein." Jetzt hätte er es wieder einmal geschafft, allein zu sein. Das zweite, worunter er leide, sei, daß er sich abhängig fühle. Und das dritte, was ihn störe, sei ein merkwürdiges Frieren von innen heraus, ein Schaudern, das nichts mit Außentemperaturen zu tun habe, ein seelisches Frösteln.

Ich fragte ihn, in welcher Situation es o. k. sei, jemanden zu isolieren, abhängig zu machen und zum psychischen Frieren zu bringen. Nach kurzer Überlegung antwortete er, er denke an die Situation eines überzeugten und schuldbeladenen Faschisten im oder nach dem Dritten Reich. Zuerst müsse man ihn von seinen Gesinnungsgenossen isolieren, dann abhängig machen von einer menschlichen Einstellung, dann einen Schauder einjagen über das, was er getan hatte. Ich bat ihn, in diese Haltung zu gehen, „zu isolieren, abhängig zu machen und Schauder einzujagen", sein Unbewußtes würde die drei Dinge schon zusammenbringen. Und er solle sich mit dieser Energie vertraut machen.

Als er mir bestätigte, in dieser Haltung zu sein, ließ ich sie mir beschreiben und forderte ihn dann auf, mit dieser Haltung und Energie seine jetzige Situation zu konfrontieren – nicht darüber nachzudenken, nicht zu analysieren, sondern einfach die beiden Dinge, die Haltung und die Situation, zusammenzubringen und aufeinander wirken zu lassen. Damit fühlte er sich deutlich besser. Ich gab ihm dann den Auftrag, diese Übung jeden Tag ein paarmal zu machen; er sei da an einer vermutlich ganz wichtigen Sache dran, und darin läge für ihn eine große Chance. Er bedankte sich. Etwa 14 Tage später schrieb er mir, daß er seinen jetzt zu Ende gehenden Urlaub wirklich genossen habe.

Hier noch einmal die methodische Vorgehensweise anhand des og. Fallbeispiels:

Wir beginnen die Arbeit, indem wir in *Schritt 1* im emotional belasteten Erlebensbereich des Klienten ermitteln, was bei ihm ganz direkt und sehr subjektiv angekommen ist: Er fühlt sich isoliert, abhängig und friert innerlich.

Dann geht es darum, dieses leidvolle Erleben von innen her zugänglich zu machen, dazu sucht man als *Schritt 2* einen positiven Rahmen. In diesem Fall stellt sich der Klient einen schuldbeladenen Faschisten vor, den es zur Besinnung zu bringen gilt. Diese hypothetische Hilfskonstruktion erlaubt dem Klienten, das, was er passiv erleidet, sich aktiv zugänglich zu machen. Damit erfährt er, was in dem Leiden an positiver Energie steckt. Er macht sie sich zugänglich und gewinnt sie für sich zurück. Es waren in diesem Falle sehr kraftvolle Fähigkeiten. Dabei läßt man ihm Zeit, sich mit dieser Energie oder Haltung vertraut zu machen.

Dann kehren wir mit der neuen Energie oder Haltung zurück zur leidauslösenden Situation und konfrontieren als *Schritt 3* die leidauslösende Situation, hier das Alleinsein, mit der neu erworbenen Energie oder Haltung. Wenn es richtig gemacht wurde, wird sich der

Klient jetzt deutlich besser fühlen, wenn nicht, muß man zum Anfang zurückgehen.

Für diese telefonische „Krisen-Intervention" erschien mir die Arbeit ausreichend genau zu sein, und der Klient bestätigte auch, daß es ihm geholfen habe. Doch ich vermutete, daß man noch einen Schritt tiefer oder weiter zurückgehen könnte. Deshalb griffen wir nach seiner Rückkehr die Themen (Sich-isoliert-und-abhängig-Fühlen und Frösteln) nochmals auf.

Nun lautete bei *Schritt 1* die Frage: „Was macht das mit Ihnen, so isoliert zu sein?" Er überlegte ein bißchen, dann sagte er: „Mir kommt es so vor, daß das Leben woanders, dort, wo meine Freundin ist, stattfindet. Dort erscheint mir das Leben bunt und prall, bei mir farblos und gespenstisch, so als ob ich nur ein durchsichtiger Nebel wäre, der sich auflöst und verschwindet." Nun fragte ich: „Was macht das mit Ihnen, sich abhängig zu fühlen?" Er antwortete: „Es ist ähnlich wie vorher, meine Freundin macht in meiner Vorstellung einen starken und kräftigen Eindruck, ich dagegen erscheine grau, schwach und schattenhaft. Wieder kommt es mir so vor, daß ich mich geradezu auflösen und verschwinden könnte." Dann: „Was fröstelt, was schaudert Sie?" Nun sagte er: „Es ist, als ob ich etwas zerstört hätte, so ein Gefühl wie nach einem Unglück, ein Katastrophengefühl. Als ob ein schönes altes Bauernhaus abgebrannt und nur noch Asche übrig wäre. Etwas ist für immer verlorengegangen, und ich habe das verursacht!" Und: „Irgendwie habe ich mir viel kaputtgemacht, zunichte gemacht. So als ob von meinen Beziehungen nichts übriggeblieben sei."

Nun kamen wir zu *Schritt 2*. Ich fragte ihn: „In welcher Situation ist es o. k., jemanden farblos, schattenhaft zu machen, so daß er fast völlig verschwindet, zu nichts wird?" Er überlegte und antwortete: „Bei Leuten wie Hitler. Man hätte ihn mit seiner ganzen Ideologie verblassen lassen sollen, seine Ausstrahlung und seinen Glanz in nichts auflösen, die Hoffnungen, die er geweckt, die Überlegenheitsgefühle, die er den Leuten eingeimpft hat, sie hätten sich auflösen sollen wie Nebel." Ich bat ihn, in diese Haltung des Auflösens, des Zunichte-Machens zu gehen – doch mit einer fürsorglichen Absicht für jene Menschen, deren Leben Hitler zerstört hat. Ich fragte ihn nach einer Weile, ob er ganz in dieser Haltung und Energie des Auflösens, des Zunichte-Machens sei? Ich forderte ihn auf, sich ganz mit dieser Energie des Auflösens vertraut zu machen, erinnerte ihn nochmals an die fürsorgliche Haltung und ging dann zu *Schritt 3* über: „Bleiben Sie ganz in dieser Haltung und Energie, lassen Sie das Bild mit Hitler weg. Dann nehmen Sie Ihre Situation des Isolierens, Abhängig- und Kaputtmachens her und konfrontieren sie mit dieser Energie! Bringen Sie nur diese zwei Dinge zusammen, die Haltung und Ihre Situation, und lassen Sie die eine auf die andere einwirken!" Seine spontanen Reaktionen waren ein Gefühl des Friedens, ein versöhnliches Gefühl seiner Freundin gegenüber und ein Gefühl einer leisen Trauer. Doch das war nun ein warmes Gefühl.

Betrachten wir nochmals, wie wir Schritt für Schritt vorgegangen sind:

emotional belasteter Erlebensbereich	emotional neutraler Erlebensbereich
Schritt 1: „Was ist die direkte, unmittelbare Botschaft, die bei Ihnen ankommt?" „Ich fühle mich ignoriert!"	
	Schritt 2: „In welcher Lebenssituation ist es ausnahmsweise o. k., jemand zu ignorieren?" Klient nimmt diese neue Haltungsantwort gegenüber der hypothetischen Konstruktion ein und macht sich mit dieser Energie vertraut.
Schritt 3: Klient nimmt neue Haltungsantwort gegenüber der leidauslösenden Situation ein. Fühlt sich der Klient deutlich besser? Wenn ja, o. k., wenn nein, zurück zu Schritt 1.	

Schritt 1: Das ursprüngliche Gefühl

Wenn man den Klienten die Frage nach ihrer unmittelbaren Reaktion auf eine belastende Situation stellt, nennen sie selten das ursprüngliche Gefühl, sondern meist eine Reaktion darauf.

Dazu ein Beispiel: Eine Frau wurde von ihrem Mann mit der Ankündigung konfrontiert, er werde aus der gemeinsamen Wohnung ausziehen und übergangsweise bei einem Freund wohnen, zu dem er – wie er schließlich gestand – schon längere Zeit eine Beziehung hatte. Auf die Frage, was das mit ihr mache, antwortete sie, daß sie ihren Mann hasse. Auf die Frage, was diesem Gefühl vorausginge, antwortete sie, sie fühle sich tief enttäuscht, daß er nie über seine homosexuellen Neigungen mit ihr gesprochen und ihr immer etwas vorgemacht habe. Auf die Frage, was das mit ihr mache, daß er ihr, wie sie meine, was vorgemacht hätte, sagte sie, sie fühle sich betrogen und mißbraucht. Auf die nächste Frage, was dies mit ihr mache, antwortete sie, sie fühle sich lieblos behandelt, benützt und weggeworfen. Bei weiteren Fragen nach dem vorausgehenden Gefühl blieb sie dabei: Er habe sie wohl nie geliebt, sondern hinter der Ehe mit ihr seine wirklichen Gefühle versteckt und aus Angst vor den Konsequenzen – er hat einen Beruf, der besondere Rücksicht auf das öffentliche Ansehen notwendig macht – sie um viele Jahre ihres Lebens gebracht. Sie fühle sich von ihm benützt, mißbraucht.

Für viele Klienten ist es schwierig, zurück zum *ursprünglichen* Gefühl zu finden. Sie dazu zu bringen, rückwärts zu gehen in der Abfolge ihres Erlebens, damit hat selbst ein Könner wie Bandler einige Mühe: „Typischerweise verstehen Klienten entweder überhaupt nicht, was ich gesagt habe, oder sie sagen ‚Das kann ich einfach nicht!' Es klingt zu einfach. Mir wurde also klar, daß ich sie dazu bringen mußte, mitzumachen. Sie konnten nicht von selber rückwärts durch die Zeit gehen, weil sie nicht aufhören konnten, die bereits gewählte Richtung beizubehalten. Ich lernte also Fragen zu stellen, die sie dazu veranlaßten, rückwärts zu gehen. Oft kämpfen sie mit mir bis zum Letzten. Sie versuchen eine Frage zu beantworten, und ich bestehe darauf, daß sie noch eine andere beantworten, um sie weiter zurück zu bewegen." (Bandler, 1992, S. 76)

Eine große Hilfe dabei ist es, wenn man ihnen auf die Sprünge helfen, ein passendes Angebot machen kann. Dabei ist das Wissen um die Grundängste der Persönlichkeitstypen nützlich. In den allermeisten Fällen wurden die Klienten mit diesen Grundängsten konfrontiert, manchmal ganz kurz, manchmal intensiv. Deshalb sind die nachfolgenden Reaktionen auch so heftig. Dies ist die Erklärung dafür, daß es schwierig für sie ist, sich zu erinnern, denn je näher sie diesen Ängsten kommen, desto phobischer reagieren sie, ihr Denken wird hektisch, unklar oder setzt ganz aus. Denn hinter den Grundängsten lauern archaische Ängste, die noch bedrohlicher sind.

Welches sind nun die persönlichkeitstypischen Grund- und Urängste? (Zu den Persönlichkeitstypen vgl. Kap. 6). Der Beziehungstyp hat Angst, nicht geliebt und zurückgewiesen zu werden. Der Sachtyp befürchtet, daß man ihn nicht interessant, nicht attraktiv findet und ihn mißachtet oder vergißt. Der Handlungstyp ängstigt sich davor, von Autoritäten kritisiert, negativ beurteilt und eingeengt zu werden. Durch seine negative Selbstwahrnehmung fühlt er sich behindert und blockiert. Die dahinter lauernden archaischen Ängste sind für den Beziehungstyp, daß er sterben müsse, wenn man ihn nicht annimmt, beim Sachtyp, daß er sich auflöst, zu nichts wird, wenn man ihn nicht beachtet, und für den Handlungstyp, daß er erstarrt, wenn er keine Erlaubnisse erhält.

Die archaischen Ängste sind den Klienten meist nicht direkt zugänglich, doch sie werden häufig sprachlich ausgedrückt, etwa, wenn ein Beziehungstyp sagt: „Ich fühle mich sterbenselend"; „Manchmal wäre ich am liebsten tot"; „Ich weiß nicht, wie ich weiter leben soll." Beim Sachtyp kann man Sätze hören, wie: „Er/sie behandelt mich wie Luft"; „Ich bin denen völlig gleichgültig, als ob ich gar nicht da wäre"; „Ich komme mir völlig überflüssig vor." Ein Handlungstyp sagt Sätze wie: „Ich fühle mich eingeengt"; „Er/sie blockiert mich"; „Ich fühle mich wie gelähmt!"

Wenn die Klienten von diesen Grundängsten sprechen, weiß man – vorausgesetzt die Typologie ist bekannt –, jetzt sind sie beim ursprünglichen Gefühl angekommen. Oder man kann ihnen helfen: „Fühlen Sie sich abgelehnt?"; „Fühlen Sie sich nicht wahrgenommen, nicht verstanden?"; „Fühlen Sie sich eingeschränkt, blockiert?" Wenn sie antworten: „Ja, genau, das ist es!" und sie mit eigenen Worten dasselbe ausdrücken, kann man ziemlich sicher sein, es mit dem Originalgefühl oder -erleben zu tun zu haben. Arbeitet man mit einem Folgegefühl oder einem Gefühl, das dem ursprünglichen Erleben nur mehr oder weniger ähnlich ist, wird das Ergebnis der Arbeit entsprechend wenig überzeugend sein. Und man tut dann gut daran, vom dritten zum ersten Schritt zurückkehren und sich erneut auf die Suche nach dem ursprünglichen Gefühl zu machen.

Schritt 2: Die Verwandlung von Leid in Lösungen

Ist beim ersten Schritt das Wissen um die Grundängste der Persönlichkeitstypen hilfreich, so können beim zweiten Schritt tiefenpsychologisches Wissen und gestalttherapeutische Erfahrungen nützlich sein. Nun geht es darum, das im ersten Schritt ermittelte Leid in jene Energien zurückzuverwandeln, die notwendig sind, um das Problem zu lösen. Warum kommt es dabei zu der Stimmigkeit, daß genau jene Fähigkeiten gewonnen werden, die die Lösung braucht? Ganz einfach deshalb, weil es umgekehrt das Defizit an jenen Fähigkeiten war, das dieses spezielle Problem geschaffen und genau dieses Leiden magnetisch angezogen hatte.

Es geht jetzt also darum, mit Hilfe einer hypothetischen Konstruktion für den Leidenden in seiner Phantasie eine Situation bereitzustellen, die es ihm möglich macht und ihn motiviert, in diese ihm leidvoll erscheinende Energie hineinzugehen. Tatsächlich ist sie ja nicht „leid-voll", also voller Leiden, sondern nur der Kontakt mit ihrer Oberfläche läßt leiden. Innen ist sie heilsam. Wenn der Klient in das Leid hineingeht, wird er nicht darin untergehen und ertrinken, sondern wird davon erlöst werden. Man könnte es mit einer Schlange vergleichen, die nur in ihrem Drüsenbereich giftig ist, oder einem Messer, das nicht nur aus der Schneide besteht. Für sich selbst ist die Schlange nicht giftig, genausowenig wie das Messer sich selbst verletzt. Es kommt also darauf an, nicht das Opfer von Schlange oder Messer zu sein, sondern, was den Zugang zu dieser Energie betrifft, selbst die Schlange oder das Messer zu werden.

Genau damit beginnen die Schwierigkeiten, denn die in dem Leid steckenden Fähigkeiten sind für den Klienten in der Regel seit seiner Kindheit tabuisiert. Wären sie das nicht, könnte er über diese Fähigkeiten verfügen und seine Probleme mühelos lösen. Deshalb brauchen wir besonders motivierende Situationen, die dem Klienten erlauben, seine Tabuschwelle zu überschreiten und *energetisch* aus einer positiven Einstellung heraus jemandem das anzutun, was er selbst erleidet. Wir nennen dies eine hypothetische Hilfskonstruktion, weil es nicht darum geht, wirklich jemanden zurückzuweisen, zu ignorieren oder einzuschränken, sondern nur darum, in diese Energie hineinzukommen. Trotzdem reagieren viele Klienten erschreckt und empört: „Es ist nie, in keinem Fall in Ordnung, jemanden zurückzuweisen!" Man muß dann schon zu sehr drastischen Bildern greifen – z. B. „Ein Sittenstrolch würde Ihre zwölfjährige Tochter sexuell belästigen, wäre es für Sie dann o. k., ihn …?" –, so daß der Klient die Berechtigung und Notwendigkeit einsieht, über diese oder jene Fähigkeit verfügen zu können.

Ein Argument, das manchen überzeugt, ist: „Nachdem Sie über diese Fähigkeit verfügen, brauchen Sie davon keinen Gebrauch mehr zu machen." Ich bringe dafür oft Beispiele: Daß Lehrer, die über eine natürliche Autorität verfügen, Schüler viel weniger bestrafen müssen als schwache Lehrer, die sich nicht durchsetzen können; daß Menschen, die im Leben große Leistungen vollbringen, häufig bescheiden sind in ihrem Auftreten.

Manchmal mache ich Klienten auch darauf aufmerksam, daß sie die von ihnen verabscheute Fähigkeit durchaus praktizieren, nicht bewußt, doch unabsichtlich. Daß die so lieben Menschen, die nicht nein sagen können, mehr Leute enttäuschen (müssen) als jene, die frühzeitig ihre Grenzen deutlich machen. Oder daß jene gutmütigen Menschen, die so vorsichtig und rücksichtsvoll sind, mehr Leute ärgern (müssen) als die, die geradeheraus sagen, was sie wollen und was nicht. Oder daß jene so fürsorglichen Menschen, die sich um jede Kleinigkeit kümmern, mehr Unbehagen verbreiten (müssen) als jene, die einen einfach machen lassen.

Wenn ein Klient sich sperrt, sich auf eine ihm negativ erscheinende Fähigkeit und Energie einzulassen, bestätige ich ihm, daß gerade das ein sehr gutes Zeichen dafür ist, daß wir den richtigen Ansatzpunkt gefunden haben. Ich beginne dann mit meiner Motivationsarbeit. Dabei muß man allerdings darauf achten, von der eigenen Körpersprache und Energie her etwas hinter dem Klienten zu bleiben, sonst sperrt er sich noch mehr.

Für manche Klienten gibt es eine weitere Schwierigkeit: Sie verstehen nicht, was damit gemeint ist, wenn man ihnen sagt: „Gehen Sie in diese Haltung. Machen Sie sich mit dieser Energie vertraut." Interaktion ist für sie vor allem verbale und vielleicht gerade noch nonverbale, also körpersprachliche Kommunikation. Daß wir auch und besonders wirksam auf der Energieebene interagieren und kommunizieren, ist ihnen neu. Man kann ihnen *Haltung* und *Energie* deutlich machen, wenn man sie nachvollziehen läßt, wie sich das anfühlt, wenn bspw. ein Kind mit einer Katze spielt oder ein Erwachsener konzentriert arbeitet. Verdeutlichen läßt sich dies auch am Beispiel der Schauspieler, die, um glaubwürdig zu sein, in die Haltungen und Energien der verschiedenen Rollen und Situationen gehen müssen – auch wenn sie nur so tun, als ob sie jemanden beschimpfen, leidenschaftlich lieben oder ignorieren würden. Haltungsänderungen, die den Klienten besonders schwierig erscheinen, haben häufig eine besonders gute Wirkung.

Dazu ein Beispiel: Eine Angestellte in einem Krankenhaus, vom Typ her ein zartes, fast elfenhaftes Wesen, doch gleichwohl stolz und selbstbewußt, litt unter ihrem Vorgesetzten, einem Workaholic. Er war ein Chefarzt der alten Sorte, der seine Mitarbeiter von oben herab behandelte und in seiner Umgebung Hektik und Angst verbreitete. Besonders ärgerte sie sich, wenn er ihr kurz vor Feierabend ein Bündel Papiere auf den Schreibtisch warf mit der Bemerkung: „Das muß heute noch fertig werden!"

Bei *Schritt 1*, „Was macht das mit Ihnen?", war es vor allem das Gefühl, seiner Willkür hilflos ausgeliefert zu sein. Dazu litt sie unter seiner aggressiven, kühlen und zynischen Art. Sie erlebte das als unmenschlich und extrem lieblos. Da beides, sowohl die Hilflosigkeit als auch die Lieblosigkeit, mit den Grundängsten ihrer Charakterstruktur übereinstimmten – sie ist ein sehr kontrollierter Beziehungstyp –, konnten wir davon ausgehen, daß wir das ursprüngliche Erleben ermittelt hatten. Dann ging es in *Schritt 2* um die Frage: „In welcher Situation ist es o. k., jemanden kühl und aggressiv unter Druck zu setzen, so daß er sich hilflos fühlt?" Sich solch eine Situation auszudenken und in diese Haltung zu gehen, war für sie fast unvorstellbar und kaum zu akzeptieren. Auch wenn sie es vom Kopf her einsah, sträubte sich doch ihr ganzes Wesen dagegen. Dabei konnte sie selbst gelegentlich recht kühl und schroff sein und durchaus ihre Anliegen durchsetzen.

Ich schlug ihr vor, an eine Wettkampfsituation im Sport zu denken. Doch wahrscheinlich war das für sie eine völlig fremde Welt. Vermutlich fand ich nicht die passende hypothetische Hilfskonstruktion für sie, die sie wirklich motiviert hätte, in diese Energie und diese Haltung zu gehen. Vielleicht war es auch deshalb schwierig, weil sie selber nur schwer die Kontrolle abgeben und sich auf etwas Fremdes und Unbekanntes einlassen kann. Was wir schließlich erreichten, war eine etwa dreißigprozentige Identifikation mit dieser Energie, jemanden hilflos zu machen. Das gab ihr dennoch eine gewisse Erleichterung, als wir dann in *Schritt 3* die Situation mit ihrem Chef mit dieser Haltung und Energie konfrontierten.

Noch etwas zu der hypothetischen Hilfskonstruktion: Sie sollte so konstruiert sein, daß die „negative" Energie, die man benützt, dabei als positive Nebenwirkung jemanden, der einem am Herzen liegt, beschützt oder unterstützt. Diese Person, die man sich dabei vorstellt, sollte nichts mit der Problemsituation zu tun haben. Um den Abstand zur leidauslösenden Situation deutlich zu machen, könnte die zu beschützende Person in der hypothetischen Konstruktion ein anderes Geschlecht haben oder einer anderen Generation angehören. Hat der Klient etwa Probleme mit seinem Partner, könnte er hier ein kleines Kind als Objekt der eigenen Fürsorge wählen, oder hat er Ärger mit seinem Kind, könnte er bei der hypothetischen Hilfskonstruktion etwas für ältere Menschen tun.

Schritt 1 und 2 bereiten darauf vor, die leidauslösende Situation mit der im Leiden steckenden Energie zu konfrontieren. Das ist das *Ähnliches mit Ähnlichem heilen*. Das *Positive* dabei ist die schützende und fürsorgliche Haltung, die eingenommen wird. In eskalierenden Situationen muß nicht das *Ähnliche*, sondern das *Positive* im Vordergrund stehen.

Dazu ein Beispiel: Eine Mutter wurde von ihrem achtzehnjährigen Stiefsohn nicht respektiert. Sie empfand ganz ähnliche Gefühle ihm gegenüber. In diesem Fall führte die Frage: „In welcher Situation ist es o. k., jemand nicht zu respektieren?" nicht weiter, weil sie die Energien des Nichtrespektierens sowieso schon ihm gegenüber erlebte. Also überlegten wir: Was ist dem Nichtrespektieren *positiv* ähnlich? Wir fanden Situationen, in denen man auf liebe- oder humorvolle Weise das Verhalten eines anderen nicht ernst nimmt. So hatte ihr ein Freund das Kompliment gemacht, sie habe wunderschöne braune Augen. Tatsächlich sind sie blau. Sie ging also in die Haltung, dieses Kompliment auf eine humorvolle Weise nicht wörtlich zu nehmen, und konfrontierte dann mit dieser Haltung die Erinnerung an ihren Stiefsohn. Dann stellte sie sich ein Schild „Baden verboten" am Baggersee vor, um das sich kein Mensch kümmert, ging wieder in die Haltung des genüßlichen Nichtrespektierens und konfrontierte anschließend damit Erinnerungen an das Verhalten ihres Stiefsohns. Eine weitere Variante des positiven Nichtrespektierens wäre, jemanden liebevoll zu necken. In diesem Fall ist es also keine negativ erscheinende Fähigkeit, die tabuisiert und deshalb nicht verfügbar ist, sondern eine positiv erscheinende, die zurückgewonnen werden muß.

Schritt 3: Die Konfrontation des Problems mit der Lösungsenergie

Im dritten Schritt kommt das systemische Konzept „Ähnliches mit Ähnlichem – positiv!" zum Zuge, denn das Problem wird mit der verwandten Lösungsenergie konfrontiert. Und es wird paradox, denn hier gilt ein Denkverbot. Das ist nicht gegen das Denken im allgemeinen gerichtet, sondern gilt nur für diese Situation des Konfrontierens. Denken wäre hier störend, etwa so, wie wenn sich jemand bei einem Kammerkonzert laut unterhalten würde. Das ist für Klienten ungewohnt, deshalb brauchen sie hier eine spezielle Unterstützung, etwa wie bei einer Trance oder der hypothetischen Lösung in der Lösungsorientierten Therapie.

Diese verbale Unterstützung könnte so lauten: „Sie haben sich nun mit der neuen Haltung und Energie vertraut gemacht. Bleiben Sie in dieser Haltung und lassen die Situation ... (die hypothetische Hilfskonstruktion) weg. – Sie sind jetzt ganz konzentriert in der neuen Haltung, bleiben in ihr – und holen jetzt ... (die problematische Situation) her. Nun konfrontieren Sie die ursprüngliche, leidauslösende Situation mit der neuen Haltung. Denken Sie jetzt nicht darüber nach, suchen Sie jetzt keine Lösung, sondern lassen nur die neue Haltung einwirken auf ... (die leidauslösende Situation). Wenn Sie ... (die leidauslösende Situation) mit dieser Haltung und Energie konfrontieren, wie geht es Ihnen jetzt?"

Wenn die Arbeit gelungen ist, haben die Klienten das Gefühl, mit dem Problem klarzukommen. Dabei kann sich das Problem verändern, es relativiert sich, verliert an Bedeutung, rückt weiter weg, oder die Klienten spüren bei sich eine Veränderung, fühlen sich besser, stärker, souverän. Sie fühlen sich der Situation, unter der sie vorher gelitten haben, nun gewachsen. Wenn es ihnen nur ein bißchen besser geht, sollte man zurückgehen zu *Schritt 1* und nachsehen, ob da nicht noch andere Gefühle sind, unter denen sie leiden. Es ist nicht ungewöhnlich, daß man diese drei Schritte mehrmals durchgehen muß, bis das Ergebnis befriedigend ist.

Eine Klientin, von der Persönlichkeitsstruktur ein Handlungstyp, hatte sich angewöhnt, wenn ihr die Probleme über den Kopf wuchsen, zur Flasche zu greifen. Als ursprüngliches Gefühl erlebte sie, daß sie sich wie gelähmt fühlte. Es ging also darum, Situationen zu finden, in denen es o. k. ist, jemanden in einen Zustand der „Lähmung" zu versetzen. Wir fanden fünf verschiedene Situationen: Ihr kleiner Sohn hätte Gehirnerschütterung und müßte ganz ruhig liegen, jemand wird in Narkose versetzt, ein Sexualtäter wird von seiner Tat abgehalten, ein Wanderer von einer gefährlichen Bergtour, ein Drogenabhängiger von weiterem Drogenkonsum abgebracht – alles das machte sie in ihrer Vorstellung nur mit der „Zauberkraft" ihrer Energie. Als sie mit diesen Energien dann die Streßsituationen konfrontierte, waren die Erfahrungen jedesmal gut und meist eine Spur anders. Seither führe ich die Haltungsänderung, also Schritt 2 und 3, mit mehreren hypothetischen Hilfskonstruktionen durch. Damit dürfte das Ergebnis stabiler sein und die Chance größer, die entfremdete Energie ganz zurückzugewinnen.

Zu Hause hat sie diese Übungen wiederholt und konnte dadurch ihr Problem zufriedenstellend lösen. Sie machte bei den folgenden Sitzungen einen äußerst kraftvollen Eindruck und berichtete von positiven Erfahrungen in ihrem Leben, die gar nicht Thema der Therapie waren. Das veranlaßte mich dazu, diese Übung der Systemischen Haltungsänderung anderen Klienten als Hausaufgabe zu geben. Diese neue Haltung kann nun einfach trainiert werden, sie kann geankert oder mit einem Swish stabilisiert werden. Der Swish ist immer dann empfehlenswert, wenn eine Abhängigkeit vorliegt und rasche Reaktionen erforderlich sind. Auch im Trainieren liegt ein eigener Wert, es ist ein flexibles und organisches Lernen.

Musterunterbrechungen

Musterunterbrechungen gehören zu den klassischen paradoxen Interventionen. Erickson hat damit oft und gerne gearbeitet, sei es als Mittel, um Klienten rasch in Hypnose oder Trance zu versetzen oder um eine Verhaltensänderung einzuleiten. Unter Musterunterbrechungen versteht man, jemanden aus seinem gewohnten Denken und Verhalten herauszuwerfen, indem man ihn mit etwas völlig Unerwartetem konfrontiert. Dieses „verblüffend andere" muß so sein, daß es nicht als Strafe oder Ironie verstanden werden kann. De Shazer forderte seine Klienten auf, etwas zu tun, was sie normalerweise nie tun würden: „egal wie seltsam oder verrückt oder abartig es auch sein mag, was Sie tun. Was immer Sie sich auch ausdenken – wichtig ist allein, daß es ‚etwas anders' ist." (De Shazer, 1989, S. 167)

Man meint landläufig, die menschliche Wirklichkeit sei einfach *so* vorhanden. Die Musterunterbrechung löst dann nur Verblüffung aus. Doch wenn man davon ausgeht, daß das, was wir als Wirklichkeit erleben, von unserem Gehirn produziert wird, meist so perfekt, daß wir gar nicht merken, daß die erlebte Wirklichkeit das Produkt eines Wahrnehmungs- und Verarbeitungsprozesses ist, läßt sich die Wirkung einer Musterunterbrechung noch anders erklären. Weil unsere Wirklichkeit nicht so real und verläßlich, sondern abhängig vom Funktionieren dieses Herstellungsprozesses ist, können unvorhergesehene Erfahrungen tief verunsichernd wirken.

Auch wenn sich unser Bewußtsein täuscht und ganz naiv annimmt, die Wirklichkeit sei ohne unser Zutun da, verläßlich und solide, so weiß doch ein anderer Teil von uns, daß wir sie produzieren und darauf angewiesen sind, daß diese Prozesse vorhersehbar und berechenbar sind.

Musterunterbrechungen machen sich das zunutze. Plötzlich passiert etwas ganz anderes, als das, was erwartet wurde. Das kann tief verunsichern, so, als ob ein Schlafwandler, der nachts über ein Dach geht, plötzlich aufwachen würde. In seinem Schreck wird er nach allem greifen, was ihn vor dem Abstürzen retten könnte. Ähnlich muß man sich die Wirkung von Musterunterbrechungen vorstellen, bei denen mit einer einzigen „Intervention" häufig entscheidende Veränderungen bewirkt werden.

Wieder zeigt es sich, um einfach, um an der Oberfläche arbeiten zu können, muß man ein tieferes Verständnis von der menschlichen Wirklichkeit haben. Therapeutisch gesehen, wird es dabei nicht genügen, jemand aus seinem gewohnten Schema zu bringen, ihn ins kalte Wasser zu stoßen, sondern ihm gleichzeitig eine passende Lösung anzubieten. Ich möchte zunächst drei Beispiele von Musterunterbrechungen auszugsweise wiedergeben, um dann daraus die methodische Vorgehensweise abzuleiten.

Ein achtjähriges Mädchen litt darunter, daß sie von den anderen Kindern wegen ihrer Sommersprossen gehänselt und „Sommersprosse" gerufen wurde. Sie haßte alle, mit denen sie zu tun hatte, auch sich selbst. Als ihre Mutter sie zu Erickson brachte, war sie nicht bereit, aus dem Auto zu steigen, weil sie auch Erickson „haßte". Erickson wies die Mutter an, das Mädchen notfalls mit Gewalt in seine Praxis zu bringen und dann wegzugehen. Das Mädchen kam mit geballten Fäusten herein. Sofort beschuldigte Erickson sie, eine Diebin zu sein. Sie wehrte sich, doch er sagte, er habe Beweise. Er hielt ihr vor, sie sei auf den Küchentisch gestiegen, um Zimtplätzchen aus einem Glas zu stibitzen – von der Mutter wußte er, daß sie dafür eine Vorliebe hatte –, dabei habe sie etwas Zimt ins Gesicht bekommen, und er nannte sie „Zimtgesicht". Als sie seine „Beweisführung" durchschaute, lachte sie erleichtert. Dann unterhielten sie sich freundschaftlich, und später schrieben sie sich Briefe. Einmal schickte sie ihm eine Zeichnung eines lachenden Mädchens mit Sommersprossen und schrieb darunter „Zimtgesicht". (Nach O'Hanlon, 1994, Fall 299)

Ein Vater zerrte seine Tochter buchstäblich im Polizeigriff in Bandlers Praxis, schubste sie in den Sessel und knurrte: „Setz' dich!"

„Stimmt irgend etwas nicht?" fragte Bandler.

„Dieses Mädchen ist eine kleine *Hure*!"

„Ich brauche keine Hure; warum haben Sie sie hergebracht?"

„Nein, nein! So habe ich das nicht gemeint."

„Wer ist dieses Mädchen?"

„Meine Tochter."

„Sie haben aus Ihrer Tochter eine *Hure* gemacht?!!!"

„Nein, nein! Sie verstehen mich falsch!"

„Und dann haben Sie sie hier zu mir gebracht! Wie widerlich!"

„Nein, nein, nein! Sie verstehen alles falsch."

„Nun, dann erklären Sie mir das mal."

„Ich befürchte einfach, daß ihr allerlei schreckliche Dinge passieren werden."

„Nun, wenn Sie ihr dieses Gewerbe beibringen, ist das auch gerechtfertigt!"

„Nein, nein, sehen Sie, das ist so –"

„Nun, was wollen Sie denn von mir? Was möchten Sie denn?"

Der Vater fängt nun an, zu erzählen, daß er nur das Beste für seine Tochter wolle, doch Bandler unterbricht ihn wieder und sagt ihm, was er ihr beibringe, sei, daß Männer Frauen mit Gewalt kontrollieren und sie zwingen würden, Dinge gegen ihren Willen zu tun. So würden das Zuhälter machen. Dann der Vater wieder:

„Nein, das tue ich doch gar nicht. Sie hat mit ihrem Freund geschlafen."

„Hat sie Geld von ihm verlangt?"

„Nein."

„Liebt sie ihn?"

„Dafür ist sie zu jung."

„Hat sie Sie nicht geliebt, als sie noch ein kleines Mädchen war?"

Im weiteren Gespräch macht Bandler dem Vater klar, daß er seine Tochter nicht davor bewahren könne, möglicherweise schlechte Erfahrungen zu machen und zu leiden, daß er aber dann für sie da sein könne. Das sei besser, als ihr beizubringen, daß Männer zu Frauen brutal seien und sie damit aus dem Hause zu jagen. (Nach Bandler, 1992, S. 79 f.)

Ein sechzehnjähriger Sohn log, daß sich die Balken bogen. Nichts konnte ihn davon abbringen, kein vernünftiges Zureden, keine Strafen, keine Aussicht auf Belohnungen. De Shazer fiel auf, daß die Familie Sinn für Humor hatte. Er machte die Eltern mit dem Konzept der Musterunterbrechung vertraut. Als der Junge weiterhin log, beschloß der Vater, das nächste Mal etwas ganz anderes zu tun. Er wollte einen Nachbarn um etwas Kuhmist bitten und seinem Sohn bei der nächsten Lüge ins Gesicht schmieren. Die Mutter war von dieser Idee weniger begeistert, also kaufte der Vater in einem Kuriositätenladen eine Sprühdose mit der Aufschrift „Anti-Scheiß". Als der Junge das nächste Mal log, nahm der Vater die griffbereite Sprühdose, ging um ihn herum und sprühte ihn dabei ein. Nach dem ersten Moment der Verblüffung lachten sie alle. (Nach De Shazer, 1989, S. 72 f.)

In allen drei Beispielen sind die Interventionen verblüffend anders, als sie die Klienten erwarten. Daß die Achtjährige sofort als Diebin angeklagt, der Vater als Zuhälter identifiziert und der Junge eingesprüht würde, damit hatte keiner von ihnen im Traum gerechnet. Auch im Sinne von *Tit For Tat* lassen sich Ähnlichkeiten entdecken: Das Mädchen verhält sich aggressiv und begegnet einer Aggression; der Vater verhält sich abwertend und wird abgewertet; der Junge lügt dumm und wird mit Blödsinn konfrontiert. Und überall gibt es ein Lösungsangebot: Bei dem Mädchen ist es eine Umdeutung, aus den negativ bewerteten Sommersprossen werden positiv bewertete Zimtflecken; der Vater bekommt das Angebot, die tyrannische gegen eine liebevolle Rolle zu tauschen; der Junge die Möglichkeit, die unerfreuliche Geschichte des Lügens mit einem herzhaften Lachen zu beenden.

Bandler weist darauf hin, daß Klienten in solchen Situationen keine Wahl haben. Er kommentiert seine erste Intervention „Ich brauche keine Hure; warum haben Sie sie hergebracht?" mit: „Wenn das keine Unterbrechung ist! Diese ersten Sätze sind mir die liebsten; mit so einem Satz können Sie jemand wirklich das Gehirn zum Kochen bringen. Wenn Sie ihm danach noch eine Frage stellen, wird er nie mehr so sein können, wie er war."

Und zu einer etwas späteren Situation mit dem Vater: „Sein Problem besteht darin, daß ihm zu diesem Zeitpunkt kein anderes Verhalten zur Verfügung steht. Das, was er bisher zu tun pflegte, wird unterbrochen und gestoppt. Er verfügt jedoch über keinen Ersatz für das unterbrochene Verhalten. Ich muß ihm etwas zu tun geben, was er als neues Verhalten übernehmen kann, ihm zum Beispiel die beste Art beibringen, wie ein Mann mit einer Frau umgehen kann." (Bandler, s. o.)

Die Therapie hätte vermutlich in keinem der Fallbeispiele funktioniert, wenn man den Klienten ihren Standpunkt gelassen und nur dagegen argumentiert hätte. Dann hätten sie sich vielleicht unbehaglich, aber sicher gefühlt. Man muß sie ganz und gar aus ihrem Konzept und damit in einen extrem unsicheren Zustand bringen. Dann greifen sie nach der angebotenen Lösung. Solche Beispiele zeigen wieder, daß das therapeutisch relevante Geschehen nicht auf der inhaltlichen, sondern der Organisationsebene unseres Erlebens stattfindet, und daß therapeutisch wirksame Arbeit nur geleistet werden kann, wenn man sich auf dieser Ebene auskennt und sie ständig ihm Auge behält.

Pacing als therapeutische Grundhaltung

Was ist das, Pacing oder Pacen? Pacen wird bei Robbins als die Fähigkeit beschrieben, mit einem anderen Menschen über einen bestimmten Zeitraum hinweg Rapport herzustellen und beizubehalten. „Unter Rapport versteht man die Fähigkeit, die Welt eines anderen zu betreten, ihm das Gefühl zu geben, daß er verstanden wird und eine Verbindung zwischen ihnen besteht [...] Es ist die Essenz erfolgreicher Kommunikation [...] Wie stellen wir Rapport her? Indem wir Gemeinsamkeiten schaffen und entdecken." (Robbins, 1992, S. 283 f.)

In der Kurztherapie konzentriert sich das Pacen auf das verbale, körpersprachliche und energetische „Spiegeln" oder „Begleiten". „Wenn eine KlientIn mit tiefer Stimme spricht, die den Eindruck vermittelt, sie sei entmutigt oder deprimiert, sprechen wir auch so. Wenn eine KlientIn mit gehobener Stimme, die ‚beschwingt' klingt, spricht, so tun wir das auch. Wenn eine KlientIn dahin tendiert, intellektuell zu sprechen, tun wir das gleiche. Wenn eine KlientIn eine Sprache benutzt, die mit Handlungsbegriffen angereichert ist, sprechen wir auch so." (Walter/Peller, 1994, S. 237)

Pacen realisiert am direktesten die systemische Grundregel: Ähnlichem mit Ähnlichem positiv begegnen, denn es spiegelt in der Kommunikation die Ausdrucks- und damit auch die Wesenart des anderen. Damit wird es – richtig eingesetzt – zu einem der wirksamsten Elemente der modernen Psychotherapie. Daß ihm in seiner Art begegnet wird, gibt dem Klienten Sicherheit. Das darin liegende Anerkennen erlaubt ihm weiterzugehen. Dadurch, daß die Position seines Ausgangs- oder Persönlichkeitsbereiches energetisch besetzt wird, geht er mit seiner Energie in die freigehaltene Position seiner Schlüsselfähigkeiten. Allerdings zeigt sich in der Praxis, daß diese doch sehr einfach erscheinende Methode gar nicht so leicht zu praktizieren ist, denn, wie häufig bei den systemischen Ansätzen, es muß dabei einem natürlichen Bedürfnis und Reaktionsschema gegengesteuert werden, z. B. einen passiven Klienten aktivieren oder einen depressiven aufmuntern zu wollen.

Pacing hat also mehrere Funktionen: Es stellt den Rapport her; es drückt körpersprachlich Anerkennung aus für die Wesensart des anderen und gibt dadurch dem Klienten ein Gefühl von Sicherheit; es gibt Energiezufuhr für den Persönlichkeitsbereich des Klienten, was ihn stabilisiert und zugleich zu Veränderungen anregt. Als Therapeut kann ich mich besser in den Klienten einfühlen, ich bekomme ein

Gespür für seine Art, wie er mit sich und der Welt umgeht. Doch vor allem ist es eine systemische Intervention. Indem der Therapeut den Persönlichkeitsbereich des Klienten paced, bleibt er hinter ihm. Es entsteht für den Klienten ein starker Impuls, in seine Schlüsselfähigkeiten zu gehen. Das ist besonders wichtig, wenn Therapeut und Klient vom gleichen Persönlichkeitstyp sind. Denn dann wird der Therapeut, wenn er sich nicht bewußt zurückhält, automatisch den Klienten überholen, sich auf dessen Kosten die Lösungskompetenz aneignen und es dem Klienten unnötig schwermachen, seine Probleme zu lösen.

Damit Klienten trotz der vorausgegangenen Entmutigungen – sie haben ja schon alles mögliche versucht, und es hat nicht geholfen – bereit sind, sich zu verändern, brauchen sie genügend Sicherheit. Nonverbal, auf der Energieebene, wird das durch Pacen erreicht, verbal durch Anerkennung, etwa beim Beziehungstyp, daß er liebenswert, beim Sachtyp, daß er klug, und beim Handlungstyp, daß er tüchtig sei. Das Anerkennen und das Pacen sollten sich auf den Persönlichkeitsbereich konzentrieren. Dabei ist Pacen, um es nochmals zu unterstreichen, das körpersprachliche und energetische Äquivalent zur verbalen Anerkennung.

Wie macht man Pacen? Zum Pacen gibt es zwei Zugänge, einen von außen und einen von innen. Der Zugang von außen ist der traditionelle. Man paced, indem man das Gegenüber beobachtet und nachahmt: Man nimmt eine ähnliche Körperhaltung ein, macht die Mimik und die Art des Sprechens nach, sehr diskret die Gesten und Bewegungen des Körpers, und spricht beispielsweise, wenn man jemanden bei der hypothetischen Lösung begleitet oder bei Trance-Induktionen, im Rhythmus seines Ausatmens. Wichtig dabei ist, daß man dieses „Pacen durch Nachahmen" diskret macht, etwa indem, wenn jemand wild gestikuliert, sich auch lebhaft gibt, diese auffallenden Bewegungen jedoch nur mit einer Bewegung der Hand und des Fingers aufnimmt.

Noch eleganter und wohl auch wirksamer ist der Zugang von innen, von einer ähnlichen energetischen Schwingung her. Hier ist die Fragestellung: „Was strahlt der andere aus? Was für eine Art Energie erfüllt ihn? Ist es eine lebendige, bewegliche oder eine anschwellende und abflauende oder kräftige und gleichmäßige Energie?" Für diesen Zugang von innen ist psychographisches Wissen nützlich (vgl. Kap. 6). Als Therapeut geht man dann in das Ich, das dem Persönlichkeitsbereich des Klienten entspricht, also beim Beziehungstyp ins Beziehungs-Ich, beim Sachtyp ins Erkenntnis-Ich, beim Handlungstyp ins Handlungs-Ich. Damit erreicht man zweierlei, man schwingt von innen her mit und braucht den anderen nicht peinlich genau nachzuahmen. Und man bleibt, was systemisch sehr wichtig ist, *hinter* dem Klienten, stabilisiert seinen Persönlichkeitsbereich und besetzt nicht seinen Entwicklungsbereich, sondern hält für ihn den Weg dorthin frei.

Pacen wird von allen Vertretern der modernen Kurztherapie geschätzt, egal ob sie eher systemisch, lösungsorientiert oder neurolinguistisch arbeiten. Doch Pacen ist mehr, als nur einen guten Rapport herstellen. Aus psychographischer Sicht wird es zu einem wirksamen Instrument in der Systemischen Kurztherapie dann, wenn man es im Sinne von *dahinter bleiben* im Positiven und *überholen* im Negativen einsetzt. Das setzt Wissen und Übung voraus, denn unsere natürlichen Reaktionen sind komplementär: Wir wollen andere im Positiven mitreißen und laufen dabei voraus, und wir wollen sie im Negativen bremsen und bleiben dabei hinter ihnen. Doch in der Systemischen Therapie verhält man sich gegenläufig, man bleibt hinter ihnen beim Positiven und überholt sie im Negativen. Dadurch entsteht für den Klienten ein starker Impuls in die freigehaltene Position zu gehen.

Dahinter bleiben oder überholen

Ehe man mit den Klienten Strategien entwickelt im Sinne von *dahinter bleiben* oder *Tit For Tat*, die die Klienten andern gegenüber anwenden, sollte man dafür sorgen, daß die Klienten emotional gut mit der Situation klarkommen. Solange sie eine Wut im Bauch haben, können sie schlecht Gelassenheit demonstrieren, oder wenn sie voller Angst sind, selbstbewußt auftreten. Damit die Klienten mit sich selbst ins reine kommen, ist häufig eine Systemische Haltungsänderung hilfreich. Obwohl Walter und Peller von De Shazer paradoxe Interventionen übernommen haben und sie in ihren Therapien erfolgreich einsetzen, lehnen sie für sich das „strategische" bzw. „paradoxe" Verstehen ab: „Derartige Gespräche mit Klienten wirken vielleicht paradox, weil sie zunächst dem gesunden Menschenverstand widersprechen. Unsere Absicht besteht aber nicht darin, paradox oder strategisch zu sein." (Walter/Peller, 1994, S. 251)

Vermutlich haben sie dabei die paradoxen Interventionen aus der Systemischen Familientherapie vor Augen, die oft recht willkürlich waren, denn die Therapeuten wußten damals noch zu wenig über die Funktionsweise der *systemischen Kausalität*. Dazu kommt, daß sie aus ihrem lösungsorientierten Denken heraus stärker auf das setzen, was der Klient selbst zur Lösung seiner Probleme beitragen kann. In ihrer Rolle als Therapeut dem Klienten gegenüber setzen sie – wie ihre Fallbeispiele zeigen – das Dahinter-Bleiben und Überholen gekonnt ein und erzielen damit sehr gute Reaktionen beim Klienten.

Der entscheidende Schritt in Beratung und Therapie ist, die Klienten darin zu unterstützen, daß diese ihre Schlüsselfähigkeiten gebrauchen. In der Regel haben sie sich damit in Schwierigkeiten gebracht, daß sie ihre Schlüsselfähigkeiten zu wenig genützt haben. Indem sie sie wieder mehr benützen, realisieren sie fast automatisch Lösungen. Für den Beziehungstyp sind das die Qualitäten des Erkenntnis-Ichs, für den Sachtyp die Qualitäten des Handlungs-Ichs, für den Handlungstyp die Qualitäten des Beziehungs-Ichs. Nach dem systemischen Verständnis darf der Therapeut nicht selbst die Position der Schlüsselfähigkeiten des Klienten besetzen, also für den Beziehungstyp denken, für den Sachtyp wollen oder an Stelle des Handlungstyps fühlen, obwohl es ihm immer wieder sehr danach sein wird. Statt dessen muß er darauf achten, diese für den Klienten so wichtigen Positionen freizuhalten, indem er jeweils bewußt sein eigenes Denken oder Wollen oder Fühlen zurücknimmt.

Wie kann das in der Beratung und Therapie realisiert werden? Einmal dadurch, daß der Therapeut konsequent den Persönlichkeitsbereich des Klienten paced und dabei im entsprechenden eigenen Ich bleibt. Er wird dem Beziehungstyp mit seinem eigenen Beziehungs-Ich, also lebendig und gefühlsmäßig, dem Sachtyp mit dem eigenen Erkenntnis-Ich, also nachdenklich und sachlich, und dem Handlungstyp mit dem eigenen Handlungs-Ich, also kraftvoll und in einer aktiven Haltung, begegnen. Dadurch wird der Weg des Klienten in dessen Schlüsselfähigkeiten freigehalten und von diesem leeren Ort kann dann so etwas wie eine Sogwirkung auf den Klienten ausgehen. Das ist nicht einfach, besonders dann, wenn man mit einem Klienten vom gleichen Persönlichkeitstyp arbeitet. Durch die charakterlichen Übereinstimmungen entsteht ein natürliches Pacen, das auch den Therapeuten aktiviert, in seine Schlüsselfähigkeiten zu gehen. Und, da es ihm in der Regel besser geht als dem Klienten, wird er schneller dort angekommen sein und diese Position besetzen. Es ist dann wie in dem Märchen vom Hasen und vom Igel: Der Therapeut signalisiert dem Klienten: „Ich bin schon da!", und der Klient kann sich vergeblich abstrampeln, gewonnen hat der Therapeut. Das mag dessen Selbstwertgefühl erhöhen, doch es ist eine schlechte Therapie.

Nun könnte man meinen, es sei gut, wenn beide in ihre Schlüsselfähigkeiten gingen und sich dort gemeinsam wohlfühlten. Doch so funktioniert unsere Wirklichkeit nicht. Wenn der Therapeut die Position der Schlüsselfähigkeiten des Klienten besetzt, hat dieser nur zwei Möglichkeiten: Entweder er bleibt in seinen Ausgangsfähigkeiten und kann dann den Therapeuten bewundern oder beneiden, oder er kämpft mit ihm um diese für ihn wertvolle Position. Dafür hat er allerdings nicht allzugute Karten.

Das Dahinter-Bleiben des Therapeuten wird unterstützt durch die lösungsorientierte Grundhaltung: „Ich bin neugierig, wie der Klient seine Probleme löst bzw. seine Lösungen realisiert!" Diese Haltung ist wertvoll für den Klienten und entlastend für den Therapeuten. Man kann sie noch persönlichkeitstypisch spezifizieren. Ist der Klient Beziehungstyp: „Ich bin neugierig, wie er von den Qualitäten seines Erkenntnis-Ichs Gebrauch macht und damit seine Lösungen realisiert." Ist der Klient Sachtyp: „Ich bin neugierig, wie er von den Qualitäten seines Handlungs-Ichs Gebrauch macht und damit seine Lösungen realisiert." Und ist der Klient Handlungstyp: „Ich bin neugierig, wie er von den Qualitäten seines Beziehungs-Ichs Gebrauch macht und damit seine Lösungen realisiert."

Bei Walter und Peller finden sich in den Fallbeispielen immer wieder Interventionen, die zeigen, wie sie immer dann hinter den Klienten bleiben, wenn diese sich unschlüssig, enttäuscht oder mutlos zeigen. Dazu auszugsweise zwei Beispiele:

Therapeutin: „Was ist anders oder besser?"

Klient: „Tja, alles ist beim alten."

Therapeutin: „Also, es scheint, als sei alles beim alten. Gibt es Zeiten, wo Sie sogar Schlimmeres erwartet hätten, es aber nicht so war?"

Klient: „Tja, eigentlich ja. Wir hätten einen Streit wegen meiner Mutter haben können. Normalerweise ist es so, wenn ..."

Und das zweite Beispiel:

Therapeutin: „Was ist anders oder besser?"

Klient: „Unsere Beziehung ist viel schlechter geworden. Wir haben die ganze Woche miteinander gestritten, und wir haben in den letzten drei Tagen nicht miteinander gesprochen."

Therapeutin: „Oh je, das muß ziemlich hart gewesen sein. Es wäre meiner Meinung nach nicht ungewöhnlich, wenn Sie sich nach einer solchen Woche mutlos und hoffnungslos fühlten. Noch sind

Sie hier. Bedeutet das, daß Sie noch hoffen, die Dinge zu verbessern?"

Klient: „Ja, wir wollen uns nicht scheiden lassen, aber unsre Beziehung muß sich verändern."

(Walter/Peller, 1994, S. 175, 177)

Bei Erickson finden wir häufig Beispiele dafür, daß er Klienten im Negativen überholt. So läßt er eine orthodox-jüdische Frau, die einen liberalen jüdischen Arzt heiraten möchte, ein Schinkensandwich auf der seiner Praxis gegenüberliegenden Straßenseite kaufen. Sie meint, daß sie das unmöglich essen könne. Doch er sagt, er habe noch nie Gelegenheit gehabt, jemand beim Essen sterben zu sehen, deshalb würde er gerne zuschauen, wie sie beim Essen des Schinkensandwiches sterben würde. Als sie unter seinen abwartenden Blicken halb aufgegessen hatte, fragte er sie: „Wäre es nicht die reine Hölle, wenn Ihnen das Sandwich schmecken würde?" (In O'Hanlon, 1994, Fall 309)

Auch Farellys Provokative Therapie hat das *Überholen im Negativen* zu ihrer häufigsten Interventionsmethode gemacht. (Vgl. Farrelly/Braadsma, 1986)

Tit For Tat: das strategische Vorgehen

Es ist vor allem De Shazers Verdienst, dieses von Erickson häufig praktizierte Vorgehen für die Systemische Kurztherapie methodisch verfügbar gemacht zu haben. Ähnlich wie beim Pacen geht es darum, das Verhalten des anderen zu spiegeln, um ihn zu einer Veränderung seines Verhaltens anzuregen. Der Unterschied ist nur der, daß es jetzt um größere Verhaltenssequenzen oder -strategien geht. Während es bei der internen Systemischen Haltungsänderung um das subjektive Erleben geht, kommt es hier darauf an, objektiv zutreffend das Verhalten des anderen zu analysieren: „Was macht er tatsächlich?" und nicht „Wie kommt sein Verhalten bei mir an?"

Wieder wird dem Simile-Prinzip gefolgt, also Ähnlichem mit Ähnlichem positiv begegnen. *Positiv* meint, daß man destruktives Verhalten nicht mit destruktivem erwidert, denn das würde nur zu einer Eskalation im Negativen führen. „Was macht der andere tatsächlich (mit mir oder jemand anderem)? Was macht er objektiv – ganz wertfrei betrachtet?" Diese Fragen sind gar nicht so leicht zu beantworten. Was macht etwa eine Magersüchtige mit ihrer Umgebung? Sie lädt sie demonstrativ ein, ihr zu helfen, und sie weist gleichzeitig jede

Hilfe zurück, d. h., sie agiert auf der Beziehungsebene, indem sie bei den anderen Frustration auslöst. Was ist nun das Ähnliche in positivem Sinne? Es könnte ein herausforderndes, aktivierendes Verhalten sein.

Dazu ein Beispiel: Eine Mutter beklagte sich darüber, daß ihr Sohn zwar sehr engagiert sei, außer in der Schule. Sie mache sich Sorgen, da das Abitur näherrücke. Die Mutter ist Handlungstyp. Ihr Thema dürfte ein Beziehungsthema sein. So machte ich mit ihr zuerst eine Systemische Haltungsänderung. Dadurch fühlte sie sich erleichtert. Dann ermittelten wir ein strategisches Vorgehen im Sinne von *Tit For Tat*. Dazu galt es nun, das Verhalten des Sohnes zu analysieren. Das Ergebnis war: Er macht das, was ihm Spaß macht. Als Aufgabe für die Mutter ergab sich, sie solle sich mit ihm nur über solche Themen unterhalten, die ihr Spaß machen würden (also nicht mehr über das leidige Lernen), und nur das für ihn machen, wozu sie Lust habe. Eine Woche später berichtete sie, daß sich das Verhalten ihres Sohnes um 50 % gebessert habe, er sich ihr gegenüber fürsorglicher verhalte und von sich aus viel über die Schule erzählen würde. Ihr falle es jedoch recht schwer, ihren „erzieherischen" Impulsen nicht nachzugeben.

Ein anderes Beispiel: Frau Kander ist eine tatkräftige, lebendige Persönlichkeit, die gerne lacht. In ihrem Büro wurde ein junger Mitarbeiter eingestellt, der sich sofort als Hahn im Korb gegenüber den jüngeren Damen gebärdete. Frau Kander störte vom ersten Tag an, daß der neue Mitarbeiter ständig Grenzen überschritt, verbal und in seinem Verhalten, sich z. B. einfach Dinge von ihrem Schreibtisch nahm. Wir überlegten, wie sie ihm im Sinne von *Tit For Tat* begegnen könnte. Vorschläge waren: Wenn er sich ihrem Schreibtisch nähert, alle Schubladen aufzuziehen und offenstehen zu lassen; von ihrem Stuhl aufzustehen, um den Stuhl herum zu gehen und sich wieder zu setzen; während sie mit ihm spricht, sich bei ihm auf den Schreibtisch zu setzen oder ihm nicht vorhandene Fusseln vom Revers zu zupfen.

Einige Tage später sah sie morgens mit einem Blick, daß er sich wieder an ihrem Schreibtisch zu schaffen gemacht hatte. In ihr stieg der Ärger hoch. Genau in diesem Augenblick kam er auf seine lässige Art auf ihren Arbeitsplatz zu. Sofort stand sie auf, ging, ohne einen Blick auf ihn zu werfen, um ihren Stuhl herum, setzte sich wieder hin und arbeitete weiter. Aus ihren Augenwinkeln sah sie, wie er verdutzt stehen blieb und dann einen weiten Bogen um ihren Schreibtisch machte. Sie lachte innerlich und berichtete mir vergnügt, daß er ihr seither mit dem gehörigen Abstand und Respekt begegne. Einige Wochen später erzählte sie erfreut, daß sich ihre Zusammenarbeit weiter verbessert habe, er sich sehr um sie bemühe und sie respektvoll behandle.

Ein drittes Beispiel zeigt, wie eine Haltungsänderung das interaktionale *Tit For Tat* überflüssig machen kann. Eine geschiedene Frau hat eine siebenjährige Tochter. Immer wenn ein männliches Wesen sie besuchte, verhielt sich die Tochter abweisend und trotzig gegenüber dem Besucher. Ich führte mit der Mutter eine Haltungsänderung durch. Dann überlegten wir gemeinsam, wie sie sich ihrer Tochter gegenüber verhalten könne nach dem Prinzip: Ähnlichem mit Ähnlichem begegnen, jedoch dabei positiv bleiben. Wir definierten das Verhalten der Tochter als „Spielverderben". Dann müsse also die Mutter „Spiele" der Tochter ebenfalls stören, doch auf eine positive Weise. Sie könne beispielsweise die Tochter, wenn eine Freundin zu Besuch da sei, bei deren Spiel „stören", indem sie ihnen ein Eis anbieten würde. Wir überlegten noch weitere Möglichkeiten. Eine Woche später berichtete die Mutter, daß sie nichts Besonderes gemacht und keinen der *Tit-For-Tat*-Vorschläge ausgeführt hätte, das Verhalten der Tochter habe sich zu ihrem Erstaunen von selbst normalisiert. (Weitere Fallbeispiele zu diesem Thema finden sich in Friedmann/Fritz, 1997)

Wenn wir unter dem Verhalten eines anderen leiden, reagieren wir gewöhnlich so, daß wir das Verhalten des anderen (oder unser eigenes) stabilisieren, indem wir mitspielen. Wenn wir diese spontanen Reaktionen analysieren, sind sie meist komplementär, manchmal konkurrierend. In diesem Fall ist die Regel zu beherzigen: Wenn etwas nicht funktioniert, mach etwas anderes! Häufig ist dieses *wirksame andere* nicht einfach das Gegenteil, sondern geht eher „gegen den Strich". Watzlawick meint, daß durch die untauglichen Versuche, etwas ändern zu wollen, Probleme stabilisiert werden. Nun kommt es natürlich darauf an, um welche Art von Problemen es sich handelt. Beziehungsprobleme im weitesten Sinne, also auch Beziehungen zu mir selbst, meinem Körper oder meiner Lebenssituation, ändert man häufig am wirksamsten, wenn man die Situation zuerst akzeptiert, denn schließlich hat man sie ja mit viel Aufwand hergestellt.

Bei dem Prinzip: Ähnlichem mit *Ähnlichem* begegnen, jedoch *positiv!* liegt einmal die Betonung auf dem *Ähnlichen*, ein anderes Mal auf *positiv*. Dem komplementären Impuls, beispielsweise dort Verantwortung zu übernehmen, wo der andere Verantwortung meidet, oder Entschlossenheit zu zeigen, wo jemand unentschlossen ist, begegnet man mit dem *Ähnlichen*. Dem konkurrierenden Impuls, etwa Aggression mit Aggression zu erwidern, begegnet man besser *„positiv"*. Doch was ist das Positiv-*Ähnliche* des Meidens von Verantwortung oder der Unentschlossenheit? Es könnten Verantwortung-Abgeben und Vorsicht sein. Was ist das *Positiv*-Ähnliche bei Aggression? Es könnnte ein kraftvolles und entschlossenes Auftreten sein, verbunden mit Anerkennung.

Ein kleines Beispiel: Eine Frau fühlte sich von einem Mitarbeiter belästigt, der ständig sexistische Bemerkungen machte und ihr körperlich zu nahe kam. Einem spontanen Einfall folgend, gab sie ihm eines Tages, als er an ihr vorbeiging, einen Klaps auf den Po. Das wirkte Wunder. Von da an verhielt er sich korrekt.

Zuerst annehmen, dann verändern

In der Humanistischen Psychologie hat man entdeckt, daß Veränderung voraussetzt, daß man sich oder den anderen annimmt. Man kann noch einen Schritt weitergehen und sagen: Annehmen ist Verändern. Das gilt für den Therapeuten dem Klienten und den Klienten sich selbst gegenüber. Häufig haben Therapeuten an sich den Anspruch, dem Klienten akzeptierend, einfühlend und kongruent zu begegnen, fürsorglich, erlaubend und verständnisvoll. Doch fühlt sich der Klient dadurch wirklich angenommen? Oder wird mit dieser therapeutischen „Idealhaltung" ihm nicht Überlegenheit demonstriert? Diese „Idealhaltung" eines Therapeuten, der sich allzeit freundlich und verständnisvoll gibt, ist nicht unproblematisch; zuerst für ihn selbst, denn sie verleitet ihn dazu, sich, ohne es richtig zu merken, ein stereotypes Rollenverhalten anzueignen. Das findet man in vielen Berufen, in denen das Image wichtig ist, bei Geistlichen, Politikern oder Managern.

Annehmen heißt nicht, immer freundlich, immer hilfsbereit und immer liebenswürdig zu sein, sondern dem Klienten in seiner Art, jedoch positiv zu begegnen, das, was man heute Pacen oder *Tit For Tat* nennt. Erickson war, wenn es darauf ankam, ganz und gar kein „netter" Therapeut. Der Mutter einer Magersüchtigen sagte er, im Krankenhaus behandle man Magersüchtige sehr anständig, aber sie würden allesamt sterben. Dann ließ er sie eine Erklärung unterschreibcn, in der sie zusicherte, daß sie bereit sei, bei jeglicher Art der Behandlung mitzuarbeiten. Eine andere Magersüchtige erbrach sämtliche Nahrung, die ihr zugeführt wurde. Da sie am Verhungern war, wurde sie über eine Magensonde ernährt. Erickson holte sich beim Klinikdirektor die Erlaubnis, jede beliebige Maßnahme zu ergreifen, um die Patientin zu retten. Er ließ die Frau an einem Stuhl festschnallen und kündigte ihr an, er würde die Ernährung so lange fortsetzen, bis sie die Nahrung bei sich behalte. Sie erbrach sich wie immer. Eine Schwester fing es in einer Schüssel auf, und Erickson goß es zurück zur anderen Nahrung. Das zweite Mal erbrach sie schon weniger. Wieder goß Erickson das Erbrochene zurück. Nun behielt sie alles bei sich, und von da an übergab sie sich nicht mehr. Doch die Schwestern waren empört und wollten, daß Erickson entlassen würde.

Annehmen heißt nicht, sich eine therapeutische „Idealhaltung" anzugewöhnen, sondern flexibel dem Klienten auf seine Art zu begegnen, und zwar auf allen drei Interaktionsebenen, der verbalen, der körpersprachlichen und der energetischen. Erickson hat das immer wieder gemacht. Einem psychiatrischen Patienten, der die Gitterstäbe mit Wollfäden umwickelte, half er dabei. Einem anderen, der nur unverständlichen Wortsalat von sich gab, antwortete er mit unverständlichem Wortsalat. Ein Junge, der von den Eltern in seine Praxis geschleift worden war, zu einem „Irrenarzt", wie die Eltern ihm angekündigt hatten, lag dann dort auf dem Boden und kreischte. Erickson wartete ab, bis der Junge eine Pause zum Luftholen machte, und kreischte dann seinerseits. So wechselten sie sich eine Zeitlang ab.

Zuerst annehmen, dann verändern ist Systemische Therapie. Es geht gegen den Impuls, spontan helfen, verändern zu wollen. Ein typisches Thema dafür ist „Übergewicht". Es gibt viele psychologische Erklärungen dafür, warum Menschen zuviel essen: Sie sind als Kind nicht angenommen worden, jetzt machen sie ihren Körper unansehnlich, um ihn abzulehnen – eine Fortsetzungsgeschichte des Nicht-Annehmens. Sie wurden als Kind nicht wahrgenommen, jetzt essen sie sich dick und rund, um die anderen zu zwingen, sie zu sehen. Doch die schauen weg – eine Fortsetzungsgeschichte des Nicht-wahrgenommen-Werdens. Sie durften als Kind nicht das tun, was sie wollten. Das tat ihnen weh. Jetzt fressen sie sich eine dicke Schutzschicht an, damit ihnen niemand weh tun kann. Doch die anderen kritisieren, ermahnen oder verspotten sie – eine Fortsetzungsgeschichte des Wehtuns.

Ob diese Interpretationen im allgemeinen oder im Einzelfall zutreffen oder nicht, sie machen eines klar: Die eigentlichen Lösungen liegt nicht im Abnehmen, sondern darin, die Fortsetzungsgeschichten zu ändern. Die Klienten müssen lernen, sich anzunehmen, sich wahrzunehmen und erlaubend mit sich umzugehen. Ein Therapeut, der sich nur auf das Thema Abnehmen konzentriert, schreibt mit an den negativen Fortsetzungsgeschichten. Das kann leicht geschehen, wenn man zu geradlinig erfolgsorientiert denkt und wenig Gespür hat für paradoxe Gesetzmäßigkeiten.

Die Problematik eines Klienten ist nicht immer leicht zu erkennen. Ich arbeite bspw. mit einer Frau, die ein Alkoholproblem hatte. Da ich anfänglich zu sehr auf das positive Verändern konzentriert war, kam es zu Rückfällen. Erst durch die Konzentration auf die paradoxen Gesetzmäßigkeiten wurde mit klar, daß es ein Identitätsproblem war. Und erst durch das Sich-Annehmen konnte die Klientin ihr Problem wirklich lösen.

6. Persönlichkeit als Prozeß – der Funktionsplan Psychographie

Kurztherapie und Persönlichkeitstypen

In der Praxis der therapeutischen Arbeit bestätigt sich, daß es drei unterschiedliche Persönlichkeitstypen mit je eigenen Problemursachen und Problemlösungen gibt. Wenn Klienten Schwierigkeiten haben, dann sind sie zunächst einmal in dem Kern- oder Ausgangsbereich ihrer Persönlichkeit verunsichert: Der Beziehungstyp fühlt sich abgelehnt und empfindet wenig Selbstvertrauen, der Sachtyp erlebt sich als mißachtet und leidet unter zuwenig Selbstbewußtsein, und der Handlungstyp fühlt sich eingeschränkt und erlebt wenig Selbstsicherheit. Dadurch werden sie zurückgeworfen auf ihre Ausgangspersönlichkeit und thematisch mit Problemsituationen konfrontiert, die ihren frühkindlichen Dramen ähnlich sind, in denen sie zuwenig Liebe, Beachtung oder Erlaubnisse bekommen haben. Als Folge davon machen sie zuwenig Gebrauch von ihren entwickelten Fähigkeiten, den Schlüsselfähigkeiten: Der Beziehungstyp hat weniger Realitätsbezug und denkt nicht richtig nach, der Sachtyp vergißt, was er will und kann, und der Handlungstyp verliert den Zugang zu seinen Bedürfnissen, Gefühlen und spontanen Reaktionen. Das ist ein großer Verlust an Lebenskompetenz und -qualität, denn das, was ihnen dann nicht mehr verfügbar ist, sind gerade jene Fähigkeiten, die ihre „guten Zeiten" ausmachen.

Wenn sich die Klienten im Verlauf ihrer Therapie wieder zunehmend sicher fühlen in ihrer Ausgangspersönlichkeit, dann machen sie fast automatisch wieder mehr Gebrauch von ihren Schlüsselfähigkeiten und lösen damit ihre Probleme. Die Erfolge der Kurztherapie lassen sich so erklären, daß sie die Klienten konsequent in ihrer Ausgangspersönlichkeit stabilisieren und dann darin unterstützen, wieder von ihren fortgeschrittenen Fähigkeiten Gebrauch zu machen.

Hat die bisherige Kurztherapie ihre Ergebnisse auf pragmatischem Weg erzielt, indem sie Interventionen benützt, die sich bei vielen Klienten bewährt haben, so kann das psychographische Wissen dem Therapeuten Klarheit über das eigene Tun verschaffen. Außen und Innen werden sichtbar. Das Außen sind die Landschaften der eigengesetzlichen Lebensbereiche (s. Kap. 2), das Innen die Wesensarten der drei Persönlichkeiten. Beide Dimensionen sind aufeinander bezogen und werden in der Psychographie zusammengefaßt.

Psychographisches Wissen eignet sich auch dafür, die kurztherapeutischen Methoden gezielter und paßgenauer einzusetzen und die Klienten darin zu unterstützen, optimalen Gebrauch von den methodischen Techniken zu machen. Das läßt sich bei fast allen Interventionen zeigen. Diese persönlichkeitsspezifischen Bezüge wurden schon in den entsprechenden Kapitel behandelt – hier werden die wichtigsten nochmals zusammengefaßt: Bei der Zielfrage in der Lösungsorientierten Therapie haben die fünf Kategorien (positive Formulierung, Attraktivität, Realisierbarkeit, Konkretheit, Bekömmlichkeit) für jeden Persönlichkeitstyp einen etwas anderen Stellenwert. Beim Beziehungstyp ist besonders auf die positiven Formulierungen und die Konkretheit der Ziele zu achten, beim Sachtyp auf die Attraktivität und Realisierbarkeit und beim Handlungstyp vor allem auf bekömmliche und eher offene Zielsetzungen. Dies hängt damit zusammen, daß Beziehungstypen zu unrealistischen Wunschträumen neigen, Sachtypen eher nebelhafte und unverbindliche Zielvorstellungen haben und Handlungstypen sich und ihr Leben durch rigide Zielsetzungen einengen und verplanen. Bei der Frage nach dem, was der Klient selbst herausgefunden hat, was ihm helfen könnte, sein Ziel zu erreichen, wird der Therapeut darauf achten, ob und wieweit der Klient seine Schlüsselfähigkeiten ins Spiel bringt, denn sie sind so etwas wie Erfolgsgarantien. Auch die Reihenfolge des Vorgehens bei den drei Lösungsleitlinien wird vom Persönlichkeitstyp bestimmt (s. Kap. 3).

Im Fortgeschrittenen NLP stehen Persönlichkeitstyp und das bevorzugte Repräsentationssystem in engem Zusammenhang. Mit Beziehungstypen wird man vorwiegend auf der visuellen Ebene arbeiten; bei Sachtypen sollte man immer die kinästhetische und bei Handlungstypen die auditive Ebene einbeziehen. Auch die einschränkenden Glaubenssätze und ihre Alternativen sind vorwiegend persönlichkeitsspezifisch (s. Kap. 4). Beide sind nicht leicht zu ermitteln, die alten Glaubenssätze nicht, weil sich die Klienten so sehr an sie gewöhnt haben, daß sie sie nicht mehr wahrnehmen, die neuen Glaubenssätze nicht, weil sie meist nicht das Gegenteil der alten sind, sondern etwas qualitativ anderes und Neues ausdrücken.

In der Systemischen Kurztherapie besteht bei der energetischen

Haltungsänderung oft die Schwierigkeit, daß die Klienten nicht mehr zu ihrem ursprünglichen Leiden zurückfinden, sondern von daraus folgenden Reaktionen berichten. Wenn man weiß, daß der Beziehungstyp 1 meist darunter leidet, sich hilflos (ausgeliefert) zu fühlen und der Beziehungstyp 2 sich zurückgewiesen fühlt, daß sich Sachtypen mißachtet und Handlungstypen blockiert fühlen, kann man den Klienten auf „die Sprünge" helfen.

Das Modell der Psychographie ist mehr als eine Beschreibung der Persönlichkeitstypen oder, um eine ältere Bezeichnung zu benutzen, eine Charakterkunde. Mit der Beschreibung der drei eigengesetzlichen Lebensbereiche, der Wesensarten der drei Persönlichkeitstypen und der unterschiedlichen Lösungsprozesse wird die psychologische mit der ontologischen Ebene verknüpft. Damit erhält man ein „Gesamtmodell" dessen, womit es die Psychotherapie zu tun hat: dem Menschen, seinem Leben und den Problemlösungen. Die Psychographie basiert darauf, daß diese drei Wirklichkeitsaspekte verwandt sind.

Deshalb ist es weder zufällig, daß sich drei Kurztherapien herausgebildet haben mit je einem eigenen Anwendungsschwerpunkt, sowohl themen- wie persönlichkeitsbezogen, noch daß sich diese drei Konzepte optimal ergänzen. Diese Kurztherapien sind Antworten auf die unterschiedlichen Aufgabenstellungen, die sich aus den verschiedenartigen Bedingungen unserer äußeren und inneren Wirklichkeit ergeben. Die Integration entspricht den verbindenden Mustern oder Prozessen, wobei sie nicht viel mehr als ein Zusammenfügen ist von zu- und ineinander passenden Puzzleteilen.

Die Psychographie wird durch die Praxis bestätigt, da sie die Wirklichkeit nicht interpretiert, sondern sie nur beschreibt. Wem dieses Konzept trotzdem zu „spekulativ" erscheint und ihm nicht folgen möchte, oder wer im Einzelfall nicht sicher über den Persönlichkeitstyp eines Klienten ist, kann wie bisher pragmatisch vorgehen und bei den Entscheidungen, welche Methoden er in welcher Reihenfolge einsetzt, sich von seiner Intuition leiten lassen.

Die Persönlichkeit von außen gesehen

Beschreibt man Persönlichkeitstypen phänomenologisch, d. h. nach ihrem Erscheinungsbild, ihren Eigenschaften und Verhaltensweisen, so lassen sich fast beliebig viele Persönlichkeitstypen unterscheiden. Erst die Entdeckung der drei Ichs und ihrer Rolle, die sie in dem Prozeß spielen, der eine Persönlichkeit ausmacht, läßt erken-

Tabelle 2: Merkmale der Persönlichkeitstypen

	Beziehungstyp	Sachtyp	Handlungstyp
Gesamt-eindruck	kontrolliert, lebendig, liebenswürdig	selbstvergessen, nachdenklich	energievoll, geradlinig, ordentlich
Haltung, Gang	aufrecht, elegant, gewandt	lasch, nachlässig, wiegend	kraftvoll, fest, marschierend
Gesichts-ausdruck	lächelt gewinnend	ernst, abwesend	gesammelt, freundlich
Stimme, Gespräch	klingt melodisch kommunikativ	klingt monoton sachlich	klingt belehrend praktisch
Bewegung	fein	locker	geregelt
Beziehungs-verhalten (negativ) (positiv)	egozentrisch dominierend Retter liebevoll	egoistisch angepaßt Opfer verständnisvoll	rücksichtslos kumpelhaft Verfolger hilfsbereit
Konflikt-verhalten	konfliktfreudig dramatisierend	konfliktscheu verharmlosend	konfliktfähig moralisierend

Von jedem Persönlichkeitstyp gibt es einen Typ 1 und Typ 2. Das hängt davon ab, ob die hauptsächliche Prägung früher (1. bis 3. Lebensjahr) oder später (4. bis 10. Lebensjahr) stattfand. Der Typ 1 ist stärker ichbezogen, der Typ 2 ist eher ichvergessen. Der Typ 1 ist eher anfällig für schizoide bzw. schizotypische (BT1), manische (ST1) und paranoide (HT1) Störungen, der Typ 2 für Depressionen, die Verzweiflungsdepression (BT 2), die Schwermutsdepression (ST2) und die Verbitterungsdepression (HT2). (Ausführlicheres zum Thema in Friedemann/Fritz, 1996)

nen, daß es drei Grundpersönlichkeiten gibt. Dieses struktur- und prozeßorientierte Modell beschreibt die einzelnen Persönlichkeitstypen von innen her. Während die phänomenologische Charakterkunde bei Laien zunächst auf das größere Interesse stößt, weil sie das einlöst, was man unter Menschenkenntnis versteht, ist für den Fachmann die struktur- und prozeßorientierte Charakterkunde wesentlich brauchbarer, weil sie eine Art Konstruktionsplan der Psyche darstellt, mit dem genau gearbeitet werden kann. Doch auch er ist zuerst einmal auf den phänomenologischen Zugang angewiesen, um den Persönlichkeitstyp bestimmen zu können. Allgemeine Merkmale können das Erkennen des jeweiligen Typs erleichtern (s. Tabelle 2). In zwei von drei Fällen läßt sich der Persönlichkeitstyp relativ einfach und sicher erkennen. Doch es gibt immer auch Ausnahmen.

Das hängt einmal damit zusammen, daß das Bild der Grundpersönlichkeit von vielen anderen Faktoren überlagert wird: dem Geschlecht, dem Körpertyp, landschaftlichen und familiären Prägungen oder besonderen Begabungen. Besonders in der Selbsteinschätzung kann die Persönlichkeitsentwicklung zu Unsicherheiten führen: Wenn sich jemand mitten in diesem Prozeß befindet, wird sich ein Beziehungstyp häufig als Sachtyp erleben, ein Sachtyp von sich denken, er sei ein Handlungstyp, und ein Handlungstyp annehmen, er sei ein Beziehungstyp. Denn das sind die jeweiligen Hauptrichtungen in der Persönlichkeitsentwicklung. Hat sich diese Entwicklung stabilisiert, wird sich jeder Typ im dritten, im Zielbereich als besonders kompetent erleben. Dann ist es möglich, daß sich der Beziehungstyp in der Lebenspraxis als Handlungstyp, der Sachtyp als Beziehungstyp und der Handlungstyp als Sachtyp erlebt. Doch das bedeutet nicht, daß jemand seinen Typ gewechselt hätte, sondern beschreibt typspezifische Entwicklungslinien.

Der strukturtypische Prozeß: die Persönlichkeit von innen

Die phänomenologische Charakterkunde ist so interessant wie eine spannende Reisebeschreibung, doch sie taugt wenig als Reiseführer und Landkarte. Dazu ist sie nicht genau genug, denn das, was an der Oberfläche ähnlich erscheint, kann vom Ursprung her völlig unterschiedlich sein, etwa das egozentrische und selbstverliebte Verhalten des Beziehungstyps 1 und das egoistische und wichtigtuerische des Sachtyps 1. Deshalb scheint mir auch die Bezeichnung „narzistische" Charakterstruktur bei König (1993) eher irreführend, da das Thema des Sachtyps nicht das der Selbstliebe, sondern das des Selbstbewußtseins ist. Und umgekehrt können gegensätzliche Verhaltensweisen thematisch verwandt sein. Das hat etwa dazu geführt, daß der schizoide (BT1) und der hysterische Strukturtyp (BT2) als zwei völlig verschiedene Persönlichkeitsstrukturen gesehen wurden, obwohl beide auf der Beziehungsebene agieren, der eine, indem er seine Gefühle reduziert, sich distanziert und das Geschehen vom Rande her beeinflußt, der andere, indem er seine Gefühle forciert und sich in den Mittelpunkt spielt.

Wie kann man die Persönlichkeiten von innen her und als Prozesse beschreiben? Berne und seine Schüler haben auf die Entdeckung der drei Ich-Zustände eine eigene Psychotherapie-Schule aufgebaut, die Transaktionsanalyse. Obwohl dieses Modell der Ich-Zustände nicht so einfach und plausibel ist, wie es auf den ersten Bick erscheint, sondern durchaus doppelbödig und verwirrend, und heute von manchen Transaktionsanalytikern selbst in Zweifel gezogen wird (vgl. Schlegel, 1988), geht in ihrer Bedeutung und ihren Konsequenzen noch weit über das hinaus, was die Transaktionsanalyse daraus gemacht hat. Denn diese drei Ich-Zustände oder drei Ichs dürften die grundlegenden Strukturen unserer Psyche sein. Wenn Berne gesagt hat: „Alles, was nicht auf die drei Ich-Zustände zurückgeführt werden kann, ist keine Transaktionsanalyse", so könnte man in einem erweiterten Sinne sagen: „Erst dann, wenn die Psychologie diese grundlegenden Strukturen der Psyche erkannt und anerkannt hat und ihre Forschungen darauf aufbaut, fängt sie an, Psychologie zu sein."

Was ist anders und neu an dem von mir entwickelten Modell der drei Ichs gegenüber Bernes Ich-Zuständen? Es nimmt Bernes Aussage ernst, daß es sich dabei um „psychische Organe" handelt. In der Transaktionsanalyse hat man die Ich-Zustände reduziert auf ihre psychologischen Funktionen. Eltern-Ich, Erwachsenen-Ich und Kind-Ich – das ist kristallisierte Entwicklungspsychologie. Dabei hat man verkannt, daß es sich bei den drei Ichs primär um lebenswichtige „Organe" handelt, die uns den Zugang zur Lebenswirklichkeit bahnen, egal ob dieser Mensch ein Kind ist oder ein Erwachsener, ob er psychisch gesund oder gestört ist.

Man konnte diese grundlegende Funktion der drei Ichs als „psychische Organe" deshalb nicht erkennen, weil man sich über die Natur unserer Lebenswirklichkeit nicht bewußt war, daß sie nämlich aus drei völlig verschiedenartigen Lebensbereichen besteht. Es ist wie bei unseren Sinnesorganen. Sie sind zweckmäßig spezialisiert auf unterschiedliche und für unsere Lebenspraxis relevante Aspekte, das Auge als visueller Zugang, das Gehör als auditiver usw. Da auch unsere Lebenswelt nicht einheitlich ist, sondern es diese drei eigengesetzlichen Lebensbereiche gibt, ist es zweckmäßig, daß sich unsere Psyche mit den drei Ichs darauf spezialisiert hat. Und deshalb brauchen wir weder lange zu überlegen, ob es darum geht, über etwas nachzudenken oder etwas zu tun oder kommunikativ zu reagieren, noch, wie man das im einzelnen macht. Weil wir die drei Ichs zur Verfügung haben, stellen wir uns im Bruchteil einer Sekunde auf das jeweilige Thema ein und haben damit zugleich automatisch den Zugriff auf die angemessenen Reaktions- und Verhaltensweisen.

Nun hatte die Transaktionsanalyse schon damit recht, daß das auch etwas mit Entwicklungspsychologie zu tun hat, doch das ist, was die drei Ichs betrifft, ein sekundärer Aspekt. Immerhin erklärt es, warum es unterschiedliche Persönlichkeitstypen gibt. Kinder spezialisieren sich in unterschiedlichen Alters- und Lebensphasen auf das eine oder andere Thema, auf Beziehung, Erkennen oder Handeln, und zwar auf das Thema, in dem sie ein Defizit erfahren. Dabei lernen sie zweierlei, daß es von der Sorte Zuwendung zuwenig oder das Falsche gibt und wie man damit überlebt. Das erklärt, warum sie auch noch als Erwachsene diese Mangel- und Problemsituationen immer wieder herstellen oder aufsuchen, aber auch ihre besonderen Fähigkeiten damit umzugehen: Der Beziehungstyp hat eine intuitive Begabung für das zwischenmenschliche Geschehen, der Sachtyp für das Erkennen und der Handlungstyp für das praktische Tun.

Tabelle 3: Der persönlichkeitsspezifische Stellenwert der drei Ichs

	Persönlichkeits-bereich	Entwicklungs-bereich	Zielbereich
	viel Energie und Erfahrung	wenig Energie und Erfahrung	ausreichend Energie, doch fremdbestimmt
Beziehungstyp	Beziehungs-Ich	Erkenntnis-Ich	Handlungs-Ich
Sachtyp	Erkenntnis-Ich	Handlungs-Ich	Beziehungs-Ich
Handlungstyp	Handlungs-Ich	Beziehungs-Ich	Erkenntnis-Ich

Das Ich, auf das sich die einzelnen Persönlichkeitstypen spezialisiert und mit dem sie sich besonders gründlich vertraut gemacht haben, so daß es ihre Basis fürs weitere Leben wird, nenne ich den *Persönlichkeitsbereich* (hierzu und zum Folgenden s. Tabelle 3). Doch durch die starke Identifikation des Kindes mit diesem ihm lebenswichtig erscheinenden Thema bekommt es Umstellungsprobleme beim entwicklungspsychologisch nachfolgenden Lebensthema und Ich, das wieder andere Fähigkeiten und Umgangsweisen erfordert, und es wird mit zuwenig Energie besetzt. Dieses in der Regel zu kurz gekommene Lebensthema und Ich nenne ich den *Entwicklungsbereich*. Lebenslang bestehen hier Hemmungen, in diesen Bereich hineinzugehen, auf der anderen Seite aber existiert auch ein starker Anreiz, der gefördert wird durch ein un- oder halbbewußtes Wertesystem (s. Friedmann, 1991, S. 24 f.).

Das dritte Ich und Lebensthema, ich nenne ihn den *Zielbereich*, wird zwar ausreichend mit Energie besetzt, doch nicht bereichsangemessen gelebt. Auf der einen Seite werden Gesetzmäßigkeiten aus dem *Persönlichkeitsbereich* unzulässig auf den *Zielbereich* übertra-

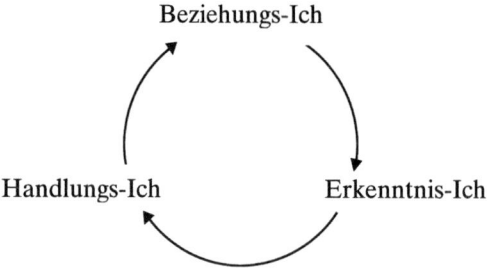

Abb. 1: Modell des Persönlichkeitsprozesses

gen. So neigt der Beziehungstyp dazu, sich in seinem *Zielbereich Handeln* zu profilieren und mit anderen zu konkurrieren, so als ob er hier seine individuelle Attraktivität zur Geltung bringen müsse. Der Sachtyp verhält sich in dessen *Zielbereich Beziehung* indifferent und abwartend, so, als ob es hier um eine neutrale und objektive Berichterstattung ginge. Und der Handlungstyp verhält sich in seinem *Zielbereich Erkennen* autoritätsgläubig und denkt angepaßt. Auf der anderen Seite wirken sich die Schwächen im *Entwicklungsbereich* auch auf den *Zielbereich* aus. Der Beziehungstyp handelt dann gedankenlos, der Sachtyp paßt sich in Beziehungen an und der Handlungstyp denkt gefühllos. (Ausführlich dazu Friedmann, 1990, S. 19 f. und S. 83 f.)

Man kann diesen Prozeß, der die Persönlichkeiten ausmacht, in der Form eines Kreises darstellen, der sich im Uhrzeigersinn dreht (Abb. 1). Läßt man jeweils einen der Kreisbogen weg und kennzeichnet den **Persönlichkeitsbereich** durch Fettdruck, den *Entwick-*

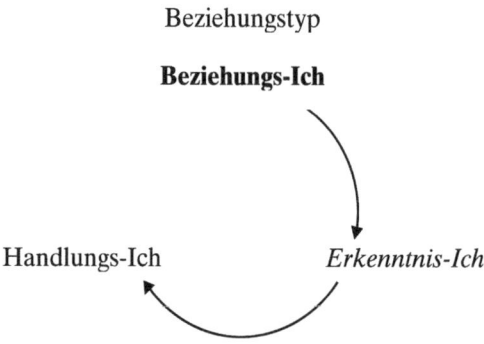

Abb. 2: Modell des Prozesses beim Beziehungstyp

Sachtyp

Beziehungs-Ich

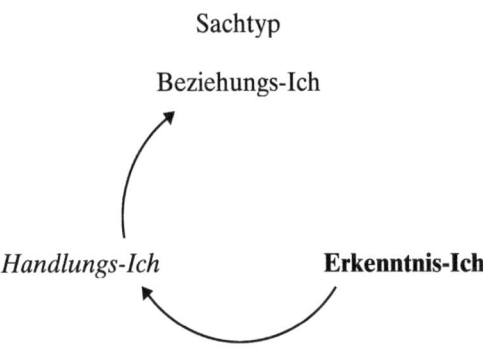

Handlungs-Ich   **Erkenntnis-Ich**

Abb. 3: Modell des Prozesses beim Sachtyp

Handlungstyp

Beziehungs-Ich

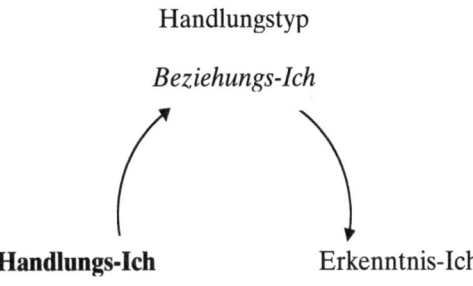

Handlungs-Ich   Erkenntnis-Ich

Abb. 4: Modell des Prozesses beim Handlungstyp

lungsbereich durch Kursivdruck und den Zielbereich durch Normaldruck, so erhält man ein Modell des jeweils persönlichkeitstypischen Prozesses (Abb. 2–4). Gute Psychotherapie folgt diesen persönlichkeitstypischen Prozessen. Kennt oder beachtet man sie nicht, ist die Wahrscheinlichkeit groß, daß man dem eigenen Prozeß folgt und die Klienten auf ein falsches Gleis lockt.

Der psychotherapeutische Prozeß

Im psychotherapeutischen Prozeß geht es zunächst darum, den *Persönlichkeitsbereich* zu stabilisieren. Wenn Menschen sich in ihrem Persönlichkeitsbereich wohl und sicher fühlen, gehen sie fast automatisch in ihren *Entwicklungsbereich* – dorthin, wo sie gute Chancen haben, ihre Probleme zu lösen. Der Therapeut kann das durch vorsichtige Fragen unterstützen, beim Beziehungstyp durch Fragen, die das Erkennen anregen, beim Sachtyp durch solche, die das Wollen aktivieren, und beim Handlungstyp durch Fragen, die ihn in Kontakt mit seinen Gefühlen bringen.

Der Therapeut bleibt jedoch mit seiner Körpersprache und Energie im *Persönlichkeitsbereich* des Klienten. Da der Klient im Entwicklungsbereich Neuland betritt, braucht er dafür Zeit, attraktive Herausforderungen und behutsame Unterstützung.

Auch der *Zielbereich* wird wesentlich mitbestimmt von der Qualität des *Persönlichkeits-* und des *Entwicklungsbereiches*. Sind die neurotischen Störungen im *Persönlichkeitsbereich* ausgeheilt, muß der Klient diese Mangelerfahrungen nicht mehr im Zielbereich kompensieren. Der Beziehungstyp muß nicht auch noch im Bereich Handeln von allen und um jeden Preis geliebt werden, der Sachtyp wird Beziehungen nicht mehr dazu benutzen, um sein Selbstbewußtsein stabil zu halten, und der Handlungstyp muß nicht auch das Erkennen seinem Drang nach Perfekt- und Anerkannt-Sein unterwerfen. Zugleich wirkt sich das Wachstum der Schlüsselfähigkeiten auch auf den Zielbereich günstig aus. Der Beziehungstyp handelt dann durchdacht, der Sachtyp gestaltet seine Beziehungen souveräner und autonomer, der Handlungstyp denkt gefühlsmäßiger und menschlicher. Da jedoch jeder Lebensbereich eigengesetzlich ist, muß auch hier ein Lernen des bereichsangemessenen Verhaltens dazukommen, für den Beziehungstyp, wie erfolgreiches Handeln aussieht, für den Sachtyp, wie man Beziehungen zufriedenstellend gestaltet, für den Handlungstyp, wie man Erkenntnisse gewinnt (vgl. Tabelle 4).

Tabelle 4: Die persönlichkeitsspezifischen Therapien der drei Ichs

	Persönlichkeits-bereich	Entwicklungs-bereich	Zielbereich
Beziehungstyp	Selbstvertrauen stabilisieren	Qualitäten des Erkenntnis-Ichs fördern	selbstbestimmtes Handeln unter-stützen
Sachtyp	Selbstbewußtsein stabilisieren	Qualitäten des Handlungs-Ichs fördern	selbstbestimmtes Beziehungsver-halten unterstützen
Handlungstyp	Selbstsicherheit stabilisieren	Qualitäten des Beziehungs-Ichs fördern	selbstbestimmtes Denken unter-stützen

Um im *Zielbereich* zu einem bereichsangemessenen Verhalten zu kommen, ist es hilfreich, „ganzheitlich" zu denken. Was ist damit gemeint? In der Textverarbeitung gibt es Funktionen, mit denen man ein Textstück aus einem Text herausnimmt und in einen anderen einsetzt. Dieses „Ausschneiden" und „Einfügen" ist das Gegenteil eines „ganzheitlichen" Denkens. Übertragen auf menschliches Verhalten bedeutet es, daß ich etwas, was mir gefällt, nicht in seinem Lebenszusammenhang sehe, es herausnehme und in mein Leben einfüge, ohne dabei auf meinen Lebenszusammenhang zu achten. Umgekehrt schützt „ganzheitliches" Denken davor, sich fremdbestimmt zu verhalten. Es bedeutet Verhaltensweisen, mögliche Beziehungspartner oder Denkmuster in ihrem Kontext zu sehen und abzuwägen, ob sie in den eigenen passen.

Der Beziehungstyp übernimmt bestimmte Verhaltensweisen, die von ihm erwartet werden oder die ihn attraktiv erscheinen lassen. Eine Frau, die das typisch weibliche Rollenverhalten übernommen hatte, formulierte es so: „In Gesprächen hatte ich den Anspruch an mich, zurückhaltend, freundlich und mit weiblichem Charme meine Interessen zu vertreten." Als sie nach und nach die Erfahrung machte, daß das, besonders von männlichen Berufskollegen, zwar freundlich zur Kenntnis, doch nicht ernstgenommen wurde, wurde ihr klar, daß sie sich mit ihrem „typisch weiblichen" Verhalten einschränkte. Nun übte sie sich darin, in manchen Situationen lauter, nachdrücklicher und sachlicher zu sprechen und zu argumentieren. Sie setzte von sich aus in Gesprächen eigene Akzente, etwa indem sie andere über etwas informierte oder etwas fragte. Damit war sie nicht nur erfolgreicher, sondern fühlte sich auch wohler.

Übernimmt der Beziehungstyp bestimmte, ihm attraktiv erscheinende Verhaltensmuster, so agiert er wie ein Schauspieler, der eine Rolle spielt. Er überprüft nicht, ob diese Rolle wirklich zu ihm und seinem Leben, zu seinen Bedürfnissen und Zielen, zu seiner Persönlichkeit paßt. Lange wird ihm nicht bewußt, daß dieses fremdbestimmte Verhalten viel Anspannung und Streß bedeutet.

Der Sachtyp verhält sich auf diese Art des „Ausschneidens und Einfügens" in seinem Beziehungsbereich. Er sieht einen Menschen, der ihn charmant anlächelt, und schon meint er verliebt in ihn zu sein. In seiner Vorstellung „schneidet" er ihn aus dessen Leben aus und „fügt" ihn in sein Leben ein. Er hört nicht auf seine wirklichen Bedürfnisse, sondern reagiert auf dessen Signale oder das, was er glaubt, was er ihm signalisiert. Dieses „ausschneidende" Denken führt dazu, daß er sich unklar darüber ist, was er von einem Menschen will oder nicht will, daß er Beziehungen anfängt, die von vornherein zum Scheitern verurteilt sind, weil sein Bewußtsein und sein Unbewußtes unterschiedliche Wege gehen. Da er wenig Gespür dafür hat, was ihm guttun würde, ist er anfällig und abhängig von Außenreizen und -signalen. Da er selbst nicht gut für sich und andere sorgen kann, muß sein Unbewußtes die Führung übernehmen. Das bedeutet zwar, daß es ihn wahrscheinlich vor den schlimmsten Fehlern bewahren, aber auch, daß er enttäuschende und leidvolle Erfahrungen machen wird. Dabei ist er erfüllt von einem Gefühl der Unruhe und Unsicherheit und kommt sich vor wie jemand, der mit verbundenen Augen durchs Leben tappt.

Der Handlungstyp schneidet für sich Denkmuster aus einem fremden Kontext aus und setzt sie in sein eigenes Denken ein. Er ist anfällig für das „Man-Denken", „das tut man" und „das tut man nicht". Das wird noch verstärkt durch eine konservative und autoritätsgläubige Haltung, die man beim Handlungstyp häufig antrifft. Wenn ein Psychiater ihm sagt, er habe eine endogene Depression, egal ob dieser Psychiater etwas von Psychotherapie versteht oder nicht, so glaubt er felsenfest daran, daß er eine endogene Depression habe. Und er schluckt brav seine Pillen und läßt sich Spritzen geben, monate-, jahrelang.

Solche Denkmuster sind für den Handlungstyp etwas Wahres und Gültiges, nach dem er sich richtet. Zwar hat der Handlungstyp Möglichkeiten, kurzzeitig aus diesen Schemata auszubrechen, etwa indem er sich zusammen mit anderen einen antrinkt und dann über die Stränge schlägt oder indem er sich heftig verliebt und sich auf eine leidenschaftliche Beziehung einläßt, doch die Rückschläge und das „bittere Erwachen" sind vorprogrammiert. Sie bestärken ihn in seinen Vorstellungen darüber, was richtig und falsch ist.

Um als Beziehungstyp selbstbestimmt handeln, als Sachtyp selbstbestimmt lieben und als Handlungstyp selbstbestimmt denken zu können, muß jeder im *Persönlichkeitsbereich* auf sicheren Beinen stehen, also genügend Selbstvertrauen, Selbstbewußtsein und Selbstsicherheit besitzen und die Schlüsselfähigkeiten im *Entwicklungsbereich* ausreichend entfaltet haben. Denn der Beziehungstyp braucht für selbstbestimmtes Handeln ein klares Denken, der Sachtyp für ein selbstbestimmtes Beziehungsverhalten genügend Souveränität und der Handlungstyp für ein selbstbestimmtes Denken Gefühlskontakt und -sicherheit. Das Denken in Zusammenhängen im *Zielbereich* ist übungsbedürftig, doch wenn die genannten Voraussetzungen erfüllt sind, äußerst wohltuend und befreiend.

7. Die Integration kurztherapeutischer Modelle

Integration statt Mengung

In der Psychotherapie ist es schon lange üblich, daß unterschiedliche Therapiemodelle nebeneinander benützt werden. Kaum ein Psychoanalytiker wird sich heute ausschließlich auf das orthodoxe Modell Freuds stützen, die meisten dürften auch spätere Entwicklungen in der Psychoanalyse einbeziehen. Als ich vor etwa 15 Jahren eine Befragung unter den Mitgliedern der Deutschen Gesellschaft für Transaktionsanalyse durchführte, war das nicht überraschende Ergebnis, daß fast alle neben der Transaktionsanalyse andere Methoden der Humanistischen Psychologie verwendeten, insbesonders gestalt-, gesprächs- und familientherapeutische. Auch die einzelnen Schulen selbst sind in sich oft eine recht heterogene Mischung von Methoden, vergleichbar einer Kiste, die angefüllt ist mit allerhand Werkzeugen.

Einer meiner damaligen Kritikpunkte an meiner eigenen Arbeit mit der Transaktionsanalyse war, daß es mir relativ zufällig vorkam, welches Werkzeug ich aus der Kiste zog und bei einem Klienten einsetzte. Von Kollegen erfuhr ich, daß es ihnen ähnlich ging. Es schien mehr von ihrer Lust und Laune oder einem aktuellen Interesse abzuhängen, mit welchen Methoden sie arbeiteten, als vom Problem oder von der Person des Klienten. Es ist bis heute so, daß psychotherapeutische Lehrbücher zwar theoretische Überlegungen und praktische Vorgehensweisen darlegen, doch wenig und ungenau darüber Auskunft geben, wann welches Werkzeug einzusetzen ist. Das ist nicht weiter verwunderlich, denn dazu wäre eine Theorie erforderlich, die einen Überblick über den ganzen Anwendungsbereich ermöglicht, also eine Art psychotherapeutische Landkarte.

Es gibt in der Kurztherapie so gut wie keine psychotherapeutische Theorie, sie wird auch von führenden Vertretern wie Perls, Erickson, Bandler oder Robbins explizit abgelehnt. An die Stelle der Theoriegläubigkeit der Psychoanalytiker ist bei ihnen eine Methodengläubigkeit getreten, wobei die Methoden ja auch so etwas wie materialisierte Theorien sind. Erickson ging sogar noch einen Schritt weiter, indem er nicht einmal an Methoden glaubte: „[...] ich wünschte, die Rogerianischen Therapeuten, die Gestalttherapeuten, die Transaktionsanalytiker, die Gruppenanalytiker und all die anderen Abkömmlinge der verschiedenen Schulen würden endlich einmal begreifen, [...] daß eine Psychotherapie für die Person A nicht auch eine Psychotherapie für die Person B ist. Ich hab schon viele Leiden behandelt und dabei jedesmal eine neue Behandlungsweise erfunden, je nach der Persönlichkeit des einzelnen Patienten." (Nach Zeig, 1992, S. 132 f.)

Da sich die psychotherapeutische Theorie besonders auf das Thema der Ursachenforschung psychischer Störungen konzentriert hat, merkte Bandler in seiner gewohnt respektlosen Art an: „Nach meiner Theorie liegt der Grund [psychischer Störungen] darin, daß die Achse der Erde um zwanzig Grad geneigt ist, so daß jeder von uns das Hirn eines anderen hat und das ist total sauer darüber. Darüber hinaus befasse ich mich nicht mit Theorie. Das ist das gesamte Ausmaß meiner theoretischen Grundlagen." (Bandler, 1991, S. 53) Walter und Peller schreiben zum gleichen Thema: „[...] und daß, wenn sie Schwierigkeiten haben, wir diese ebenso leicht als Pech anstatt als Pathologie erklären können." (Walter/Peller, 1994, S. 16)

Im Gegensatz dazu läßt sich bei De Shazer ein Bemühen um theoretische Klärung erkennen. Er geht davon aus, daß nicht nur methodische Fortschritte, sondern auch theoretische Erkenntnisse aus den Prozessen des therapeutischen Gelingens gewonnen werden können. Doch auch damit läßt sich keine Übersicht über das ganze Gebiet gewinnen, also so etwas wie eine Gesamttheorie, die als Folie für die Integration kurztherapeutischer Konzepte geeignet wäre. De Shazers bleibt mit seinem *Konzept der Paßgenauigkeit* Pragmatiker: „Man muß nicht versuchen, das Schloß zu verstehen, um einen funktionstüchtigen Schlüssel herzustellen, wenn ein Dietrich die Funktion genausogut erfüllt." Er zitiert Glasersfeld, der den Unterschied betont zwischen einer komplexen Theorie, die eine allgemeingültige Übereinstimmung mit der Realität anstrebt, und einer einfachen Theorie, die sich in konkreten Situationen bewährt: „An die Stelle der paradoxen Forderung, daß Wissen eine Welt reflektieren, abbilden oder dieser Welt irgendwie entsprechen sollte, wie sie ohne den Wissenden wäre, kann jetzt ein anderes Verständnis von Wissen treten: Wissen, das zu den Beschränkungen *paßt,* innerhalb derer das Leben, das Wirken und das Denken des Organismus stattfindet. Aus dieser Perspektive ist ‚gutes' Wissen dann das Repertoire der Handlungs- und Denkweisen, die das kenntnisnehmende Subjekt in den Stand setzen, den Fluß der Erfahrungen zu organisieren, vorauszusagen und sogar zu steuern." (Nach De Shazer, 1989, S. 92)

Nicht in der Beschränkung auf das Detail, wohl aber in der zweckmäßigen Vereinfachung kommt diese Auffassung dem nahe, was ich meine, wenn ich das Modell der Integrierten Kurztherapie *Landkarte* nenne. Sie bildet die Realität auf eine zweckgerichtete Weise ab und reduziert die komplexe Realität auf wenige und unbedingt notwendige Informationen und Orientierungshilfen. Wenn De Shazer von „Landkarten" spricht, sind das nach meinem Verständnis eigentlich keine Übersichtspläne, sondern lediglich einzelne Wegbeschreibungen: Da man das Problem des Klienten nicht „versteht", also nicht weiß, wo er sich gerade aufhält, kann man ihm nur vorschlagen, einige bewährte „Wege" zu gehen, die ihn dann wahrscheinlich ans Ziel führen werden. Die praktische Konsequenz ist, daß in der Lösungsorientierten Therapie immer *alle* bewährten Interventionen eingesetzt werden.

Um das pragmatische Vorgehen mit einem anderen Bild zu beschreiben: Die Kurztherapien stellen Werkzeugkästen mit therapeutischen Interventionen zur Verfügung, ohne eine Gebrauchsanleitung mitzuliefern, für welche Aufgabe welches Werkzeug geeignet ist. Der Therapeut ist dann ganz auf seine Erfahrung und Intuition angewiesen.

Wie ist eine Integrierte Kurztherapie realisierbar, die mehr ist als ein Gemenge verschiedener kurztherapeutischer Methoden? Persönlichkeiten wie Berne, Perls oder Erickson haben etwas geschaffen, was m. E. zwischen einem Gemenge, also einer bloßen Ansammlung von Methoden, und einer Integration liegt. Man könnte es „Kompositionen" nennen, Einheiten und Zusammenklänge, die immer auch Ausdruck ihrer Wesensart, ihrer persönlichen Erfahrungen und Ziele waren. Berne, Perls und Erickson, drei unterschiedliche Persönlichkeiten, waren doch auch wesensverwandt, denn alle drei waren Handlungstypen. Gemeinsam war ihnen die starke, kraftvolle Persönlichkeit mit etwas autoritären Zügen. Sie waren Vaterfiguren mit der Bereitschaft, Verantwortung zu übernehmen und sie, aus wohlverstandenen therapeutischen Gründen, ebenso entschieden zurückzugeben. Gerade Erickson hat immer wieder seine starke Persönlichkeit in seinen Therapien eingesetzt, so daß man sich kaum vorstellen kann, wie sie ohne dieses autoritative Auftreten funktioniert hätten.

Ihre Arbeitsweise entsprach durchaus dem Stereotyp „harte Schale, weicher Kern", wobei das sympathiegeleitete Wertesystem bei Erickson am deutlichsten sichtbar wurde, wenn er mit Kindern und Jugendlichen arbeitete, was dann oft mehr wie ein vergnüglicher Zeitvertreib aussah. Bei Berne hat es sich an seinem eher distanzierten Interesse am Zwischenmenschlichen gezeigt, das er kritisch daraufhin analysiert hat, welche Kommunikations-, Spiel- und Lebensmuster Menschen praktizieren. Seine Schüler sind konsequenter als er auf diesem Weg weitergegangen, indem sie das Kind-Ich in den Mittelpunkt ihrer therapeutischen Aufmerksamkeit gestellt haben.

Bei Perls wird das Handlungstypische besonders deutlich in dem, was er verabscheut und was er anstrebt, wenn er etwa zum Thema „Spontaneität" ironisch bemerkt: „Es könnte sich etwas ereignen, das neu und aufregend wäre und das zu unserem Wachstum beitragen würde. Es ist zu gefährlich, das Wagnis des Wachsens einzugehen. Wir wandeln lieber als halbe Leichen über die Erde, als daß wir in Gefahr leben und erkennen, daß das Leben in Gefahr viel sicherer ist als dieses Versicherungsdasein aus Sicherheit und Nichts-Riskieren, für das sich die meisten von uns entscheiden." (Perls, 1976, S. 53 f.) Auch seine therapeutische Themen *Identität, Abspaltung und Reintegration* betreffen zwar alle Menschen, doch den Handlungstyp ganz besonders. Er ist stärker als die anderen Persönlichkeitstypen in seinem Erleben von Identitätsthematiken bestimmt, von den Fragen „Wer bin ich?" und „Wer bin ich nicht?".

So gesehen sind diese Therapien meines Erachtens alle etwas einseitig, bei diesen drei Beispielen maßgeschneidert für einen Handlungstyp, wenn es um Veränderungen geht, und weniger geeignet für andere Persönlichkeitstypen. Denn Beziehungs- und Sachtypen leiden zumeist unter Problemen, die – sowohl von den Ursachen wie von den Lösungswegen her – sich deutlich unterscheiden von denen eines Handlungstyps. Eine integrative Therapieform hat alle Persönlichkeitstypen zu berücksichtigen.

Die Landkarte für Integrierte Kurztherapie

Man braucht für die Integration der Kurztherapien eine stimmige Übersichtskarte der ganzen Landschaft des menschlichen Lebens, denn damit hat es die Psychotherapie zu tun. Diese Landkarte bezieht sich sowohl auf die äußere Wirklichkeit – den drei eigengesetzlichen Lebensbereichen – wie auf die innere Wirklichkeit – den drei Ichs und ihren Stellenwert für die drei Persönlichkeitstypen. Der

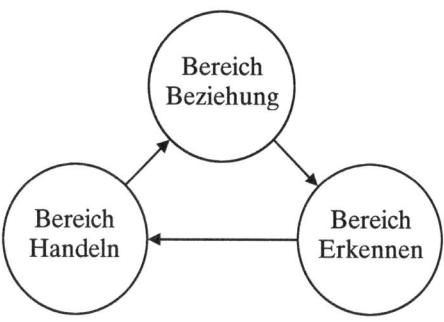

Abb. 5: Die drei Lebensbereiche

ontologische Aspekt dieses Modells läßt sich, ebenso wie der psychologische, darstellen als drei miteinander verbundene Kreise (Abb. 5). Dabei bedeuten die Kreise, daß diese drei Bereiche eigengesetzlich sind, die Verbindungslinien zwischen den Kreisen, daß sie sich gegenseitig unterstützen, und die Pfeilrichtung, daß es sich auch hier um Prozesse handelt. Im zweiten Kapitel habe ich über die Eigengesetzlichkeiten der drei Lebensbereiche gesprochen. Aus therapeutischer Sicht geht es darum, sich mit jedem Bereich speziell vertraut zu machen und keinesfalls Strategien aus dem einen Bereich in den anderen zu übernehmen, denn das schafft jene verkehrten Lösungen, die das Problem aufrechterhalten.

Hier möchte ich auf die sich gegenseitig bedingenden Zusammenhänge eingehen. Vereinfacht betrachtet, läßt sich sagen, daß der thematisch im Vordergrund stehende Bereich jeweils durch die beiden anderen unterstützt wird (vgl. Friedmann, 1991). Wenn z. B. das Handeln im Vordergrund steht, übernehmen die Bereiche Beziehung und Erkennen unterstützende Funktionen. Dabei werden sie selbst durch diese Zielsetzung des Handelns beeinflußt und müssen sich den Gesetzmäßigkeiten dieses Bereiches unterordnen. Beziehungen dienen jetzt nicht mehr primär der Geselligkeit und einer befriedigenden Interaktion, sondern der erfolgreichen Zusammenarbeit. Das Erkennen forscht nicht mehr nach der Wahrheit an sich, sondern beispielsweise nach erfolgreichen Handlungsstrategien. Sinngemäß gilt das auch für die beiden anderen Lebensbereiche. Wo sie die Führung übernehmen, fällt den beiden anderen eine unterstützende Funktion zu.

Genauer ist das Zusammenwirken der drei Lebensbereiche als Prozeß zu fassen (vgl. Friedmann, 1993). Denn das Handeln (um bei

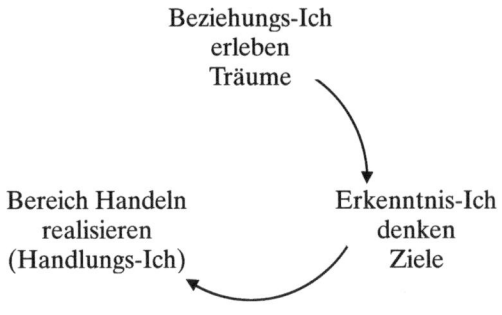

Beziehungs-Ich
erleben
Träume

Bereich Handeln
realisieren
(Handlungs-Ich)

Erkenntnis-Ich
denken
Ziele

Abb. 6: Der Handlungsprozeß

dem Beispiel zu bleiben) wird im Beziehungs-Ich vorbereitet; dazu gehören Erlebnisse, Bedürfnisse und Träume. Darauf wird es im Erkenntnis-Ich konkretisiert durch Ziele und Planung. Erst dann erfolgt im dritten Schritt das eigentliche Handeln (Abb. 6). Daraus ergibt sich wieder ein neues Erleben der veränderten Situation usw.

Es wird dabei gewechselt von der psychologischen (Beziehungs-Ich und Erkenntnis-Ich) zur ontologischen Seite (Bereich Handeln) der Landkarte; von den Ichs, die es uns ermöglichen, daß wir uns intuitiv und rasch auf die Bedingungen des jeweiligen Wirklichkeitsbereiches einstellen, mit den dazu zur Verfügung stehenden Erfahrungen, Fähigkeiten und Kompetenzen wird gewechselt zu der äußeren Wirklichkeit der drei eigengesetzlichen Lebensbereiche.

Solange das Zusammenspiel reibungslos funktioniert, merken wir kaum, wie wir uns ganz automatisch auf die verschiedenartigen Anforderungen um- und einstellen. Daß da etwas nicht stimmt, fällt uns dann auf, wenn sich jemand bereichsunangemessen verhält. Da wir intuitiv wissen, was richtig wäre, lachen wir darüber. Komiker machen sich das zunutze, indem sie sich absichtlich „daneben" benehmen, dort gefühlsmäßig reagieren, wo sie denken sollten, dort denken, wo es ums Handeln geht, dort handeln, wo fühlen angemessen wäre.

Das Handeln beginnt damit, daß man zufrieden oder unzufrieden ist mit einer Situation, die durch früheres Handeln zustande kam. Der zweite Schritt führt an den therapeutisch interessanten Ort, weil dort die Veränderungen vorbereitet werden. Bei einem Gelingen gilt dann: „Mach mehr von dem, was funktioniert!" oder bei einem Mißlingen: „Wenn etwas nicht funktioniert, mach etwas anderes!" Die Aufgabe, das Handeln vorzubereiten, wird am besten durch die *Lö-*

Thema: Handeln

1. erleben

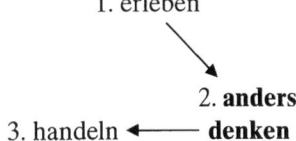

2. **anders**
3. handeln ◄——— **denken**

Lösungsorientierte Therapie

Thema: Beziehung

3. Beziehung

Systemische Kurztherapie

2. **anders handeln** ◄——— 1. erkennen

Thema: Erkennen

2. **anders erleben**

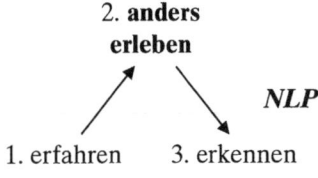

NLP

1. erfahren   3. erkennen

Abb. 7: Lösungsprozesse und Therapiemethoden

sungsorientierte Therapie unterstützt. Sie arbeitet im wesentlichen an mentalen Veränderungen: Lösungsphantasien entwikkeln, sich neue Ziele setzen und analysieren, was bisher funktioniert hat. Die lösungsorientierte Therapie besteht also hauptsächlich darin, neue Sichtweisen und anderes Denken anzuregen. Sie ist dann hilfreich, wenn es um praktische Veränderungen, also um Handlungsziele geht (vgl. Abb. 7).

Bei dem Thema Beziehung wird am Anfang eine Wahrnehmung oder Erkenntnis stehen, daß eine Beziehungssituation nicht so ist, wie man sie haben möchte. Dann geht es darum, etwas anderes zu tun. Da der Bereich Beziehung nach paradox erscheinenden Gesetzmäßigkeiten funktioniert, ist es verständlich, daß das logische Denken hier eher hinderlich ist. Eva Madelung setzt ihrem Kapitel über das systemische Denken einen Ausspruch Francisco Varelas voraus: „Der begreifende Geist kann seine Unfähigkeit zu begreifen letztlich nicht begreifen; er kann lediglich seine Fähigkeit kultivieren, diese Unfähigkeit zu erdulden." (Madelung, 1996, S. 29) Die *Systemische Therapie* ist paradox und bewährt sich deshalb besonders bei Beziehungsthemen (vgl. Abb. 7).

Bei Erkenntnis- oder Identitätsthemen geht es um die „Ver-

143

änderung des subjektiven Erlebens", wie es Bandler formuliert hat (Bandler, 1992). Besonders aufschlußreich erscheint mir, daß das *NLP*, das von seiner Arbeitsweise her an den Umgang mit Computer denken läßt, zwischen gefühlsmäßigem Erleben und dem Erkennen angesiedelt ist (vgl. Abb. 7). Hier werden also die Veränderungen durch anderes Fühlen und Erleben vorbereitet. Dies bestätigt und unterstreicht die Erfahrungen, daß bei der Veränderung von unerwünschten Reaktionen (Swish) und einschränkenden Glaubenssätzen das jeweils Erwünschte gefühlsmäßig attraktiv sein muß. Besonders Beziehungstypen berichten nach dem NLP-Schritt in der Integrierten Kurztherapie, daß sie sich jetzt viel klarer erleben.

Nun muß jedoch die vom Thema und Ziel her optimale therapeutische Methode nicht ebenso geeignet sein, um eine bestimmte Persönlichkeit therapeutisch zu fördern. Da wir es *zuerst* mit Menschen und erst *dann* mit der Sache zu tun haben, muß häufig mit einem anderen Konzept angefangen werden. Die psychologische Sichtweise erfordert meist ein anderes Beginnen als die ontologische. Hier stellt sich die Frage, welche Methode optimal geeignet ist, bei einem Klienten die Blockaden im Persönlichkeitsbereich zu lösen und ihn darin zu unterstützen, wieder Zugang zu seinen Schlüsselfähigkeiten zu finden, um diese für die Lösung einzusetzen. Das sind erfahrungsgemäß beim Beziehungstyp das *Fortgeschrittene NLP*, beim Sachtyp die *Lösungsorientierte Therapie* und beim Handlungstyp die *Systemische Kurztherapie*. Also nur dann, wenn ein Beziehungstyp Erkenntnis- oder Identitätsprobleme, ein Sachtyp Handlungsprobleme und ein Handlungstyp Beziehungsprobleme hat, ist die Methode vom Ziel und der Persönlichkeit her gleichermaßen geeignet. Als dritter Faktor kommt hinzu, daß man mit der psychotherapeutischen Arbeit den Lösungsprozessen folgt. Dazu muß immer dann, wenn es um die Therapie des Persönlichkeitsbereichs geht, eine Therapiemethode dazwischengeschaltet werden. Aus dem „Integrations-Dreieck" (Abb. 8) läßt sich ablesen, in welcher Reihenfolge mit welchen Methoden gearbeitet wird: Man geht aus vom Persönlichkeitstyp des Klienten und folgt dann der Pfeilrichtung bis zu seinem Thema. Kennt man den Persönlichkeitstyp des Klienten, ist sich jedoch über das Thema unsicher, beginnt man mit „seiner" Methode und macht das ganze Integrations-Dreieck in der angegebenen Reihenfolge durch. Ist man sich über seinen Persönlichkeitstyp und über sein Thema im unklaren, beginnt man intuitiv mit einer der drei Methoden und benützt, in Pfeilrichtung gehend, alle drei.

Arbeitet man integriert, so wird man – als Vorbereitung auf die

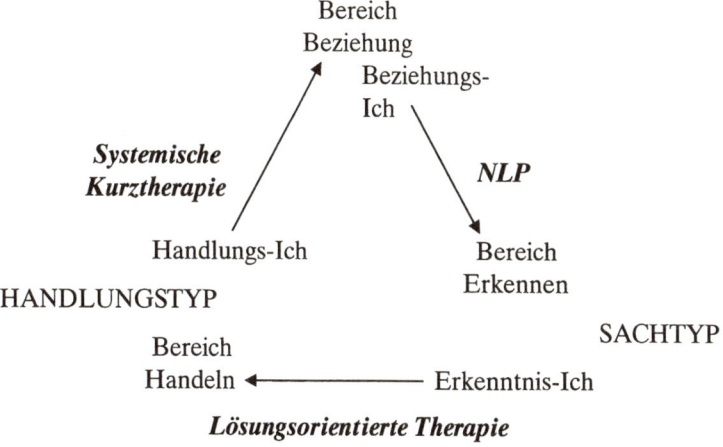

BEZIEHUNGSTYP

Bereich
Beziehung
Beziehungs-
Ich

Systemische
Kurztherapie

NLP

Handlungs-Ich

Bereich
Erkennen

HANDLUNGSTYP

SACHTYP

Bereich
Handeln ◄——————— Erkenntnis-Ich

Lösungsorientierte Therapie

Abb. 8: Integrations-Dreieck – Landkarte für Integrierte Kurztherapie

eigentliche Arbeit mit der Integrierten Kurztherapie – in jedem Fall mit den Eingangsfragen beginnen, der Frage nach dem *Ziel* und der Frage, was der Klient *selbst* darüber *herausgefunden* hat, was ihm hilft, diesem Ziel näherzukommen, sowie dem *Pacen* und *Anerkennen.* Dann wird man zuerst mit der Methode arbeiten, die der Persönlichkeit des Klienten angemessen ist, d. h. die ihn in seine Schlüsselfähigkeiten bringt, und die Arbeit mit der Methode beenden, die dem Thema entspricht. Dazwischen kann noch eine weitere Methode eingesetzt werden, um dem Lösungsprozeß zu folgen. Die Therapie kann dann aus einem, aus zwei oder aus drei Schritten bestehen.

Hat ein Beziehungstyp Erkenntnis- oder Identitätsprobleme, reicht es aus, mit dem Fortgeschrittenen NLP zu arbeiten. Hat er Handlungsprobleme, beginnt man wieder mit NLP, dann folgt das Lösungsorientierte Vorgehen. Hat der Beziehungstyp Beziehungsprobleme, ist die Reihenfolge: NLP, Lösungsorientierte Therapie, Systemische Kurztherapie. Hat der Sachtyp Handlungsprobleme, arbeitet man mit der Lösungsorientierten Methode; hat er Beziehungsprobleme, beginnt man lösungsorientiert und fährt dann systemisch fort. Hat der Sachtyp Erkenntnis- oder Identitätsprobleme, beginnt man wieder lösungsorientiert, arbeitet dann systemisch und geht zum NLP über. Beim Handlungstyp benützt man bei Beziehungsproblemen das systemische Konzept. Bei Erkenntnis- und Identitätsproblemen folgt auf das systemische Vorgehen das Fortgeschrittene NLP. Und hat der Handlungstyp Handlungsprobleme, beginnt man ebenfalls systemisch, fährt fort mit NLP und schließt lösungsorientiert.

Dieses Modell macht auch den Unterschied zwischen dem Stabilisieren und dem Therapieren des Persönlichkeitsbereichs deutlich. Damit die Klienten überhaupt arbeitsfähig werden, muß in jedem Fall zuerst der Persönlichkeitsbereich stabilisiert werden. Deshalb beginnt man als Vorspiel zu einer integrierten Therapiestunde mit einigen bestärkenden und aufbauenden Interventionen. Dazu sind das Pacen des Persönlichkeitsbereiches und die Interventionen des ersten Teiles einer lösungsorientierten Stunde geeignet. Erst dann erfolgt der Einstieg in das Integrations-Dreieck. Unabhängig vom Thema wird mit der ersten Methode immer der Entwicklungsbereich des Klienten therapiert und mit der zweiten sein Zielbereich. Die Therapie des Persönlichkeitsbereiches wird im dritten Schritt erforderlich, wenn der Beziehungstyp Beziehungsprobleme, der Sachtyp Erkenntnis- und Identitätsprobleme und der Handlungstyp Handlungsprobleme hat. Auch bei einem psychosomatischen Thema wird man immer alle drei Schritte machen. Als Hausaufgabe empfiehlt sich, wenn man systemisch gearbeitet hat, die Haltungsänderung weiter zu üben, und das *Tit For Tat*, eine Musterunterbrechung oder eine andere paradoxe Aufgabe auszuführen. Wurde nicht systemisch gearbeitet, empfehlen sich Hausaufgaben nach Art der Lösungsorientierten Therapie.

Eine Stunde Integrierte Kurztherapie gliedert sich also wie folgt:
Beginn:
Teil 1 einer Lösungsorientierten Stunde (s. Kap. 3)
Mittelteil:
Integriertes Vorgehen in persönlichkeitsspezifischer,
prozeß- und themenspezifischer Reihenfolge
aus NLP, Lösungsorientierter Therapie und
Systemischer Kurztherapie.
Schlußteil:
Teil 3 einer Lösungsorientierten Stunde (s. Kap. 3)

Wie schon mehrfach betont, sind es nicht die frühkindlichen Erfahrungen, die später zu neurotischem Leiden führen, sondern die „Programme", die das Kind als Reaktion auf dieses Erleben installiert hat. Da das Fortgeschrittene NLP besonders geeignet ist, diese alten Programme zu ändern, dürften diese einschränkenden Muster zwischen Beziehungs- und Erkenntnis-Ich angesiedelt sein. Dafür spricht, daß Beziehungstypen mit neurotischen Strukturen, Perls würde sagen mit Wachstumsstörungen, naiv erscheinen, entweder, daß sie wenig Realitätsbezug haben, oder nicht folgerichtig und in Zusammenhängen denken. Sachtypen mit neurotischen Zügen zeigen ein gestörtes Selbstbewußtsein, so daß sie sich über- oder unterschätzen. Handlungstypen mit neurotischen Tendenzen fallen dadurch auf, daß sie starr und vorurteilshaft denken, wobei das Denken autoritäre und paranoide Züge hat oder regelhaft und selbstgerecht ist. Wenn also angenommen werden kann, daß neurotische Störungen das gegenwärtige Leiden verursachen oder mitverursachen, sollte das NLP immer mit einbezogen werden.

Die strukturtypischen Handlungsprozesse

Das Integrations-Dreieck, die Landkarte für integriertes kurztherapeutisches Arbeiten, reicht für die Therapieplanung vollkommen aus. Führende Kurztherapeuten weisen immer wieder darauf hin, daß man nicht alles verstehen müsse, was in der Therapie funktioniert. So gesehen sind die folgenden Ausführungen entbehrlich. Auf der anderen Seite mache ich die Erfahrung, daß ein Verstehen das methodische Arbeiten in vielen Situationen unterstützen kann. Es gibt mehr Sicherheit darüber, auf dem richtigen Weg zu sein; man kann dem Klienten auf die Sprünge helfen, und man kann genauer und rascher arbeiten, wenn man versteht, was man tut.

Was hier im folgenden untersucht wird, ist das Zusammenspiel von ontologischen und psychologischen Prozessen, das Zusammentreffen der persönlichkeitsspezifischen Dispositionen mit den Bedingungen der äußeren Wirklichkeit. So wird das Handeln vorbereitet im Beziehungs-Ich durch motivierende Träume, im Erkenntnis-Ich durch Zielsetzungen und die Analyse früherer Erfahrungen sowie durch Handlungsstrategien.

Nun herrschen im Beziehungs-, Erkenntnis- oder Handlungs-Ich der drei Persönlichkeitstypen ganz unterschiedliche Bedingungen vor; der Beziehungstyp träumt etwa davon, geliebt zu werden und im Mittelpunkt zu stehen; der Sachtyp träumt davon, unterstützt und verwöhnt zu werden, während der Handlungstyp eher eine Abneigung gegen Tagträume empfindet. Das hängt damit zusammen, daß das Beziehungs-Ich beim Beziehungstyp der Persönlichkeitsbereich mit den *einschränkenden* frühkindlichen Verboten ist, beim Sachtyp der Zielbereich, in dem er *fremdbestimmt* erlebt, und beim Handlungstyp der Entwicklungsbereich, den er eher übergeht und *vernachlässigt.*

Auch das Erkenntnis-Ich wird unterschiedlich benützt. Der Beziehungstyp *vernachlässigt* das Denken, der Sachtyp wird hier durch seine alten Programme *eingeschränkt,* ist auf das Denken *fixiert* und übertreibt oder *dramatisiert* es, und der Handlungstyp denkt hier *fremdbestimmt.* Im Handlungs-Ich und im Bereich Handeln richtet sich der Beziehungstyp nach *fremdbestimmten* Maßstäben, der Sachtyp *vernachlässigt* das Wollen und Machen, während der Handlungstyp hier mit seinen *einschränkenden* Programmen in Kontakt kommt, d. h. auf das Handeln *fixiert* ist und es zugleich übertreibt oder *dramatisiert.* Dabei können, was den Persönlichkeitsbereich betrifft, hier leicht Irritationen entstehen, denn auf Grund der einschränkenden Programme neigt jeder Persönlichkeitstyp dazu, im Gegenzug zuviel zu machen. Manchmal steht sein *eingeschränktes* Verhalten im Vordergrund, manchmal sein *dramatisierendes.* Besonders in Problemsituationen ist er auf die Thematik seines Persönlichkeitsbereiches *fixiert.* Um an diese Ambivalenzen zu erinnern, füge ich in den folgenden schematischen Darstellungen die Buchstaben *f* für *fixiert* und *d* für *dramatisiert* an, also *eingeschränkt/f/d,* was bedeutet: *eingeschränkt-fixiert-dramatisiert.*

Zunächst noch etwas zu den Bezeichnungen neurotisch, Neurose oder Neurotiker. Sie sind in der Kurztherapie unüblich oder verpönt, da diese Begriffe wie die gesamte Psychodiagnostik und Psychopathologie mit ihren psychischen Krankheitsbildern zu einer Fixierung des Therapeuten auf die Problematik und zu einer Stigmatisierung der Klienten beitragen, also eher kontraindiziert sind. Zudem erscheint es unzutreffend, Menschen in psychisch Gesunde und Kranke einzuteilen, da fast jeder in sich gesunde und kranke Anteile hat. Ich denke, es ist in Ordnung, von neurotischen Prozessen, nicht jedoch von neurotischen Menschen zu sprechen. Statt dessen könnte man bei der modellhaften Darstellung der unterschiedlichen Prozesse von Typen in einer eher schlechten oder eher guten Verfassung sprechen. Da dies sprachlich recht umständlich ist, werde ich im folgenden zur Unterscheidung die Zeichen (+) für die gute und (–) für die eher schlechte Verfassung anfügen.

Das bedeutet dann etwa zum Thema Handeln (Abb. 9), daß der Beziehungstyp (–) zunächst negative oder positive Erfahrungen gefühlsmäßig überbewertet, verzerrt und bei diesem Erleben hängenbleibt. Dann denkt er nicht ruhig nach und plant nicht überlegt sein Vorgehen, sondern überspringt den zweiten Schritt, das Erkennen,

Beziehungstyp

Beziehungs-Ich
Persönlichkeitsbereich
eingeschränkt/f/d

Handlungs-Ich	←	Erkenntnis-Ich
Zielbereich		Entwicklungsbereich
fremdbest.		*vernachl.*

Sachtyp

Beziehungs-Ich
Zielbereich
fremdbestimmt

Handlungs-Ich	←	Erkenntnis-Ich
Entwicklungsbereich		Persönlichkeitsbereich
vernachl.		*eingeschr./f/d*

Handlungstyp

Beziehungs-Ich
Entwicklungsbereich
vernachlässigt

Handlungs-Ich	←	Erkenntnis-Ich
Persönlichkeitsbereich		Zielbereich
eingeschr./f/d		*fremdbest.*

Abb. 9: Thema Handeln –
neurotische Prozesse

und wirft sich in ein überstürztes Handeln, das von seinen Zielsetzungen eher fremdbestimmt ist. Er tut das, was andere tatsächlich von ihm erwarten, oder das, von dem er meint, was sie erwarten. Das gibt seinem Handeln von der Motivation her etwas Dramatisches und Emotionales, von der Durchführung her etwas Hektisches und Irrationales und hat zum Ergebnis, daß es wenig mit ihm selbst und viel mit fremden Maßstäben und Ansprüchen zu tun hat.

Beim Sachtyp (–) beginnt der Prozeß des Handelns damit, daß er mit den „Gefühlen anderer" auf Handlungsergebnisse reagiert bzw. mit dem, wovon er glaubt, wie andere darauf reagieren. Das ist zugegebenermaßen verwirrend und belastend, doch er ist darin geübt. Beim zweiten Schritt weiß er weder so richtig, was er will, noch was er kann. Er ist zu sehr mit negativen Erfahrungen und Erwartungen beschäftigt – wunschloses Unglück. Und der dritte Schritt findet dann oft überhaupt nicht statt, er macht nicht das, was gut für ihn wäre. Deshalb ist der Sachtyp (–) der schwächste im Handeln.

Der Handlungstyp (–) ignoriert die gefühlsmäßigen Reaktionen auf Handlungsergebnisse. So wird er ein Handeln, das ihm selbst und anderen nicht gut tut, oft nicht korrigieren. Dann kann er anderen gefühllos, bürokratisch oder stur erscheinen. Das macht ihn zum nützlichen Werkzeug für Institutionen. Auch wird er selbst seine Arbeitskraft ausbeuten, im Beruf, in der Familie und selbst noch in seiner Freizeit. Wo andere sich längst unwohl fühlen und spüren, daß sie sich übernehmen, hält das der Handlungstyp noch für normal und sich und anderen zumutbar. Das wird noch dadurch unterstützt, daß er in seinen Zielsetzungen sich fremdbestimmen läßt und in der Ausführung sich auf perfektes Verhalten fixiert.

Aus Sicht der Lösungsorientierten Therapie ist die positive Fragestellung, wie *gelingende Prozesse* aussehen, zweifellos interessanter – auch wenn mir ein kurzer Blick auf die negative, die „Problemseite" nach wie vor zweckmäßig erscheint. Wie kann man sich die gesunden strukturtypischen Prozesse zum Thema Handeln vorstellen? An die Stelle des angespannten, angestrengten und zwanghaften Bemühens, im Persönlichkeitsbereich geliebt, beachtet und respektiert zu werden, tritt Entspannung und Gelassenheit. Der Beziehungstyp empfindet Selbstvertrauen, der Sachtyp fühlt sich selbtbewußt und der Handlungstyp selbstsicher. Ich fasse in der folgenden formelhaften Darstellung des Prozesses den Ausdruck dieser Stabilität im Persönlichkeitsbereich in dem Wort *gelassen* zusammen.

Die Stabilisierung des Persönlichkeitsbereiches führt fast automatisch dazu, daß die Klienten in ihre Schlüsselfähigkeiten im Entwicklungsbereich gehen. Das ist der Qualitätssprung in der Lösung der Probleme und der entscheidende Faktor in der Entwicklung der Persönlichkeit und dürfte im psychosomatischen Bereich die Wende zur Gesundheit ausmachen (s. Friedmann/Fritz, 1996, S. 240). Die Verwirklichung der Schlüsselfähigkeiten sehe ich als den wichtigsten Schritt in der Psychotherapie. In der Darstellung der Prozesse bezeichne ich diese Fähigkeit mit *engagiert*.

Die Realisierung des Themas Selbstbestimmung im Zielbereich macht diesen Prozeß nicht wieder umkehrbar. Selbstbestimmung bedeutet in den unterschiedlichen Lebensbereichen, daß ich mich als Beziehungstyp frage: „Will *ich* das wirklich – oder meine ich das nur zu wollen, weil es *andere* möglicherweise von mir erwarten?" – „Will ich weiter diesen Preis an Streß bezahlen, um es realen oder imaginären anderen recht zu machen?" Als Sachtyp kann ich mich fragen: „Sind das wirklich meine Gefühle, die ich da empfinde, oder simuliere ich die Gefühle anderer?" – „Was fühle ich wirklich?" – „Will ich mir weiter diesen Druck machen, mich ständig an den wirklichen oder eingebildeten Gefühlen anderer zu orientieren?" Für den Handlungstyp gilt es, sein Denken zu überprüfen: „Sind das meine

Beziehungstyp

Beziehungs-Ich
Persönlichkeitsbereich
gelassen

Handlungs-Ich	Erkenntnis-Ich
Zielbereich	Entwicklungsbereich
selbstbest.	*engagiert*

Handlungs-Ich ◄—— Erkenntnis-Ich

Sachtyp

Beziehungs-Ich
Zielbereich
selbstbestimmt

Handlungs-Ich	Erkenntnis-Ich
Entwicklungsbereich	Persönlichkeitsbereich
engagiert	*gelassen*

Handlungs-Ich ◄—— Erkenntnis-Ich

Handlungstyp

Beziehungs-Ich
Entwicklungsbereich
engagiert

Handlungs-Ich	Erkenntnis-Ich
Persönlichkeitsbereich	Zielbereich
gelassen	*selbstbest.*

Handlungs-Ich ◄—— Erkenntnis-Ich

Abb. 10: Thema Handeln – gesunde Prozesse

eigenen Gedanken, die ich denke. Denke ich das, was ich vermute, was andere von mir erwarten oder was ich glaube, wie ‚richtigerweise' zu denken wäre?" – „Will ich mich weiterhin in meinem Denken *fremdbestimmen*, um einem Bild zu entsprechen, das andere von mir haben sollen, oder pfeife ich darauf und denke lieber meine eigenen Gedanken?" In den Prozeßabläufen nenne ich diese Haltung *selbstbestimmt*.

Wie sehen die gesunden Prozesse des Handelns aus? (Abb. 10) Der Beziehungstyp (+) wird gefühlsmäßig *gelassen* und situationsangemessen reagieren, seine Träume sind realistisch, und er wird sein Handeln gedanklich *engagiert* und durchdacht planen und *selbstbestimmt* handeln. Der Sachtyp (+) wird im Erleben der Ausgangssituation seine eigenen Gefühle wahrnehmen. In seinen Träumen sieht er sich als fähig und wertvoll, wird sich als *selbstbestimmt* erleben. Dann wird er *gelassen* nachdenken und sich nicht im Denken verfangen, sondern entschlossen und *engagiert* handeln. Der Handlungstyp (+) wird zunächst gefühlsmäßig auf die Ausgangssituation reagieren, *engagiert* seine eigenen Bedürfnisse wahrnehmen und sich erlauben, seine Träume zu kreieren, dann *selbstbestimmt* denken und *gelassen* handeln.

Der Sachtyp kann seinen Weg zu einem erfolgreichen Handeln ausschließlich mit der Lösungsorientierten Therapie erreichen. Es genügen reichlich Zuwendung und Anerkennung auf allen drei Interaktionsebenen, anregende Fragestellungen und das Dahinter-Bleiben im Bereich Handeln. Beim Beziehungstyp wird man besser mit dem Fortgeschrittenen NLP beginnen und dann lösungsorientiert weitermachen, denn Handlungsprobleme werden bei ihm meist dadurch verursacht, daß er sich menschlich nicht wohl und angenommen fühlt. Wenn der Handlungstyp hier Probleme hat, was eher selten vorkommt, sind die Chancen gering, nur mit der Lösungsorientierten Methode das Handlungsziel zu erreichen. In der Regel wird es darauf ankommen, daß er wieder Zugang zu seinen Gefühlen bekommt und lebendig wird, dann einige Identitätsfragen löst und beides ins Handeln einbringt. Dazu empfiehlt es sich, mit der Systemischen Kurztherapie zu beginnen, dann mit dem Fortgeschrittenen NLP darauf aufzubauen und lösungsorientiert abzuschließen.

Fallbeispiel 1: Wie sieht der Weg aus, um ...?
Frau Krug ist einige Jahre vor dem Fall der Mauer aus der DDR in den Westen gekommen. Da sie einen Ausreiseantrag gestellt hatte, mußte sie Verhöre des Staatssicherheitsdienstes und Repressalien über sich ergehen lassen. Von daher dürfte eine Unsicherheit im Umgang mit Behörden und Autoritätspersonen herrühren. Ihr Anliegen ist: Sie will ihre Tochter aus der jetzigen Schule nehmen, wo diese von Mitschülern gequält und von einem menschlich und pädagogisch ungeeigneten Klassenlehrer unterrichtet wird. Sie hat ihre Entscheidung getroffen, nachdem Gespräche mit Lehrern und Eltern keine Besserung der Situation gebracht haben. Frau Krug möchte nun einen Weg finden, wie sie den anstehenden Schulwechsel bewerkstelligen kann. Doch sie hat eine große Scheu davor, die notwendigen Schritte zu unternehmen. So befürchtet sie, daß die Schulen Informationen austauschen, die den Neubeginn ihrer Tochter belasten könnten.
Diagnose:
Frau Krug ist Beziehungstyp 1. Ihr Anliegen ist ein Handlungsproblem. Sie leidet intensiv mit ihrer Tochter mit, ist auf dieses Mitleiden fixiert, erlebt sich als sehr angespannt und geht dabei in eine kämpferische Haltung. Das hindert sie daran, in Ruhe darüber nachzudenken, wie sie vorgehen könnte.
Therapieplanung:
Da es sich bei ihr um ein Handlungsthema handelt, werde ich mit

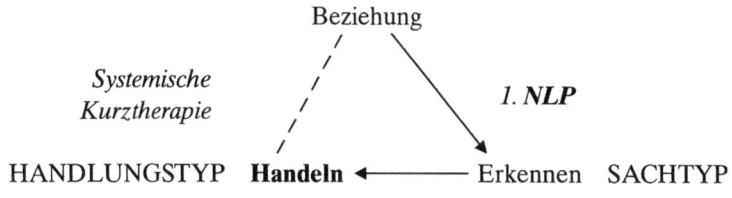

BEZIEHUNGSTYP

Beziehung

Systemische   *1. NLP*
Kurztherapie

HANDLUNGSTYP   **Handeln** ◄─────── Erkennen   SACHTYP

2. Lösungsorientierte Therapie

Abb. 11: Integrations-Dreieck: Beziehungstyp – Thema Handeln

NLP beginnen, denn wenn sie ihr emotionales Selbstvertrauen zurückgewinnt, kann sie wieder klar denken. Im zweiten Schritt können dann mit der Lösungsorientierten Therapie Handlungsstrategien ermittelt werden. (Abb. 11)

Therapie:

Auf die Frage nach ihrem *Ziel* antwortet sie, sie wolle einen Weg finden, wie sie für ihre Tochter den anstehenden Schulwechsel auf eine für das Kind gute Art zustande bringen könne. Die Frage, was sie *selbst* schon *herausgefunden* habe, das ihr helfen könne, dieses Ziel zu erreichen, beantwortet sie damit, daß es ihr helfen würde, wenn sie mehr Vertrauen in die Fähigkeiten ihrer Tochter hätte und die Situation in einem größeren Zusammenhang sehen könnte.

Ich beginne mit NLP und einem *Swish*. Im Ausgangsbild sieht und erlebt sie sich assoziiert in dem typischen sorgenvollen Zustand. Im Zielbild sieht sie sich mit den Fähigkeiten des Vertrauens in den Lebensweg ihrer Tochter und mit der Fähigkeit, in größeren Zusammenhängen denken zu können. Um das Zielbild noch attraktiver zu machen, wählt sie des weiteren die Fähigkeiten, ihre Tochter als eigenständigen Mensch zu sehen und den Glauben ans Gelingen. Dann ändere ich mit Hilfe von NLP bei ihr den *Glaubenssatz* „Angst, daß ihr was Schlimmes passieren wird" in „Ich vertraue meiner Tochter ..." Den alten Glaubenssatz denkt sie hinter der Stirn, ihr gleichgültige Sätze im Hinterkopf. Die kinästhetische Komponente des alten Glaubenssatzes ist ein flaues Gefühl etwas oberhalb des Magens. Den neuen Glaubenssatz erlebt sie als tiefes Durchatmen und ein befreites Gefühl im ganzen Oberkörper.

Es geht ihr jetzt schon besser. Ich arbeite lösungsorientiert mit ihr weiter und beginne mit der *Wunderfrage:* „Stellen Sie sich vor,

Ihr Problem sei gelöst. Wie erleben Sie jetzt die Situation ohne das Problem?" Ich lasse sie einen positiven Gesprächsverlauf phantasieren. Sie stellt sich die Situation vor und fühlt sich sichtbar wohl dabei: Sie lächelt vor sich hin, und als sie ihre Augen öffnet, strahlen sie. Dann analysieren wir im Sinne der *Ausnahmen* frühere Gespräche, die sie zu ihrer Zufriedenheit geführt hat. Wir erarbeiten, *wie* sie diese Gespräche geführt hat und auf *welche* Fähigkeiten sie sich dabei stützen konnte. Dabei zeigt sich, daß sie sich gut auf ein Gespräch konzentrieren und Situationen sachlich und differenziert darstellen kann. Ich bestätige ihr, daß das bei Gesprächspartnern Respekt auslöst und gut ankommt. Zum Abschluß frage ich sie nochmals nach dem *Ziel*, wie sie jetzt konkret vorgehen wolle. Sie antwortet, daß sie sich informieren werde, wie der Weg eines Schulwechsels aussehe. Daraus würden sich dann die weiteren Schritte ergeben. Sie äußert sich zufrieden über die gefundene Lösung.

In der folgenden Woche ließ sie sich eine Liste mit den in Frage kommenden Schulen vom Schulamt schicken. Sie sah sich mit ihrer Tochter einige Schulen an und nahm mit den Schulleitungen Kontakt auf. Nach einigem bürokratischen Hin und Her konnte ihre Tochter an eine kleinere Realschule wechseln.

Fallbeispiel 2: Ich weiß, was ich will!
Herr Belt berichtet, daß er sich in der Vergangenheit beruflich zuviel Arbeit aufgeladen habe, u. a. deshalb, weil die Geschäftsleitung verlangt, daß in mehreren Sparten gleichzeitig Umsatz gemacht werden soll. Herr Belt möchte sich statt dessen auf seinen Kompetenzbereich und auf jene Sparten konzentrieren, in denen nach seiner Einschätzung erfolgreich gearbeitet werden kann. Er ist überzeugt, daß dadurch längerfristig bessere Erfolge erzielt werden können.
Diagnose:
Herr Belt ist Sachtyp. Sein Problem ist ein Handlungsthema. Herr Belt, der nicht mehr bereit ist, seine negativen Erfahrungen mit einem innerlichen Vor-sich-hin-Schimpfen auf sich beruhen zu lassen, will künftig selbstbewußt seine Ziele verfolgen.
Therapieplanung:
Therapeutisch kann man ihn in seinem Vorhaben mit der Lösungsorientierten Therapie unterstützen. (Abb. 12) Er weiß zwar schon, was er will, wirkt aber noch wenig zuversichtlich, daß er mit seinem Vorhaben erfolgreich sein wird.

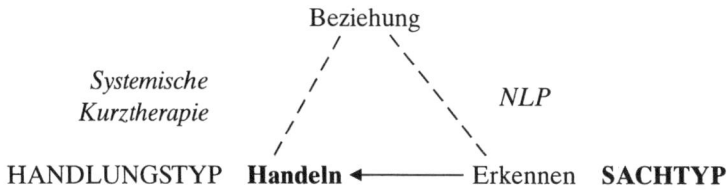

BEZIEHUNGSTYP

Beziehung

Systemische
Kurztherapie

NLP

HANDLUNGSTYP   **Handeln** ◄─────── Erkennen   **SACHTYP**

1. Lösungsorientierte Therapie

Abb. 12: Integrations-Dreieck: Sachtyp – Thema Handeln

Therapie:
Ich arbeite mit ihm ausführlich lösungsorientiert. Die Frage nach
seinem *Ziel* beantwortet er mit: „Ich möchte mich aufs Wesentliche
konzentrieren!" *Selbst herausgefunden* hat er, daß er dazu, statt innerlich vor sich hin zu jammern, entschlossen handeln und Tätigkei-
ten, die wenig erfolgversprechend sind, reduzieren oder ganz weg-
lassen muß, auch dann, wenn sie von seinen Vorgesetzten als wichtig
angesehen werden. Er will das Risiko auf sich nehmen, sich ganz auf
erfolgversprechende Aktivitäten zu konzentrieren. Nachdem er
nochmals kurz seine Situation erläutert hat, bekommt er *Anerkennung* dafür, daß er schon begonnen hat, seine Ziele zu realisieren,
und sich nicht, wie viele seiner Kollegen, trotz besseren Wissens, an
die Vorstellungen seiner Vorgesetzten anpaßt. Weiter wird seine Situation sinngemäß so *normalisiert*, daß es normal sei, sich belastet
zu fühlen, wenn man das Risiko eingeht, Entscheidungen zu treffen,
die möglicherweise mißbilligt werden. Dann ermitteln wir das *Gute
des Schlechten*, das darin liegen könnte, wieder mehr Freude und
Motivation für die Arbeit zu empfinden. Schließlich frage ich ihn,
wie er in diesem Spannungsfeld zwischen der eigenen Einsicht und
den Meinungen der Vorgesetzten klarkomme.
   Als konkretes *Ziel* formuliert er: „Ich möchte mich auf meinen
Kompetenzbereich konzentrieren, ihn erweitern und dabei erfolgreich sein." Bei den *Ausnahmen* erkennt er, daß er in gelingenden
Situationen aktiver handelt, überzeugter ist von sich selbst und eine
positivere Einstellung hat. Im Sinne des *Vermögen Vergrößerns* frage
ich ihn immer wieder: „Wie machen Sie das, aktiver (überzeugter,
positiver) zu sein?" Seine *strategischen Ziele* sind: Er möchte sein
Engagement auf zwei Sparten konzentrieren, um darin erfolgreich

155

zu sein. Wir schließen diesen Teil ab, indem er in einem *Lösungsfilm* sich eine Arbeitssituation in seinem Sinne vorstellt. Er hat dabei ein zuversichtliches Gefühl. Die *Schlußbotschaft* besteht nochmals aus Anerkennung, dann aus der Botschaft, in der Sache konsequent, in den Worten jedoch diplomatisch zu sein, und als Hausaufgabe, weiter auf die eigenen Fähigkeiten zu setzen.

In den folgenden Monaten engagiert er sich wieder mehr und fühlt sich seiner Arbeit verbundener.

Fallbeispiel 3: Das Chaos genießen lernen

Frau Merkel berichtet, daß sie in der letzten Zeit sehr gereizt reagiere, total urlaubsreif sei und so weit wegfahren möchte wie möglich. Auf meine Fragen erhalte ich folgende Informationen: Sie arbeitet selbständig zu Hause, und der Umfang ihrer Tätigkeit ist von Jahr zu Jahr gewachsen. Das hat dazu geführt, daß sie in ihrer Wohnung einen Raum nach dem andern „in Büros" umgewandelt hat, so daß die Wohnung für sie immer weniger wohnlich geworden ist. Als sie sich vor etwa einem Jahr nach einer anderen Wohnung umsah, lernte sie ihren jetzigen Partner kennen. Der war mit der Planung und dem Bau eines eigenes Hauses beschäftigt. Als es für beide klar war, daß sie zusammenziehen würden, gab sie die Wohnungssuche auf. Doch jetzt zieht sich die Fertigstellung des Hauses immer mehr in die Länge. Obwohl das neue Haus noch keine funktionierende Heizung oder ein Bad hat, ist ihr Partner, der gut improvisieren kann, schon eingezogen. Auf ihr Drängen, die Arbeiten der Handwerker zu beschleunigen, reagiert er eher abwehrend. Frau Merkel macht deutlich, daß sie einen geordneten Rahmen braucht, um sich wohl zu fühlen.

Diagnose:

Frau Merkel ist Handlungstyp. Ihre Thematik berührt alle drei Themen, es geht um die *Beziehung* zu ihrem etwas chaotischen Umfeld, um ihre *Identität* – „Ich bin jemand, der eine geordnete Umgebung braucht!" –, und es ist ein *Handlungsproblem*: „Wie kann ich in einem chaotischen Umfeld leben und mich darin einrichten?"

Therapieplanung:

Für Frau Merkel wird es darauf ankommen, daß sie zunächst im Persönlichkeitsbereich so weit stabilisiert wird, daß sie ihre jetzige Situation gefühlsmäßig annehmen kann. Dazu ist der systemische Ansatz geeignet. Mit Hilfe von NLP können ihr Denken und ihre Reaktionen zum Thema Chaos verändert werden. Schließlich kann die Lösungsorientierte Therapie sie darin unterstützen, aus der jetzigen Situation das Beste zu machen. (Abb. 13)

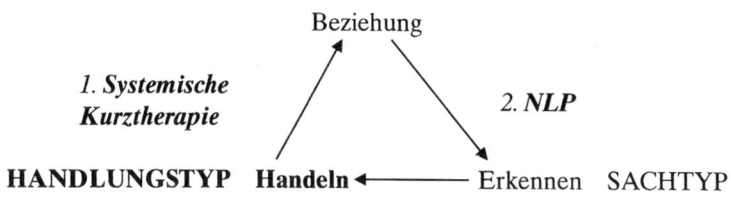

BEZIEHUNGSTYP

Beziehung

*1. Systemische
Kurztherapie*   *2. NLP*

HANDLUNGSTYP Handeln ◄─────── Erkennen   SACHTYP

3. Lösungsorientierte Therapie

Abb. 13: Integrations-Dreieck: Handlungstyp – Thema Handeln

Therapie:
   Als *Ziel* nennt sie, daß sie mit der Übergangssituation besser
zurechtkommen wolle. *Selbst herausgefunden* hat sie, daß dann,
wenn sie sich mit anderen Menschen wohlfühlt, sie die Umgebung
wenig stört. Ich beginne mit ihr systemisch zu arbeiten: „Was macht
die Situation, jetzt in der Unordnung leben zu müssen, mit Ihnen?"
Sie antwortet, es mache sie verwirrt, unruhig, verunsichere sie, mache ihr angst, keinen Halt zu haben. Ich *überhole* sie: „Angst, ins
Chaos abzustürzen und unterzugehen?" Sie lächelt zustimmend.
Wir beginnen mit einer Systemischen Haltungsänderung. Dazu suchen wir *hypothetische Situationen*, in denen es o. k. wäre, bei jemandem Angst vor dem Chaos zu erzeugen. Nachdem sie in diese
Haltung und *Energie* hineingegangen ist und damit ihre Wohnsitua-
tion *konfrontiert* hat, entspannt sich für sie die Situation. Sie erlebt
sie gelassener.
   Nun arbeiten wir weiter mit NLP und verändern den *Glaubenssatz* „Das Chaos ist gefährlich!" in „Das Chaos ist interessant!". Hatte sie auf den alten Glaubenssatz bedroht und aufgewühlt reagiert,
spürt sie nun eine freudige Erregung. Nun ändern wir die Gewohn-
heit „genervt" zu reagieren mit der *Swish-Technik* in die Fähigkeiten, sich wohlzufühlen, gelassen zu reagieren und die Dinge „wachsen lassen" zu können. Nun fühlt sie sich noch besser.
   Im nun folgenden lösungsorientierten Teil nennt sie als *Ziele*: Die
Situation anzunehmen, ihren Urlaub nicht als Flucht zu sehen, sondern als Möglichkeit, wieder zu sich zu finden, der jetzigen Situation
einen Reiz abzugewinnen, und zu beginnen, sich in dem neuen Haus
anheimelnde Orte zu schaffen, indem sie persönliche Dinge mitbringt. Als *Lösungsfilm* stellt sie sich vor, wie sie sich in dem neuen

Haus trotz Unordnung und Unfertigkeiten wohl fühlt. Dabei hat sie das Bild eines sprießenden und blühenden Blumengartens vor Augen. Als *Ausnahme* fällt ihr eine Situation ein, in der sie liebevoll für sich und die anderen einen Tisch gedeckt hat. Bei der Analyse der Situation: „Wie haben Sie das gemacht, sich trotz der Unordnung drum herum wohlzufühlen?" wird ihr deutlich, daß sie hier einem spontanen Gefühl gefolgt ist. Ich gebe ihr als *Hausaufgabe,* noch mehr als bisher auf solche Gefühle zu achten.

Einige Wochen später berichtet sie, daß sie mit der Situation jetzt recht gut klarkomme. In ihrer eigenen Wohnung hat sie es sich wieder wohnlicher gemacht, so daß sie dort nicht mehr wie auf gepackten Koffern sitzt. Bei der Fertigstellung des neuen Hauses arbeitet sie tatkräftig mit, möchte gerne, wenn es ihre berufliche Situation zulassen würde, sich noch mehr beteiligen. Sie kann es jetzt genießen, das Haus wachsen zu sehen.

Die strukturtypischen Beziehungsprozesse

Da der Prozeß im Beziehungs-Dreieck beim Erkennen beginnt und über das Handeln zum Beziehungsverhalten geht, sind hier die Karten für die einzelnen Persönlichkeitstypen neu gemischt. Auch hier ist es so, daß das Beziehungsthema die beiden anderen Bereiche überstrahlt und sie auf sich ausrichtet. Das Erkennen hat mit sinnenhafter Wahrnehmung, mit Schönheit und Gefallen zu tun und das Handeln mit der Organisation des Beziehungsgeschehens. Wie sehen nun zunächst die neurotischen oder mißlingenden strukturtypischen Prozesse zum Thema Beziehung aus? (Abb. 14)

Der Beziehungstyp, der sich in einer eher schlechten Verfassung befindet, also der Beziehungstyp (–), denkt zuwenig über seine Erfahrungen nach und mißachtet sowohl die Realität als auch mögliche Folgen. So läßt er sich eher von romantischen Träumen und Stimmungen leiten, und er wird immer wieder Beziehungen ins Auge fassen, die ihm nicht guttun können. In seinem Beziehungs-*Handeln* verhält er sich fremdbestimmt, d. h., er orientiert sich danach, wie *man* attraktiv und gewinnend wirkt. Er wirft wahllos mit seinem Charme um sich, ohne Rücksicht darauf, was er damit anrichtet. In seinem Beziehungserleben ist er auf die Frage fixiert: „Liebt mich der andere auch wirklich?" Damit hindert er sich daran, sich auf das Erleben einzulassen. Für den Partner bedeutet es, daß er sich auf vermintem Gelände bewegt – irgendein

Beziehungstyp

Beziehungs-Ich
Persönlichkeitsbereich
eingeschränkt/f/d

Handlungs-
Ich
Zielbereich

fremdbest.

Erkenntnis-
Ich
Entwick-
lungsbereich
vernachl.

Sachtyp

Beziehungs-Ich
Zielbereich
fremdbestimmt

Handlungs-
Ich
Entwick-
lungsbereich
vernachl.

Erkenntnis-
Ich
Persönlich-
keitsbereich
eingeschr./f/d

Handlungstyp

Beziehungs-Ich
Entwicklungsbereich
vernachlässigt

Handlungs-
Ich
Persönlich-
keitsbereich
eingeschr./f/d

Erkenntnis-
Ich
Zielbereich

fremdbest.

Abb. 14: Thema Beziehung – neurotische Prozesse

Mißverständnis kann jederzeit eine krisenhafte Situation auslösen.

Der Sachtyp (–) wird schüchtern und unsicher auf mögliche Beziehungssituationen reagieren. Bei Schritt 2 wird er im richtigen Moment nichts oder das Falsche tun. Er ist der Typ, der so lange gute Miene zum bösen Spiel macht, bis es dem anderen zu dumm wird und der ihn verläßt. In seinem Beziehungserleben paßt er sich an die Gefühle und Erwartungen des anderen an oder an das, was er für die Gefühle und Erwartungen des anderen hält. Das macht Beziehungen für ihn anstrengend und auch für seinen Partner wenig spontan und lebendig.

Der Handlungstyp (–) wird einen möglichen Partner danach beurteilen, wie er zu seinen und den Maßstäben jener paßt, die für ihn maßgebend sind: „Was macht er für einen Eindruck, ist er ordentlich, zuverlässig, repräsentabel?" Sein Beziehungshandeln wird sich in den konventionellen Bahnen bewegen, die in seinem sozialen Umfeld und für seine Altersgruppe üblich sind. Dabei neigt er dazu, andere zu schulmeistern. Heftige Gefühle sind ihm eher unheimlich, deshalb wird er sich im Beziehungserleben lieber auf kameradschaftliche Gefühle beschränken.

Wie sehen nun die *gelingenden Prozesse* zum Thema Bezie-

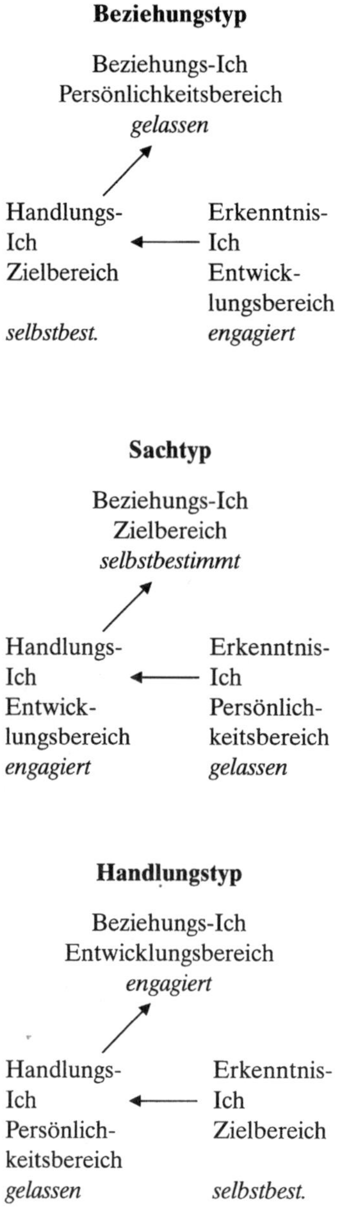

Beziehungstyp

Beziehungs-Ich
Persönlichkeitsbereich
gelassen

↗

Handlungs-   Erkenntnis-
Ich   ←—— Ich
Zielbereich   Entwick-
                lungsbereich
selbstbest.   *engagiert*

Sachtyp

Beziehungs-Ich
Zielbereich
selbstbestimmt

↗

Handlungs-   Erkenntnis-
Ich   ←—— Ich
Entwick-   Persönlich-
lungsbereich   keitsbereich
engagiert   *gelassen*

Handlungstyp

Beziehungs-Ich
Entwicklungsbereich
engagiert

↗

Handlungs-   Erkenntnis-
Ich   ←—— Ich
Persönlich-   Zielbereich
keitsbereich
gelassen   *selbstbest.*

Abb. 15: Thema Beziehung – gesunde Prozesse

hung aus? (Abb. 15) Für den Beziehungstyp (+), der sich in einer guten Verfassung befindet, bedeutet dies, daß er aus seinen guten und schlechten Erfahrungen lernt und daraus die richtigen Schlüsse zieht. Im Beziehungsverhalten wird er nicht mehr andere nachahmen, sondern zu seiner eigenen Wesensart stehen und seinen Charme auf seinen Partner konzentrieren und ihn nicht wie ein öffentliches Feuerwerk abbrennen. Auf sein Beziehungserleben kann er sich wirklich einlassen, weil er sich als liebenswert erlebt und es sich nicht mehr ständig beweisen muß.

Der Sachtyp (+) wird sich nicht mehr durch Erinnerungen einengen, sondern offen und selbstbewußt auf den anderen zugehen. Er wird sagen, was er möchte, fürsorglich sein und Verantwortung übernehmen und aus einer eher passiven in eine aktive Haltung gehen. Sein Beziehungsverhalten ist nicht mehr geprägt durch Objektivität und Tatkraft, was ihm eher die Züge eines Wissenschaftlers oder Managers als eines Liebhabers verleiht, sondern gewinnt spielerische Züge. In seinem Beziehungserleben wird er seine eigenen Gefühle wahrnehmen.

Der Handlungstyp (+) wird sich auf seine Sinne verlassen, auf das schauen, was ihm gefällt und nicht so sehr auf das, was er für passend hält. In seinem Beziehungsverhalten wird er der „Weisheit seiner Bedürfnisse" folgen und gelegentlich die Konventionen vergessen. Er wird erkennen, daß er sich auf seine Gefühle verlassen und, wenn er will, sich auf sie einlassen kann, daß sie nicht anarchisch und chaotisch sind, sondern ihre eigene Logik haben.

Da es beim Beziehungsthema nicht vom Ziel, sondern dem therapeutischen Vorgehen her darum geht, etwas *anderes zu machen*, ist hier die Systemische Therapie die Methode der Wahl. Beim Handlungstyp wird man damit direkt beginnen und in der Regel gute Ergebnisse erzielen. Beim Sachtyp wird es besser sein, zuerst lösungsorientiert zu beginnen, damit er selbst aktiv wird und Verantwortung übernimmt und um seine Selbstsicherheit zu stabilisieren, und dann systemisch fortfahren. Beim Beziehungstyp wird man noch etwas weiter ausholen, mit dem Fortgeschrittenen NLP beginnen, um ihn emotional zu stabilisieren und ins Erkennen zu bringen, dann lösungsorientiert fortfahren, um Klarheit und Struktur in seine Situation zu bringen, und dann systemisch mit ihm arbeiten, um Veränderungen in seiner Beziehung zu erreichen.

Fallbeispiel 4: Heraus aus der Krise
Frau Klanz ist Ende Vierzig und hat vor fünf Wochen ihren Arbeitsplatz verloren. Ihr Chef hatte ihr fristlos gekündigt, nachdem sie ihm zum wiederholten Male nachgewiesen hatte, daß er sie zu Unrecht beschuldigte, grobe Fehler in ihrer Arbeit gemacht zu haben. Nachdem die vorausgegangenen Monate für sie schon belastend und aufreibend gewesen waren, fiel sie nach der unerwarteten Kündigung in eine Verzweiflungs-Depression.
Diagnose:
Frau Klanz ist Beziehungstyp. Ihr Thema ist ein Beziehungsthema, d. h., es geht um ihre Beziehung zu ihrer Lebenssituation. Sie fühlt sich extrem schlecht behandelt, kann das alles nicht begreifen und ist in ihrem Handeln wie gelähmt.
Therapieplanung:
Im ersten Schritt geht es darum, sie in ihrem Persönlichkeitsbereich so weit zu stabilisieren, daß sie in ihre Schlüsselfähigkeiten gehen und ihre Erfahrungen klar und distanziert durchdenken kann. Sie sagt immer wieder: „Ich kann einfach nicht verstehen, wie man sich so verhalten kann!" Dann wird es darauf ankommen, daß sie wieder aktiv ihr Leben gestaltet. Sie spricht über ihre jetzige Situation als „Stillstand" und von sich als in einem „Totstellreflex" befindlich. Schließlich wird es darauf ankommen, diese traumatisie-

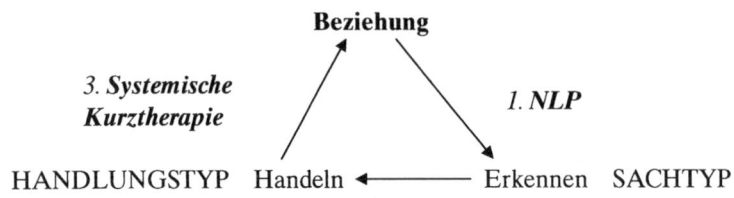

BEZIEHUNGSTYP

Beziehung

3. Systemische
Kurztherapie

1. NLP

HANDLUNGSTYP   Handeln ◄——————— Erkennen   SACHTYP

2. Lösungsorientierte Therapie

Abb. 16: Integrations-Dreieck: Beziehungstyp – Thema Beziehung

renden Erfahrungen zu überwinden und zu dem früheren Selbstvertrauen zurückzufinden. Dazu werde ich mit NLP beginnen, lösungsorientiert weiterarbeiten und systemisch abschließen. (Abb. 16)
Therapie:
Die Frage nach dem *Ziel* beantwortet Frau Klanz mit: „Ich möchte
heraus aus der Krise." Und die Nachfrage, worauf sich diese Krise
beziehe, mit: „Auf alles, meine ganze Situation, mein jetziges Leben."
Zur Frage, was sie *selbst herausgefunden* hätte, das ihr helfen könne,
aus der Krise zu kommen, antwortet sie, sie müsse wieder eine positive Einstellung zu ihrem Leben finden.
    Um sie in ihrem Persönlichkeitsbereich zu stabilisieren und den
Weg in ihre Schlüsselfähigkeiten zu ebnen, beginne ich mit *NLP*, und
zwar zunächst mit einem *Swish*. Im Ausgangsbild erlebt sie sich *dissoziiert* und empfindet dabei Schwere im Körper und einen lasten-
den Druck auf der Brust. Im Zielbild sieht sie sich *assoziiert* mit der
Fähigkeit, wieder positiv mit ihrem Leben umzugehen. Das ist schon
recht attraktiv für sie. Sie fügt dann noch die Fähigkeiten, sich leicht
und gelöst zu fühlen, dazu sowie die, sich wieder auf etwas freuen
zu können. Nun ändern wir den *Glaubenssatz:* „Ich kann nicht verstehen, warum ..." in „Ich kann erkennen, wie ..." Bei dem alten
Glaubenssatz hat sie die Empfindung sich zu verkrampfen und spürt
Druck in der Herzgegend, der neue Glaubenssatz läßt sie tief durchatmen und wirkt auf sie befreiend.
    Nun arbeite ich mit den drei Lösungsleitlinien aus der Lösungs-
orientierten Therapie in persönlichkeitsspezifischer Reihenfolge. Ich
stelle ihr die *Wunderfrage,* und sie gestaltet einen Lösungsfilm, so als
ob jetzt das Problem schon verschwunden sei. Dabei lächelt sie entspannt. Dann *analysieren* wir Situationen, in denen schon ein klein

bißchen von dieser Lösung realisiert wurde. Sie erkennt, daß sie in solchen Momenten aktiver ist und andere sein lassen kann, wie sie sind. Als *Ziel* formuliert sie, weiter aktiv zu sein und ihren Gedanken eine neue Richtung zu geben.

Nun folgt eine Haltungsänderung nach der Systemischen Kurztherapie. Der *erste Schritt*: „Was macht diese Erfahrung mit Ihnen?" beantwortet sie mit Folgereaktionen, etwa, daß sie sich wie gelähmt fühlt, oder mit auslösenden Situationen, etwa dem intriganten Verhalten von einer Mitarbeiterin, der sie vertraut hatte, oder den cholerischen Auftritten ihres Chefs. Das unmittelbare Erleben ist ihr schwer zugänglich. Schließlich sagt sie, sie sei enttäuscht. *Schritt zwei*: Sich die Haltung und Energie des Enttäuschens aktiv zugänglich zu machen, indem sie sich vorstellt, einen Schwindler zu enttäuschen, fällt ihr leicht. Auch die *Konfrontation* ihrer gegenwärtigen Situation mit dieser Haltung und Energie des Enttäuschens gelingt ihr gut. Sie fühlt sich jetzt kraftvoller und besser. Als *Hausaufgabe* soll sie dieses „Jemand-aus-gutem-Grund-Enttäuschen" weiterüben und mit dieser Haltung ihre Situation konfrontieren.

Einige Wochen später berichtet sie, daß es ihr zwar noch nicht gut, doch besser ginge. Zunächst hatte sie sich nach dem Gespräch zwei Tage wohl gefühlt, doch dann gab es neuen Ärger mit dem Chef, der seine Praxis der diffamierenden Beschuldigungen in einem langen Schreiben an sie, das Arbeitsamt und eine andere für sie wichtige Stelle fortsetzte. In den folgenden Wochen normalisierte sich ihr Befinden wieder.

Fallbeispiel 5: Mit Gottvertrauen

Frau Behlas hat eine sie immer noch belastende Trennung hinter sich. Ihr wurde das Sorgerecht für ihren vierzehnjährigen Sohn zugesprochen. Er mußte die Klasse wiederholen. Auch jetzt zeigt er keinerlei Ehrgeiz, schwänzt die Schule und macht seine Hausaufgaben nicht. Wenn sie ihn dazu anhält, beschimpft er sie. Sie möchte ein besseres Verhältnis zu ihm gewinnen und ihn nicht mehr drängen und ermahnen, seine Hausaufgaben zu machen, da das bisher nichts gebracht und nur ihre Beziehung zu ihm belastet hat.

Diagnose:

Frau Behlas ist Sachtyp. Ihr Thema ist ein Beziehungsproblem. Ihr mangelndes Selbstbewußtsein überspielt sie, indem sie sich „wichtig" macht durch langatmige Erklärungen. Ihre Stimme klingt dabei empört, drohend oder belehrend. Sie wirkt sehr verwirrt und kann sich schlecht konzentrieren.

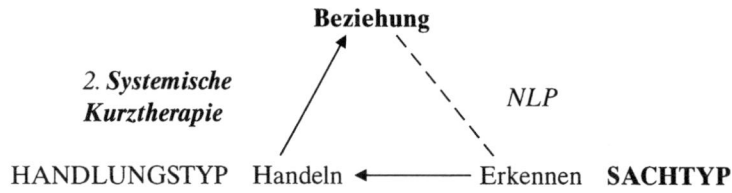

BEZIEHUNGSTYP

Beziehung

2. Systemische
Kurztherapie   *NLP*

HANDLUNGSTYP   Handlen ←——————— Erkennen   **SACHTYP**

1. Lösungsorientierte Therapie

Abb. 17: Integrations-Dreieck: Sachtyp – Thema Beziehung

Therapieplanung:
Für Frau Behlas ist es wichtig, aus ihrem unentwegten Analysieren und Grübeln herauszukommen und statt dessen ins Handeln zu gehen. In ihrer Beziehung zu ihrem Sohn muß sie lernen, sich auf ihre eigenen Gefühle zu verlassen, denn im Grunde hat sie ihn gerne und hat Zutrauen zu seinen Fähigkeiten. Vermutlich reagiert ihr Sohn aggressiv auf ihre „wichtigtuerische" Art, die sie wohl auch ihm gegenüber zeigt. Ich beginne mit ihr lösungsorientiert zu arbeiten, um ihr Selbstbewußtsein zu stärken, und gehe dann das Beziehungsthema systemisch an. (Abb. 17)
Therapie:
Die *Zielfrage* beantwortet sie mit: „Ich möchte besser mit meinem Sohn klarkommen und es ihm überlassen, ob er lernt oder nicht." Auf die Frage, was sie *selbst herausgefunden* habe, um diesem Ziel näherzukommen, antwortet sie, notfalls könne sie ihn in ein Heim geben, und dieses Wissen würde sie entlasten. Als *beklagten Sachverhalt* berichtet sie, daß ihr Sohn durchaus aktiv sei und das mache, was ihn interessiere, nur eben nichts für die Schule. Als *Anerkennung* sage ich ihr, daß ich heraushöre, daß sie ihren Sohn gerne habe und ihr viel daran liege, daß er Erfolg im Leben habe. Es sei ganz *normal,* daß Jungen in diesem Alter oft an ganz anderen Dingen als an der Schule interessiert seien. Das *Gute des Schlechten* für sie könne darin liegen, daß sie jetzt eine erwachsenere Form der Beziehung zu ihm finde. Auf die Frage, wie sie *es schaffe, trotz* dieser Belastungen zu ihm zu stehen, sagt sie, daß sie ihn möge und er wichtig sei für sie. Dann formuliert sie als *Ziel:* „Ich möchte lernen, ihm zuzutrauen, daß er seinen Weg geht." (Ich habe mich bei der Arbeit mit ihr offensichtlich von ihrer Unklarheit anstecken lassen und nicht be-

164

merkt, daß in beiden Zielformulierungen Abschwächungen enthalten sind: *besser* mit ihm klarkommen und *lernen* ihm zuzutrauen, daß … Eindeutige Zielformulierungen wären gewesen: „Ich möchte mit meinem Sohn klarkommen …" und „Ich möchte ihm zutrauen, daß …" So war dann auch das Ergebnis dieser Arbeit nicht ganz befriedigend.)

Bei der Analyse von *Ausnahmen*, also Situationen, wo ihr das schon gelingt, findet sie heraus, daß das mit ihrem Gottvertrauen zusammenhänge und damit, daß sie sich nicht von der Meinung anderer beeinflussen lasse. Bei jeder Antwort frage ich sie, *wie* sie das mache, um damit ihr *Vermögen zu erweitern*. Nach einigem Nachdenken kann sie diese Fragen klar beantworten. Die Frage, wie sie jetzt *konkret* vorgehen wolle, beantwortet sie damit, daß sie das Thema Hausaufgaben nicht mehr ansprechen und dafür mit ihm über sein Hobby reden würde. Sie bekommt als *Aufgabe*, auf Verhaltensweisen bei ihrem Sohn zu achten, die sie anerkennen könne.

(Aus Zeitgründen wurde hier nach ca. 20 Minuten das Gespräch beendet und die Fortsetzung für den nächsten Tag vereinbart. Nun berichtet Frau Behlas von einem ersten Erfolg. Ihr Sohn war an diesem Tag wieder nicht in der Schule gewesen und hatte vor, am Abend auszugehen. Dazu wollte er, daß sie ihn mit dem Auto hinbringe. Doch sie sagte ihm, daß sie damit nicht einverstanden sei und fuhr ihn nicht. Auch bei seiner Großmutter fand er keine Unterstützung. Darauf zog er einen alten Pullover an und ging in den Garten, um dort etwas zu arbeiten.)

Wir arbeiteten nun systemisch weiter. Auf die Frage, *was die Situation mit ihr mache,* wird deutlich, daß sie Angst hat, man könne ihr das Sorgerecht wieder nehmen und dem Vater geben, wenn der Junge in der Schule versage. Das *unmittelbare Erleben* beschreibt sie mit Angst und daß sie sich bedroht und bedrückt fühle. Um sich diese als negativ erlebte Energie positiv zugänglich machen und sie integrieren zu können, denken wir uns eine Situation aus, in der *es o. k. ist,* jemanden zu ängstigen und zu bedrohen. Als sie sich etwas mit dieser Haltung und Energie vertraut gemacht hat, lasse ich sie damit ihre gegenwärtige Situation *konfrontieren*. Sie macht nun einen zufriedenen Eindruck. Als ich sie frage, wie es ihr ginge, antwortet sie, sie spüre keinen Druck mehr und empfinde ein wohliges Gefühl, so wie man sich im Bett räkelt und streckt, wenn man ausgeruht ist.

Frau Behlas macht in den folgenden Wochen einen konzentrierten und selbstbewußten Eindruck. Ihr Sohn geht weiterhin unregelmäßig in die Schule, sie kann jetzt jedoch besser mit dem Problem umgehen.

Fallbeispiel 6: Ignoriert oder benützt werden?
Frau Lechmer ist darüber verärgert, daß ihr Chef nicht versteht, was sie in ihrer Abteilung verändern möchte. Ihr Anliegen ist, daß sich die Arbeit in ihrem Team fortentwickelt. Ihre Vorschläge dazu werden zwar freundlich angehört, dann aber wird ganz anders entschieden, was dazu führt, daß sich die Situation eher verschlechtert. Dabei ist ihr Verhältnis zu ihrem Chef nicht schlecht. Doch sie hat den Eindruck, daß sie dann, wenn es um wichtige Entscheidungen geht, nicht verstanden oder nicht ernst genommen wird.
Diagnose:
Frau Lechmer ist Handlungstyp. Ich war nicht ganz sicher, ob es ein Beziehungs- oder ein Handlungsthema ist. Von der Zielsetzung her, Einfluß auf die für ihr Team wichtigen Entscheidungen zu nehmen, ist es ein Handlungsthema, doch hatte ich den Eindruck, daß sie es als Beziehungsthema erlebt.
Therapieplanung:
Im Erkenntnis-Ich weiß sie, was sie möchte, doch beim Handeln wird es darauf ankommen, daß sie entspannter und flexibler vorgehen kann. Ihr bisheriges Auftreten in solchen Gesprächen ist eher etwas verkrampft und so, daß sie schnell ärgerlich oder bitter wird: „Auf mich hört man ja doch nicht!" Die Gefühlsreaktionen ihrer Gesprächspartner nimmt sie dabei kaum wahr. Ich werde mich in der Arbeit mit ihr auf die Systemische Kurztherapie konzentrieren. (Abb. 18)
Therapie:
Ich beginne mit einer Systemischen Haltungsänderung. Bei *Schritt 1*, der Frage: „Was macht das mit Ihnen?", bringt sie statt dem ursprünglichen Erleben eher Interpretationen oder Reaktionen darauf, wie: „Ich fühle mich nicht ernst genommen, nicht existent zu sein, und es verletzt mich, man hört mir nicht zu oder ignoriert mich." Sie tut sich sehr schwer, ihre gefühlsmäßige Reaktion wahrzunehmen. Wir versuchen dann *Schritt 2* und *3* mit „man hört nicht auf mich" bzw. „jemandem aus gutem Grund nicht zuzuhören", doch bei der *Konfrontation* der leidauslösenden Situation mit dieser Energie erweist es sich als unwirksam.
Deshalb kehren wir zu *Schritt 1* zurück. Nun findet sie als Antwort auf die Frage nach dem direkten Erleben, sie fühle sich benützt. Als sie das, was ihr widerfährt, im *Rahmen eines positiven Kontexts* nach

BEZIEHUNGSTYP

Beziehung

1. Systemische
Kurztherapie
                                    NLP

HANDLUNGSTYP Handeln −−−−−− Erkennen SACHTYP

Lösungsorientierte Therapie

Abb. 18: Integrations-Dreieck: Handlungstyp – Thema Beziehung

außen wendet und damit ihre Situation *konfrontiert*, fühlt sie sich
erleichtert. Ich schlage ihr vor, sich im Sinne von *Pacen* oder *Tit For
Tat* in den Gesprächen mehr nach der Art ihres Chefs einzubringen,
und frage sie, wie sie denn in solchen Situationen bisher dasitze. Sie
preßt die Knie zusammen und setzt sich, die Ellenbogen eng am
Körper, sehr aufrecht hin. Dann lasse ich sie die Haltung ihres Chefs
nachahmen, der sich locker zurücklehnt, die Arme nach rechts und
links raumgreifend ausbreitet und die Beine gespreizt ausstreckt. Sie
berichtet dann noch vergnügt und stolz, wie es ihr gelungen ist, auf
eine ironisch-anerkennende Art einen anderen Vorgesetzten abzu-
schmettern, der ihr eine Verantwortung übertragen wollte, ohne die
dazu notwendigen Entscheidungskompetenzen.

Einige Wochen später berichtet Frau Lechmer erfreut, daß sich
ihre Situation deutlich verändert habe. Nun erlebe sie es so, daß sie
Oberwasser habe, während die anderen aus der Rolle fallen würden.
Sie ist nicht mehr schmerzhaft betroffen, auch der körperliche Druck
ist bei ihr weg. Sie sieht deutlich, daß das Verhalten ihres Chefs etwas
mit seiner Person zu tun hat, erlebt ihn als unsicher und unbeholfen.
Da sie es nicht mehr auf sich beziehe, käme sie damit gut zurecht.
Während sie das erzählt, strahlt sie, und man merkt ihr an, daß sie
stolz auf sich ist.

Die strukturtypischen Erkenntnisprozesse

Das analytische Denken wurde in der Psychotherapie zwar von
den Therapeuten selbst ausgiebig benützt, doch die Qualitäten des
Erkenntnis-Ichs für das psychische Wohl des Klienten weit unter-

schätzt. Das beginnt damit, daß man zwar die Bedeutung der emotionalen Zuwendung für die Gesundheit und Entwicklung des Kindes früh erkannte und die energetische vor allem in ihrer verbietenden und einschränkenden Funktion sah, doch dabei die sinnenhaftgeistige Zuwendung wenig beachtete. Dabei ist sie nicht nur die Nahrung für die Ich-Entwicklung – die Sinne und das Denken schaffen Realität für uns, Fähigkeiten wie Konzentration, Gelassenheit und Entspannung sind notwendig für Wohlbefinden und Gesundheit, und das Denken hat eine steuernde Funktion, stellt die Weichen für die Zukunft.

Wie sehen die mißlingenden Prozesse zum Thema Erkennen aus? (Abb. 19)

Der Beziehungstyp (–) in einer eher schlechten Verfassung wird die praktischen Erfahrungen mit den Augen anderer überprüfen: „Wie würden sie diese Situation beurteilen?" – „Oh, Gott, wenn das X sehen würde, er/sie würde sicher denken ..." Sein Erleben der Situation wird überschattet von der bangen Frage: „Wie komme ich bei den anderen an, werde ich angenommen oder abgelehnt?" Dabei tut er alles, um bei anderen Pluspunkte zu gewinnen, an die er jedoch nicht glaubt, weil er sie ja manipuliert hat, und er saugt alles auf, was nach Minuspunkten aussieht. Damit erzeugt der Beziehungstyp so viel inneren Streß, daß er es darüber vernachlässigt, die Situation realistisch wahrzunehmen und gründlich zu durchdenken.

Der Sachtyp (–) nimmt eher die Mißerfolge wahr und wichtig, „Typisch, daß das mir passieren muß!", und geht über Erfolge rasch hinweg und vergißt sie: „Ah, ja, habe ich Glück gehabt." Dadurch ist seine Bilanz darüber, was er kann und zu was er fähig ist, eher negativ. Seine Angebereien sind eher Ablenkungsmanöver von der bitteren Tatsache, daß er sich für einen Versager hält – häufig zu unrecht. Auch wenn ein Erfolg unübersehbar ist, schafft er es doch, darunter zu leiden, indem er sich vorstellt, daß andere ihm deshalb möglicherweise übelwollen. Dadurch, daß er seine Erfahrungen negativ auswertet und sich in seinem Erleben von anderen abhängig macht, untergräbt er sein Selbstbewußtsein.

Der Handlungstyp (–) beurteilt eine Situation danach, ob er alles richtig gemacht bzw. den Maßstäben anderer genügt hat. Damit nimmt er nur einen Teil der Situation wahr und gibt ihr eine spezielle Bedeutung, etwa die einer Gesellenprüfung vor der Handwerkskammer. Seine Gefühle nimmt er nur undeutlich wahr – es könnte ja sein, daß er sich etwas ängstlich, einsam oder traurig fühlt – und überdeckt sie tapfer mit Frohsinn und Munterkeit. Im Erkennen er-

Beziehungstyp

Beziehungs-Ich
Persönlichkeitsbereich
eingeschränkt/f/d

Handlungs-
Ich
Zielbereich

fremdbest.

Erkenntnis-
Ich
Entwick-
lungsbereich
vernachl.

Sachtyp

Beziehungs-Ich
Zielbereich
fremdbestimmt

Handlungs-
Ich
Entwick-
lungsbereich
vernachl.

Erkenntnis-
Ich
Persönlich-
keitsbereich
eingeschr./f/d

Handlungstyp

Beziehungs-Ich
Entwicklungsbereich
vernachlässigt

Handlungs-
Ich
Persönlich-
keitsbereich
eingeschr./f/d

Erkenntnis-
Ich
Zielbereich

fremdbest.

Abb. 19: Thema Erkennen – neurotische Prozesse

laubt er sich nicht, seine eigenen Gedanken zu denken, sondern hält sich an das, was für ihn gültig ist. Das ist in der Regel ein rollenspezifisches Denken, als ... denkt man so ...!

Wie sehen die gelingenden Prozesse zum Thema Erkennen aus? (Abb. 20)

Geht es dem Beziehungstyp gut, so mißt er die Handlungsergebnisse an seinen eigenen Maßstäben, Zielsetzungen und Bedürfnissen. Da er voller Selbstvertrauen ist, wird er auf die Situation gefühlsmäßig angemessen reagieren, für andere verständlich und nachvollziehbar, und nicht egozentrisch, also weder so, daß er seine Gefühle übermäßig kontrolliert noch dramatisch übersteigert. Dadurch, daß sein Gefühl befreit ist und er Selbstvertrauen empfindet, wird er die Situation aufmerksam wahrnehmen und folgerichtig durchdenken.

Der Sachtyp (+) wird seine Erfolge deutlich wahrnehmen und registrieren. Mißerfolge wird er als Gelegenheiten sehen, etwas daraus zu lernen und sein Vorgehen zu optimieren. Er wird sich darüber freuen und, statt den „Neid der Götter" zu fürchten, davon ausgehen, daß das Gelingen im Sinne der Schöpfung ist und die meisten Menschen miterfreut. Da er selbstbewußt ist, kann er die Situation so wahrnehmen, wie sie ist, auf sei-

Beziehungstyp

Beziehungs-Ich
Persönlichkeitsbereich
gelassen

```
        /        \
```

Handlungs-   Erkenntnis-
Ich   Ich
Zielbereich   Entwick-
                        lungsbereich
selbstbest.   *engagiert*

Sachtyp

Beziehungs-Ich
Zielbereich
selbstbestimmt

```
        /        \
```

Handlungs-   Erkenntnis-
Ich   Ich
Entwick-   Persönlich-
lungsbereich   keitsbereich
engagiert   *gelassen*

Handlungstyp

Beziehungs-Ich
Entwicklungsbereich
engagiert

```
        /        \
```

Handlungs-   Erkenntnis-
Ich   Ich
Persönlich-   Zielbereich
keitsbereich
gelassen   *selbstbest.*

Abb. 20: Thema Erkennen – gesunde Prozesse

ne Intuition hören und sie ins Spiel bringen.

Der Handlungstyp (+) betrachtet aus einer Haltung der Selbstsicherheit die Situation entspannt und ist dadurch in der Lage, das einzelne Geschehen im Zusammenhang mit dem Ganzen zu sehen und ihm den richtigen Stellenwert zu geben. Er nimmt seine gefühlsmäßigen Reaktionen wahr und weiß, daß er ihnen vertrauen und sich auf sie verlassen kann. Sein Denken ist vom Gefühl durchwärmt, er überprüft seine Maßstäbe und entscheidet sich für das Lebendige, für Freude, Sympathie und Humor.

Da das Thema „Erkennen" vorbereitet wird durch eine „Veränderung des subjektiven Erlebens", ist das Fortgeschrittene NLP, das auf der Ebene der Submodalitäten arbeitet, hier die Therapiemethode der ersten Wahl. Beim Beziehungstyp wird man direkt mit NLP beginnen. Denn wenn der Beziehungstyp Selbstvertrauen gewinnt, geht er ganz von selbst ins Erkennen. Beim Handlungstyp wird man besser mit der Systemischen Kurztherapie anfangen und dann mit NLP weiterarbeiten, damit er zuerst genügend Selbstsicherheit gewinnt, um in seine Gefühle zu gehen. Wenn der Sachtyp Probleme mit dem Erkennen hat, bedeutet dies, daß seine ganze Persönlichkeit erschüttert ist.

170

Man wird bei ihm am besten lösungsorientiert beginnen, dann systemisch aufbauen und mit NLP abschließen.

Fallbeispiel 7: Ich darf auch!
Frau Haim berichtet, daß ihr Mann schon seit langem davon
träumt, einen Drachensegel-Kurs zu machen. Eigentlich wollte er
ihn in diesen Sommerferien buchen, doch Frau Haim hatte ihm so
lange Szenen gemacht – er würde nur an sich und nicht an sie und
seine Familie denken –, daß er das Vorhaben zurückgestellt hatte.
Doch jetzt war er erneut durch Gespräche mit einem begeisterten
Anhänger dieser Sportart zu dem Entschluß gelangt, im kommenden Herbst endlich einen Kurs zu belegen. Frau Haim reagierte
wieder äußerst aggressiv auf diesen Plan, ohne daß ihr recht klar
wurde, warum. Waren es Ängste, ihm könnte etwas zustoßen, fühlte
sie sich zurückgesetzt, oder wurde ihr bewußt, wie sie als Mutter
und Hausfrau an die Familie und den Haushalt gefesselt ist? Sie
merkte nur, daß sie die ganze Zeit sauer und wütend war und giftig
reagierte.
Wie durch Zufall griff sie nach einem Buch und schlug es auf. Es
war Bandlers „Veränderung des subjektiven Erlebens", und dort das
Kapitel über den Swish. Sie führte dann nach den Anweisungen einen Swish mit sich selbst durch, und dadurch kam sie besser mit dem
Thema „Drachensegeln" zurecht. Ihr wurde auch klar, woher ihr
Ärger rührte. Ihr Mann erlaubt sich etwas, was sie nicht darf, nämlich
das zu machen, was sie will. Dabei ist es durchaus nicht so, daß ihr
Mann sie einschränkt, trotzdem hat sie dieses Gefühl, nicht machen
zu dürfen, was sie will. Sie macht dann das, was sie tut, mit einem
trotzigen Gefühl. Das gefällt ihr nicht. Auf meine Frage bestätigt sie,
daß sie das Gefühl, nicht machen zu dürfen, was sie wolle, auch schon
früher hatte, bevor sie verheiratet war und Kinder hatte.
Diagnose:
Frau Haim ist Beziehungstyp und ihr Thema ist ein Erkenntnis-
bzw. Identitätsthema. Sie schätzt ihre Erfahrung der Unfreiheit zutreffend ein als eine subjektive Verzerrung der tatsächlichen Situation. Ein altes Muster aus ihrer Kindheit – „Ich darf nicht machen,
was ich will!" – ist noch wirksam. Wird das geändert, wird sie die
Situation anders wahrnehmen und die tatsächlich bestehenden Frei-
räume mit einem guten Gefühl für sich nutzen können.
Therapieplanung:
Vermutlich wird es ausreichen, den alten, einschränkenden Glaubenssatz mit Hilfe des Fortgeschrittenen NLPs zu ändern. (Abb. 21)

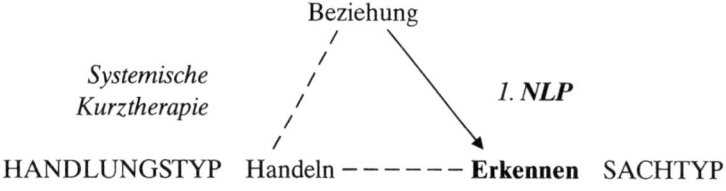

BEZIEHUNGSTYP

Beziehung

Systemische
Kurztherapie　　　　　　　　*1. NLP*

HANDLUNGSTYP　Handeln – – – – – – **Erkennen**　SACHTYP

Lösungsorientierte Therapie

Abb. 21: Integrations-Dreieck: Beziehungstyp – Thema Erkennen/Identität

Therapie:
Ich arbeite mit ihr an der Veränderung des alten *Glaubenssatzes*
„Ich darf nicht machen, was ich will!" in den neuen „Ich darf das
tun, was ich will!". Den alten Glaubenssatz denkt sie im Befehlston.
Dabei empfindet sie einen Druck im Genick und sieht Bilder in
grau-blauen Farben. Ich frage sie, wie sie, wenn sie schon an den
neuen Glaubenssatz glauben könnte und er für sie gültig wäre, das
erlebt. Sie berichtet von einem beschwingten Gefühl im ganzen Körper, und sie sieht dabei Bilder in hellen, fröhlichen Farben.
　Nun wird der neue Glaubenssatz dort, wo sie völlig belanglose
Sätze denkt, im Hinterkopf und in „läppischem" Tonfall bereitgestellt. Dann folgt der rasche Austausch. Der alte Glaubenssatz wird
von vorne hinter der Stirn nach hinten in den Hinterkopf gebracht
und dort im „läppischen" Tonfall ausgesprochen. Der dort bereitge-
stellte neue Glaubenssatz wird dann sofort nach vorne an den frei
gewordenen Platz hinter der Stirn gebracht und dort mit Befehlston
ausgesprochen. Parallel dazu verändert sie in ihrer bildlichen Vorstellung grau-blaue in helle, fröhliche Farben und löst den Druck in
ihrem Genick auf; sie empfindet ein beschwingtes Körpergefühl.
　(Man hätte hier mit einer Hausaufgabe die therapeutische Arbeit
beenden können, denn die Klientin hatte selbst erkannt und es auch
ausgesprochen, daß es kein Beziehungs-, sondern eher ein Identitätsproblem war: „Mir ist es nicht erlaubt … " Doch ich war mir etwas
unsicher, ob es, abweichend von meiner Diagnose, nicht auch ein
Beziehungsproblem sein könnte, und habe deshalb alle drei Schritte
durchgeführt, also nach der Veränderung des Glaubenssatzes lösungsorientiert weitergearbeitet und mit einer Systemischen Haltungsänderung abgeschlossen.)

Einige Tage später berichtete Frau Haim erfreut, aber auch verblüfft über eine Erfahrung, die ihr, wie ich den Eindruck hatte, fast ein bißchen unheimlich war. Zunächst konnte sie ihrem Mann, was seine Pläne betraf, mit Wohlwollen begegnen. Das empfand sie als sehr angenehm und erleichterte sie. Und als er ihr erzählte, er könne günstig an eine Ausrüstung kommen, konnte sie sich ehrlich mit ihm freuen. Sie war äußerst überrascht, als er ihr einige Tage später sagte, er hätte den Kurs abgesagt, weil er ein ungutes Gefühl dabei habe.

Fallbeispiel 8: Abnehmen oder Annehmen?
Herr Graf ist kräftig gebaut. Er wirkt stattlich, doch nicht eigentlich dick. Trotzdem leidet er sehr unter seiner Körperfülle und meint, daß er häßlich und sein Anblick eine Zumutung für die anderen sei. Obwohl er in seiner Arbeit engagiert und tüchtig ist, fühlt er sich gegenüber seinen Kollegen als minderwertig. Gegenteilige Aussagen überzeugten ihn nicht. Seine Versuche abzunehmen würden immer wieder scheitern.
Diagnose:
Herr Graf ist Sachtyp. Sein Problem ist ein Identitätsthema.
Therapieplanung:
Ein Identitätsproblem, etwa, daß sich jemand als Versager oder als minderwertig definiert, geht beim Sachtyp sehr tief, da es seinen Persönlichkeitsbereich betrifft. Zuerst wird man ihn mit der Lösungsorientierten Therapie so weit stabilisieren, daß er aus seiner eher passiven und etwas depressiven Haltung herauskommt und in seine Schlüsselfähigkeiten, die Qualitäten des Handlungs-Ichs, gehen und sich dabei kraftvoller und zuversichtlicher fühlen kann. Der nächste Schritt wird darin bestehen, seine Ängste in Fähigkeiten zu verwandeln. Dann kann er mit der Systemischen Kurztherapie seine eigenen Gefühle und Bedürfnisse wahr- und ernstnehmen und wird sich nicht mehr gefühlsmäßig fremdbestimmen lassen. Schließlich wird es darauf ankommen, ihn mit NLP dahin zu bringen, daß er sich nicht mehr negativ, sondern positiv definiert und identifiziert, sich nicht mehr gewohnheitsmäßig abwertet, sondern akzeptiert. (Abb. 22)
Therapie:
Ich beginne mit der *Lösungsorientierten Kurztherapie.* Herr Graf nennt als *Ziel* zunächst: „Ich möchte abnehmen." Ich lasse ihn das Ziel dann sprachlich positiv formulieren: „Ich möchte eine sportliche Figur erreichen." Meine Frage, was er *selbst herausgefunden*

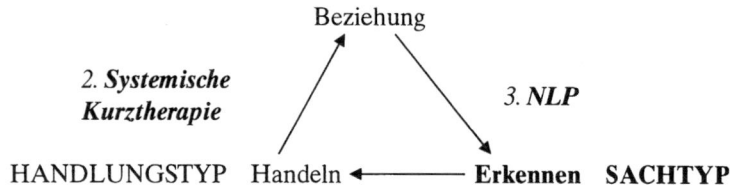

BEZIEHUNGSTYP

Beziehung

2. Systemische
Kurztherapie

3. NLP

HANDLUNGSTYP   Handeln ◄——————— **Erkennen   SACHTYP**

1. Lösungsorientierte Therapie

Abb. 22: Integrations-Dreieck: Sachtyp – Thema Erkennen/Identität

hat, um diesem Ziel näherzukommen, beantwortet er mit „bewuß-
ter essen" und „mehr Bewegung". Als *beklagten Sachverhalt* schildert er, daß er zwar wisse, was ihm gut tue, es aber nicht in die Tat
umsetze. Sich mehr Bewegung zu verschaffen scheitere daran, daß
er dafür aus beruflichen Gründen keine Zeit habe. Nach der *Anerkennung* und dem *Normalisieren* sprechen wir über das mögliche
Gute des Schlechten seiner jetzigen Problemlage. Das Ergebnis ist,
es könne darin die Chance liegen, sich so anzunehmen, wie er ist.
Ich sage ihm: „Wenn ich ein Zauberer wäre und Ihnen anbieten
könnte mit der linken Hand: ‚Sie werden sich annehmen können,
doch nicht abnehmen' und mit der rechten Hand: ‚Sie werden ihre
Idealfigur erreichen, doch sich nicht annehmen können' – welche
Hand würden Sie wählen?" Er entscheidet sich spontan für die
linke Hand. Ich frage ihn dann weiter, wie er es *schaffe, trotz* dieser
Selbstzweifel seine Arbeit ordentlich zu machen usw. Er antwortet:
Weil er das wolle.

Auf die Frage nach seinem *Ziel* antwortet er nun: „Ich möchte
mich annehmen, wie ich bin." Er hat gegenüber der ersten Zielsetzung sein Ziel geändert. Die Frage nach *Ausnahmen,* also nach Situationen, wo ihm das schon gelinge bzw. wo er keine Selbstzweifel
habe, beantwortet er mit: „Wenn ich Erfolge erlebe." Ich frage ihn,
wie er dafür sorge, erfolgreich zu sein? Er antwortet, indem er sich
überall engagiere und sein Bestes gäbe. Auf die Frage nach weiteren
Ausnahmen antwortet er: Wenn er Anerkennung bekomme und viel
Bewegung habe. Nun folgt die Frage nach seinem *strategischen Vorgehen.* Er antwortet: „Wenn andere mich annehmen, was ja der Fall
ist, kann ich mich dafür entscheiden, mich auch anzunehmen." Ich
frage ihn, wie er damit umgehen wolle, wenn wieder gewohnheits-

mäßig die abwertenden Gedanken auftauchen werden? Er möchte sie durch positive Gedanken ersetzen. Dann folgt der *Lösungsfilm*, in dem er sich seine Situation in der Phantasie vorstellt, wie er sich und sein Leben erlebt, jetzt, wo er sich annehmen kann. Er berichtet, daß er sich dabei sehr wohlfühle, seine Frau erleichtert sei und seine Kinder sich freuen würden.

Bei der Systemischen Haltungsänderung erlebt er als *ursprüngliches Gefühl*, daß er Angst hat, nicht angenommen, nicht beachtet und übersehen zu werden. *Schritt 2*, die Verwandlung der Angst in ein kraftvolles Gefühl, und *Schritt 3*, die Konfrontation seiner Problemsituation mit dieser neuen Haltung und Energie, erweisen sich als einfach und enden mit einem guten Gefühl bei ihm. Jetzt ändern wir die *Glaubenssätze* „Ich bin minderwertig!" in „Ich bin gleichwertig!" und „Ich bin häßlich!" in „Ich bin attraktiv!" und schließlich seine Angewohnheit, sich minderwertig zu fühlen, durch die *Swish-Technik* in die ihm sehr attraktiv erscheinende Fähigkeit, sich anzunehmen.

Diese Arbeit wirkte sich so aus, daß es Herrn Graf zunächst einmal etwa zwei Wochen lang deutlich schlechter ging; sein Selbstbewußtsein war so schwach, daß er sich kaum in die Öffentlichkeit getraute. Dann rief ein Freund an, redete ihm zu, und von da an ging es ihm deutlich besser als vorher. Nun kann er zum Erstaunen seiner Frau einfach Mahlzeiten auslassen, oder er ißt mit Genuß, ohne sich Vorwürfe zu machen. Seine Art sich zu geben und zu bewegen wirkt selbstverständlich und selbstbewußt. Einige Wochen später äußerte er sich sehr zufrieden über sein Leben. Und nachdem er zunächst noch etwas zugenommen hatte, begann er einige Monate später abzunehmen.

Fallbeispiel 9: Fördern statt verhindern!
Frau Singer ist Anfang Fünfzig, temperamentvoll und unternehmungslustig. Sie berichtet, daß sie einen jüngeren, sehr attraktiven Mann kennengelernt hätte. Er habe Interesse an ihr gezeigt, ihr seine Telefonnummer angeboten, doch sie habe abgelehnt – „Ruf Du mich an" – mit dem Gedanken: „Das steht mir nicht zu!" Sie habe auch Schwierigkeiten mit der Vorstellung, was andere über sie denken würden, wenn sie mit einem wesentlich jüngeren Mann gesehen werde. Jetzt warte sie die ganze Zeit, daß er anrufe, sei unglücklich verliebt, verzweifelt, weil sie meine, sie hätte die Chance kaputtgemacht. Ihr Leben erscheine ihr sinnlos, und manchmal würde sie sich am liebsten umbringen.

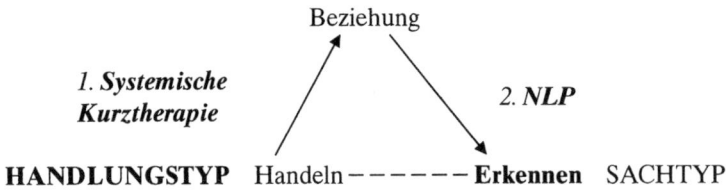

BEZIEHUNGSTYP

Beziehung

1. Systemische Kurztherapie

2. NLP

HANDLUNGSTYP Handeln – – – – – – **Erkennen** SACHTYP

Lösungsorientierte Therapie

Abb. 23: Integrations-Dreieck: Handlungstyp – Thema Erkennen/Identität

Diagnose:

Frau Singer ist Handlungstyp. Ihr Problem ist ein Beziehungs- und vor allem ein Identitätsthema,

Therapieplanung:

Es wird darauf ankommen, daß sie ihre Gefühle engagiert wahrnimmt und nicht sofort übergeht durch selbstabwertende Gedanken und darauf, daß sie nicht in Klischees über sich denkt, wie „Unmöglich – die Alte mit dem Jungen!", sondern selbstbestimmt, wie „Das ist o. k., und das steht mir zu!". Vom methodischen Vorgehen werde ich das Beziehungsthema mit der Systemischen Kurztherapie und das Identitätsthema mit NLP bearbeiten. (Abb. 23)

Auf die Frage nach ihrem *Ziel* formuliert Frau Singer, daß sie in der Lage sein möchte, eine glückliche Beziehung einzugehen. Aus lösungsorientierter Sicht wäre das zu vage formuliert, doch aus systemischer und identitätspsychologischer Sicht ist es angemessen. Auf die Frage, was sie *selbst herausgefunden* habe, wie es ihr besser gehe, antwortet sie, wenn sie sich ablenke und ganz woanders engagiere. Dann arbeite ich mit ihr an einer *Systemischen Haltungsänderung. Schritt 1*, das ursprüngliche Gefühl zu ermitteln, ist relativ schwierig, da sie immer wieder in die Folgen, ein abwertendes Denken geht. Schließlich sagt sie: „Es drückt mich körperlich nieder und macht mich zu." Dabei faßt sie sich mit beiden Händen an den Hals, als ob sie sich erwürgen wolle. Auch bei *Schritt 2* fällt es ihr nicht leicht, eine hypothetische Situation zu erfinden, die ihr aus einer fürsorglichen Haltung erlaubt, dieses niederdrückende und einengende Gefühl jemand anderem zu vermitteln. Schließlich nimmt sie als Beispiel: Ihr Sohn habe vor, als Aussteiger auf eine Insel zu gehen. Jetzt kann sie gut in die Haltung gehen, ihn davon abzubringen,

176

indem sie ihm „niederdrückende und einengende Gefühle" macht, damit er sein Vorhaben als sinnlos erkennt. Der *dritte Schritt*, die eigene Situation mit dieser nach außen gerichteten Haltung zu konfrontieren, fällt ihr leicht, und sie erlebt das als ein befreiendes Gefühl. Die Verkrampfungen in ihrem Bauch lösen sich.

Nun arbeite ich mit ihr an der Veränderung ihres *Glaubenssatzes* „Das steht mir nicht zu!" in „Das steht mir zu!" und stabilisiere die im systemischen Teil erzielte Haltungsänderung durch einen *Swish*. Die erarbeitete neue Haltung erscheint ihr wenig attraktiv: Sie ergänzt sie durch die Fähigkeiten der Souveränität und des Sich-selbst-Annehmens. Das letztere weist wieder in Richtung Identität. Nach dieser Stunde geht sie recht zufrieden nach Hause.

Einige Zeit später berichtete Frau Singer, sie habe sich drei Tage lang ganz toll gefühlt, dann sei das gute Gefühl etwas abgebröckelt, doch sie habe jetzt die Sache im Griff. Sie habe wieder ihren Kopf frei für ihre Arbeit, die in der letzten Zeit sehr gelitten hätte. Sie äußert sich positiv über das, was ich da mit ihr gemacht habe, obwohl sie es nicht richtig verstehe.

Die hier skizzierten Fallbeispiele sind keine Auswahl besonders gelungener Fälle, sondern Alltag der psychologischen Beratung. Sie hatten jeweils den Charakter einer Einzelsitzung. Die Ergebnisse sind zufriedenstellend und entsprechen in etwa den Erwartungen, die ich an das Konzept der Integrierten Kurztherapie stelle. Mit zwei Ergebnissen war ich weniger zufrieden, den Fallbeispielen 5 und 8, obwohl auch hier kleinere Veränderungen erzielt wurden. In beiden Fällen sind die Klienten Sachtypen. Ich vermute, daß ich zuwenig „hinter" ihnen geblieben und selbst als Sachtyp zu sehr in mein Handlungs-Ich gegangen bin und sie damit im „Positiven überholt" habe. Ich habe bei späteren Sitzungen mit Sachtypen darauf geachtet, mich in einem eher kraft- und energielosen Zustand zu halten. Dabei sind die Klienten deutlich in eine entschlossene und engagierte Haltung gegangen, was die obige Vermutung und die Wirksamkeit systemischer Interventionen bestätigt.

Psychosomatische „Lösungen"

In der Psychotherapie psychosomatischer Krankheiten kommt es darauf an, einige Schritte zurückzugehen an jene Wegkreuzung, wo die Entscheidung stattfindet, ob eine krank- oder gesundmachende

Lösung des Konfliktes gewählt wird. Da jede Lösung ihren Preis hat, gerade die „gesunde" macht oft mehr angst als die „kranke", brauchen die Klienten psychotherapeutische Unterstützung. Auch irrationale Ängste sind wirksam und können den Weg zur Gesundheit versperren. Wie sieht dieser Schritt zurück zum „Ort der Entscheidung" zwischen Krankheit und Gesundheit aus? Dabei bedeutet Gesundheit mehr als nur die Abwesenheit von Krankheit. Sie meint eine gesunde Problemlösung, konkrete Veränderungen sich selbst, den anderen und dem Leben gegenüber, die auch schmerzlich sein können. (Vgl. Abb. 24)

Paradoxerweise wird man zunächst dem Klienten recht geben und seine Sichtweise übernehmen, daß die Krankheit das Problem sei. Dadurch findet man einen indirekten Zugang zum Konflikt, der gegen einen direkten Zugriff geschützt wird. Hat man mit der Krankheit therapeutisch gearbeitet, liegt dann auch der Konflikt „offen", denn man hat dem Klienten die „Krankheit als Problemlösung" weggenommen. Doch statt sich mit dem Konflikt selbst zu befassen, ist es besser, die Lösung des Konfliktes anzusteuern.

Eine Möglichkeit, die gesunde Lösung, die die psychosomatische ersetzen soll, zu ermitteln, ist die Frage an den Klienten: „Wie anders würde ihr Leben aussehen ohne die Krankheit? Gibt es da etwas in Ihrem Leben, das sie gerne verändern würden oder verändern sollten?" Dabei kann die Erfahrung aus der Psychographie weiterhelfen, daß es meistens die nichtgelebten Schlüsselfähigkeiten sind, die das Problem verursachen und aufrechterhalten. Das gleiche scheint für psychosomatische Erkrankungen zu gelten. Wie bei Depressionen und anderen psychischen Störungen kann angenommen werden, daß sich die nicht gelebten Schlüsselfähigkeiten gegen die Person wenden und sie krankmachen.

Wenn es also um die Frage geht, welche Fähigkeiten und Verhaltensweisen durch die Krankheit „ersetzt" werden, ist besonders auf die persönlichkeitsspezifischen Schlüsselfähigkeiten zu achten. Auch ist zu überprüfen, ob jemand als Typ 1 die anderen ausreichend einbezieht oder ob ein Typ 2 sich genügend um sich selbst kümmert.

Dazu ein *Fallbeispiel*, die Vorgehensweise folgt dem Konzept der Integrierten Kurztherapie: Der Klient ist Sachtyp, also beginne ich mit der *Lösungsorientierten Therapie*, darauf folgt die *Systemische Kurztherapie*, und ich schließe ab mit *NLP.* Zunächst arbeiten wir in dieser Reihenfolge mit der Krankheit, dann mit dem Konflikt.

Herr Malt leidet unter chronischer Stirnhöhlen-Entzündung. Nach der psychotherapeutischen Arbeit mit seiner Krankheit folgt

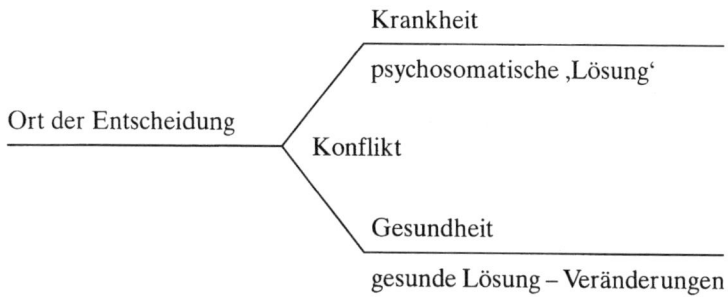

```
                          Krankheit
                          _____
                       ╱  psychosomatische ‚Lösung‘
Ort der Entscheidung  ╱
_____      ╲  Konflikt
                       ╲
                          Gesundheit
                          _____
                          gesunde Lösung – Veränderungen
```

Abb. 24: Modell der psychosomatischen Problematik

die Frage: „Was wäre anders, wenn Sie gesund wären?" Er antwortet:
„Ich könnte klarer denken." Nach kurzem Nachdenken fügt er hinzu: „Ich würde Entscheidungen treffen und Verantwortung übernehmen." Er formuliert als Ziel: „Ich möchte klar denken, Entscheidungen treffen und Verantwortung nehmen." Die Frage, was er selbst
herausgefunden habe, um seinem Ziel näherzukommen, beantwortet
er mit: „Ich kann das besser, wenn ich Ruhe habe." Herr Malt ist
Sachtyp 2, und die Fähigkeiten *Entscheidungen treffen* und *Verantwortung übernehmen* gehören zu seinen Schlüsselfähigkeiten. Das
spricht dafür, daß diese Fähigkeiten Alternativen zu der psychosomatischen „Lösung" sein könnten.

Bei der Analyse von *Ausnahmen* findet er, daß es nicht nur Ruhe
ist, die ihm hilft, sondern auch das Sich-Zeit- und Etwas-wichtig-
Nehmen. Er formuliert das „passiv" als „wenn ich Ruhe habe" oder
„wenn ich Zeit habe" oder „wenn etwas wichtig ist". Ich frage ihn
jeweils: „Wie sorgen Sie dafür, daß Sie Ruhe … Zeit haben … etwas
wichtig ist für Sie?" Die Ergebnisse der Analyse, wie er das macht,
gehen dann in die Zielfrage ein: „Wenn Sie … dafür sorgen, daß …,
werden Sie damit ihr Ziel erreichen?" Zum Abschluß folgt dann
noch ein *Lösungsfilm*, in dem er sich ausmalt, wie seine Situation
aussieht, wenn er jetzt das Ziel schon erreicht hätte.

Im ersten Durchgang, bei der Therapie der Krankheit, lautete bei
der *Systemische Haltungsänderung* die Frage: „Was macht die chro-
nische Stirnhöhlen-Entzündung mit Ihnen?" Er beantwortete sie
mit: „Es ist wie ein Brett vor dem Kopf. Das stoppt mich, macht mich
energielos", und er fügt noch dazu: „damit ich nicht zuviel mache,
mich nicht übernehme". Er sprach es direkt aus: Die Krankheit und
ihre Symptome sind nicht das Leiden, sondern eine „Lösung" oder
Kompensation, die Krankheit übernimmt an seiner Stelle die Ver-

179

antwortung. Deshalb stellt sich jetzt, im zweiten Durchgang, die Frage: *Welche Funktion übernimmt die Krankheit, die eigentlich der Klient wahrnehmen sollte?* Und, um noch einen Schritt zurückzugehen zum „Ort der Entscheidung": *Welches Problem „löst" die Krankheit?* Seine Antwort ist, es ist die berufliche Streßsituation, seine Überforderung.

Nun lautet also im zweiten Durchgang die Frage zur *Systemischen Haltungsänderung:* „Was macht die berufliche Streßsituation mit Ihnen?" Die Antwort: „Sie belastet mich, macht mir angst zu versagen, und das erlebe ich als bedrohlich, als ob es mich auslöschen würde." Jetzt geht es darum, diese als negativ erlebte Energie zu reintegrieren und zurückzuverwandeln in die ursprüngliche positive (s. Kap. 5). Immer wenn er mit dieser verwandelten Energie seine berufliche Situation konfrontiert, verliert sie das Belastende und Bedrohliche für ihn.

Da auch eine Krankheit belastend ist, etwa im Sinne einer psychischen Superinfektion, griffen wir im ersten Durchgang das Bild mit dem „Brett vor dem Kopf" auf und führten damit eine Haltungsänderung durch: „Wann ist es o. k., jemandem ein Brett vor den Kopf zu setzen, ihn dadurch am Denken zu hindern?" Diese Energie richtete er dann auf seine Stirnhöhlen. Dabei fühlte er sich etwas befreiter.

Wir schließen im zweiten Durchgang die Arbeit ab mit einem Swish, wobei im Ausgangsbild die bedrohliche berufliche Belastungssituation und im Zielbild die Fähigkeiten enthalten sind, souverän mit der Berufssituation und fürsorglich mit sich selbst umzugehen.

Da psychosomatische Klienten unter ihrer Krankheit und nicht unter dem ursprünglichen Konflikt leiden, empfiehlt es sich bei psychosomatischen Beschwerden in zwei Schritten vorzugehen, zunächst mit der Krankheit zu arbeiten und erst dann mit dem nicht gelösten Konflikt. (Vgl. Abb. 25) Damit entspricht man den Erwartungen der Klienten an die Therapie. Durch den Schritt 1, die Arbeit mit dem psychosomatischen Leiden, fühlen sich die Klienten in der Regel etwas besser, die psychosomatische „Lösung" wird in Frage gestellt, und sie gewinnen Vertrauen für Schritt 2, die Lösung des ursprünglichen Konflikts. Hier müssen die Klienten dafür gewonnen werden, daß sie bereit sind, den Preis für die Veränderung zu bezahlen. Es kann sein, daß die Klienten bestimmte Sicherheiten und Bequemlichkeiten aufgeben, Anstrengungen unternehmen und sich Risiken aussetzen müssen. Ähnlich wie bei der Veränderung von Glaubenssätzen kann nicht als selbstverständlich vorausgesetzt werden, daß die Klienten bereit sind, sich auf diesen Schritt 2 einzulassen. Da die herkömmliche Medizin und Psychotherapie sich weitgehend auf Schritt 1, die „Heilung" von Krankheiten beschränkt, und Gesundheit nicht als Lösung eines Konfliktes, sondern lediglich als Abwesenheit von Krankheit definiert, liefert sie den Patienten gleich das „gute" Gewissen mit, selbst wenig oder nichts zu ihrer Heilung beitragen zu müssen.

Das folgende Beispiel zeigt das Vorgehen in zwei Schritten, zunächst die Arbeit mit dem psychosomatischen Leiden, dann mit dem zugrundeliegenden Konflikt. Die Klientin ist Handlungstyp. Nach dem integrierten Vorgehen ergibt sich zweimal die Reihenfolge Systemische Kurztherapie, NLP und Lösungsorientierte Therapie. Die Klientin leidet unter starken Rückenschmerzen. Ich beginne mit einer *energetischen Haltungsänderung*. Auf die Frage, was die Rückenschmerzen mit ihr machen, antwortet sie, sie würden sie lahmlegen, ihr die Freude nehmen und das Gefühl von Überdruß hervorrufen. Als sie selbst aktiv in diese leidvolle Energie hineingeht, erlebt sie zunächst Wut, dann Abstand und empfindet Wärme und Entspannung dort, wo es weh tut. Als *Tit For Tat* ermitteln wir, daß die Rückenschmerzen sie zwingen, sich zu schonen; es also darauf ankommt, daß sie fürsorglicher mit ihren Kräften umgeht.

Im *NLP*-Teil ändern wir den *Glaubenssatz* „Ich kann keine Rücksicht auf mich nehmen!" in „Ich darf Rücksicht auf mich nehmen!" und stabilisieren den neuen Glaubenssatz zusätzlich durch einen *Swish*. Dabei erweitern wir das Zielbild um Gesundheit, Lebensfreude und Engagement. Dann folgt der *lösungsorientierte* Teil in der handlungstypbezogenen Reihenfolge Zielstrategien, Lösungsfilm und Analyse von Ausnahmen.

Nun folgt Schritt 2, die Arbeit am ursprünglichen Konflikt. Die Klientin steht vor einer schwierigen und sie außerordentlich belastenden beruflichen Situation. Sie leitet einen Betrieb mit zwölf Angestellten, hat ihn in den letzten Jahren mit erheblichen Investitionen modernisiert, doch die Auftragslage hat sich so verschlechtert, daß es ungewiß ist, ob der Betrieb überlebt oder in Konkurs geht. Sie fühlt sich ihren Angestellten menschlich verbunden und für ihr Wohl verantwortlich. Ein Konkurs würde bedeuten, daß sie für den Rest ihres Lebens verschuldet ist. Wieder beginnen wir mit einer energetischen Haltungsänderung aus der *Systemischen Kurztherapie*. Auf die Frage, was die berufliche Situation mit ihr mache, antwortet sie, sie stürze sie ins Ungewisse und mache ihr angst, nichts mehr

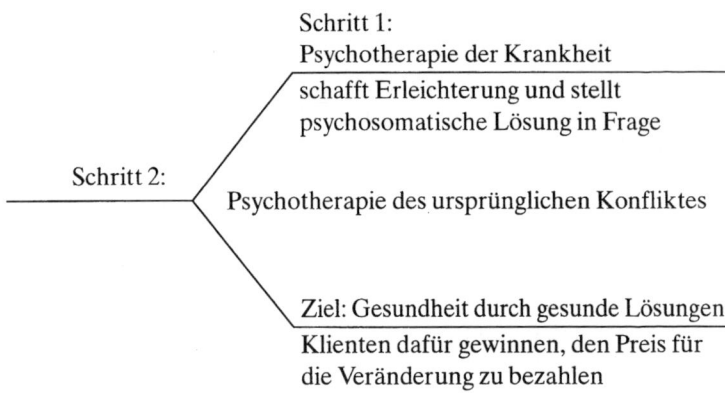

Schritt 1:
Psychotherapie der Krankheit

schafft Erleichterung und stellt
psychosomatische Lösung in Frage

Schritt 2:

Psychotherapie des ursprünglichen Konfliktes

Ziel: Gesundheit durch gesunde Lösungen
Klienten dafür gewinnen, den Preis für
die Veränderung zu bezahlen

Abb. 25: Modell der psychosomatischen Therapie

machen zu können. Als sie sich diese leidvollen Energien von innen her zugänglich macht, spürt sie Energie in ihrem Bauch, Erleichterung, das Gefühl „es laufen lassen zu können" und eine gewisse Wurstigkeit. Bei der Frage, wie sie der Situation im Sinne des *Tit For Tat* begegnen sollte, beschreibt sie die Situation als unerbittlich. Als sie selbst eine ähnlich entschlossene Haltung einnimmt, sie bezeichnet sie als „Endgültigkeit", fühlt sie sich ihr gewachsen.

Nun folgt das *NLP* mit der Frage, welche einschränkende Glaubenssätze ihr bei einer Lösung hinderlich bzw. welche erlaubenden ihr dabei behilflich sein könnten. Wir ändern den Glaubenssatz „Ich muß für andere sorgen!" in „Ich darf an mich denken!" und ergänzen das durch einen Swish, der im Zielbild zusätzlich zur Überzeugung „Ich darf an mich denken!" die Fähigkeiten Sympathie, Konsequenz und Selbstsicherheit enthält. Im *lösungsorientierten* Teil formuliert sie die Ziele, sich mehr Zeit für sich und für ihre Interessen zu nehmen. In einem Lösungsfilm visualisiert sie Tagesabläufe, in denen sie ihr Ziel schon realisiert hat, und bei den Ausnahmen erarbeiten wir, wie sie das zeitweilig schon macht. Eine Woche später sind ihre Rückenschmerzen deutlich besser geworden. Ihre berufliche Situation ist weiter ungewiß.

Schlußbemerkung

Das lösungsorientierte Paradigma in der Psychotherapie ermöglichte in Amerika die Entdeckung einer Fülle hochwirksamer Interventionen. In über einem Jahrzehnt wurden sie erprobt und weiter verbessert. Obwohl sich diese Kurztherapien nachweislich gut bewähren, werden sie bei uns nur zögernd aufgenommen. Denn traditionelle Denkmodelle über psychische Störungen und ihre Heilung führen dazu, daß die neuen Therapieansätze von vornherein mißverstanden und abgewertet werden. Auch bei Ausbildungsteilnehmern stößt man immer wieder auf Skepsis gegenüber diesen neuen Therapiemethoden.

Es sind vor allem drei Argumente, die in verschiedenen Varianten immer wieder genannt werden: Die Beziehung zwischen Therapeut und Klient und das Verstehen müßte sich über „Geschichten" herstellen, darüber, was die Klienten erzählen, und über die Bilder, die sich die Therapeuten davon machen. Die traumatischen Erfahrungen in der Kindheit seien die direkten Ursachen für neurotische Störungen im Erwachsenenalter, weshalb diese frühkindlichen Erfahrungen zugänglich gemacht und geheilt werden müßten. Und es sei notwendig, die negativen Erfahrungen, die „verdrängt" wurden, auszuleben und auszuagieren.

Schon Therapeuten wie Perls oder Erickson hatten erhebliche Zweifel daran, ob diese Annahmen der therapeutischen Wirklichkeit entsprechen. Meine Erfahrungen mit der therapeutischen Praxis der Kurztherapie bestätigen, daß sich eine viel „dichtere" und therapeutisch wirksamere Beziehung zum Klienten auf der energetischen und nonverbalen Interaktionsebene herstellen läßt, als auf der „inhaltlichen". Die Ergebnisse zeigen, daß es einfacher und wohl auch wirksamer ist, die stabilen Reaktionsmuster und Programme zu ändern, die der Klient auf Grund der einschränkenden Erfahrungen in der Kindheit erworben hat, als die Traumata zu heilen. Schließlich folge ich Perls darin, daß ich nicht an „alte, verdrängte" Gefühle glaube, sondern daran, daß sie immer wieder neu erzeugt werden durch die alten Programme (Glaubenssätze, Reaktionsmuster usw.). Statt die schmerzlichen Gefühle „herauszulassen", halte ich es für zweckmäßiger, dafür zu sorgen, daß die alten

Programme verändert werden, damit sie statt schmerzlicher Erfahrungen wohltuende erzeugen.

Die Praxis der Kurztherapie ist deutlich anders als das, was man sich herkömmlicherweise unter Psychotherapie vorstellt. In der Lösungsorientierten Kurztherapie konzentriert man sich auf das Gelingen, Probleme haben nur noch die Funktion der Herausforderung, zufriedenstellende Lösungen zu erarbeiten. Im NLP arbeitet man kaum mehr inhaltlich, sondern auf der Verursacherebene des Erlebens, ersetzt einschränkende Programme durch konstruktive Glaubenssätze und Reaktionsmuster. In der Systemischen Kurztherapie benützt man die Energie, die in den Problemen liegt, für die Befreiung der Spontaneität und der liebevollen Impulse. Die Integrierte Kurztherapie macht deutlich, daß sich diese Methoden optimal kombinieren und auf den jeweiligen Persönlichkeitstyp und das jeweilige Thema differenziert anwenden lassen.

Literaturverzeichnis

Andreas, C. & St. (1993): Gewußt wie, Paderborn. (Chance Your Mind – and Keep the Chance, Moab 1987.)

Andreas, C. & St. (1994): Mit Herz und Verstand. NLP für alle Fälle, Paderborn. (Heart of the Mind: Engaging Your Inner Power to Chance with Neuro-Linguistic Programming, Moab 1989.)

Bandler, R./Grinder, J. (1981): Metasprache und Psychotherapie, Paderborn. (The Structure of Magic, Palo Alto 1975.)

Bandler, R (1985): Neue Wege der Kurzzeit-Therapie, Paderborn. (Frogs into Princes, Moab 1979.)

Bandler, R. (1991): Bitte verändern Sie sich jetzt!, Paderborn. (Magic in Action, 1984.)

Bandler, R. (1992): Veränderung des subjektiven Erlebens, Paderborn. (Using Your Brain – for a Change, Moab 1985.)

Bandler, R./MacDonald, W. (1991): Der feine Unterschied, Paderborn. (An Insiders's Guide To Sub-Modalities, 1988.)

Bateson, G. (1982): Geist und Natur, Frankfurt. (Mind and Nature, New York 1979.)

Berg, I. K. (1992): Familien-Zusammenhalt(en), Dortmund. (Family Preservation. A Brief Therapy Workbook, London 1991.)

Berg, I. K./Miller S. D. (1993): Kurzzeittherapie bei Alkoholproblemen. Ein lösungsorientierter Ansatz, Heidelberg. (Working with the Problem Drinker: A Solution-Focused Approach, New York 1993.)

Berne, E. (1976): Die Spiele der Erwachsenen, Hamburg. (Games People Play, New York 1964.)

Bernfeld, S. (1967): Sisyphos oder die Grenzen der Erziehung, Frankfurt.

Brown, W. St. (1991): Dreizehn Todsünden des Managers, München. (Thirteen Fatal Errors Managers Make, and How You Can Avoid Them, New Jersey 1985.)

Capelle, W. (1968): Die Vorsokratiker, Stuttgart.

Capra, F. (1987): Das Tao der Physik, München. (The Tao of Physics, Berkeley 1975.)

Capra, F. (1987): Wendezeit, Bern. (The Turning Point, New York 1982.)

Capra, F. (1992): Das neue Denken, München. (Uncommon Wisdom. Conversations with Remarkable People, 1987.)

Capra, F. (1996): Lebensnetz, München. (The Web of Life, 1996.)

Corsini, Raymond (1986): Handbuch der Psychotherapie in zwei Bänden, München.

Coulter, C. (1990): Portraits homöopathischer Arzneimittel, Heidelberg.

Debon, G. (1964): Lao-tse. Tao-Tê-King, Stuttgart.

De Shazer, S. (1989): Wege der erfolgreichen Kurztherapie, Stuttgart. (Keys to Solution in Brief Therapy, New York 1985.)

De Shazer, S. (1993): Der Dreh. Überraschende Wendungen und Lösungen in der Kurzzeittherapie, Heidelberg. (Clues. Investigating Solutions in Brief Therapie, New York 1988.)

De Shazer, S. (1994): Das Spiel mit Unterschieden: wie Lösungen lösen, Heidelberg. (Putting Difference to Work, New York 1991.)

Diltz, R. B. (1993): Identität, Glaubenssysteme und Gesundheit, Paderborn. (Beliefs-Pathways to Health & Well-Being, 1989.)

Eberling, W./Hargens J. (1996): Einfach kurz und gut. Zur Praxis der lösungsorientierten Kurztherapie, Dortmund.

Ernst, H./Nuber, U. (1992): Psychotherapien, München.

Farrelly, F./Brandsma, J. M. (1986): Provokative Therapie, Berlin. (Provocative Therapy, Cupertino 1974).

Fischer, U. (1993): Die Chronischen Miasmen Hahnemanns, Karlsruhe.

Frankl, V. (1978): Der Wille zum Sinn, Bern.

Frankl, V. (1985): Das Leiden am sinnlosen Leben, Freiburg.

Frankl, V. (1987): Logotherapie und Existenzanalyse, München.

Freud, S. (1916): Einige Charaktertypen aus der psychoanalytischen Arbeit, GW X.

Freud, S. (1931): Über libidinöse Typen, GW XIV.

Friedmann, D. (1976): Die transzendentalen Bedingungen oder das dialektische Verhältnis von Emanzipation, Identität und Erkenntnis und seine Konsequenzen für eine Neukonzeption der Schule. Dissertation, Universität Heidelberg.

Friedmann, D. (1990): Der andere, München.

Friedmann, D. (1991): Die Entdeckung der eigenen Persönlichkeit, München.

Friedmann, D. (1993): Laß dir nichts vormachen!, München.

Friedmann, D./Fritz, K. (1996): Wer bin ich, wer bist du?, München.

Friedmann, D./Fritz, K. (1997): Wie ändere ich meinen Mann?, München.

Gundert, W. (1960): BI-YÄN-LU. Meister Yüan-wu's Niederschrift von der Smaragdenen Felswand, München.

Hahnemann, S. (1979): Die Chronischen Krankheiten, Heidelberg.

König, K. (1993): Kleine psychoanalytische Charakterkunde, Göttingen.

Kraiker, C./Peter, B. (1994): Psychotherapieführer, München.

Leuzinger-Bohleber, M. (1985): Psychoanalytische Kurztherapien, Wiesbaden.

Madelung E. (1996): Kurztherapien, München.

O'Hanlon, W. H./Hexum, A. L. (1994): Milton H. Ericksons gesammelte Fälle, Stuttgart. (An Uncommon Casebook, 1990.)

Ohasama (1968): Zen, Darmstadt. (Zen, Stuttgart 1925.)

Perls, F. S. (1976): Gestalt-Therapie in Aktion, Stuttgart. (Gestalt Therapy Verbatim, 1969.)

Peters, Th. J./Waterman, R. H. (1991): Auf der Suche nach Spitzenleistungen, München. (In Search of Excellence – Lessons from America's Best-Run Companies, 1982.)

Riemann, F. (1982): Grundformen helfender Partnerschaft, München.

Riemann, F. (1986): Grundformen der Angst, Basel.

Robbins, A. (1992): Grenzenlose Energie: das Power-Prinzip, München. (Unlimited Power.)

Schlegel, L. (1988): Die Transaktionale Analyse, Tübingen.

Schmidt, K. (1961): Buddhas Reden, Hamburg.

Schultz-Hencke, H. (1951): Lehrbuch der analytischen Psychotherapie, Stuttgart.

Schwertfeger, B./Koch, K. (1989): Der Therapieführer, München.

Seibt, F. (1977): Psychoanalytische Charakterlehre, Basel.

Talmon, M. (1996): Schluß mit den endlosen Sitzungen, München. (Single Session Solutions, Massachusetts 1993.)

Walter, J. L./Peller, J. E. (1994): Lösungs-orientierte Kurztherapie, Dortmund. (Becoming Solution-Focused in Brief Therapy, New York 1992.)

Weiss, Th./Haertel-Weiss, G. (1991): Familientherapie ohne Familie, München.

Williams, A. L. (1991): Das Prinzip Gewinnen, München. (All you can do is all you can do.)

Zeig, J. (1992): Meine Stimme begleitet Sie überallhin: Ein Lehrseminar mit Milton H. Erickson, Stuttgart. (A Teaching Seminar with Milton H. Erickson, New York 1980.)

Zoist, Ch./Fogarty, P. (1994): Wenn die Seele schlapp macht. Selbsthilfe mit Methoden der Kurztherapie, Hamburg.

Zundel, E. & R. (1987): Leitfiguren der Psychotherapie, München.